유아 교과연구 및 교수법

이희경 · 강인숙 · 신희이

태영출판사

머리말

유아교육은 초 · 중등학교 교육과 다르게 여러 교과를 통합하여 접근하는 통합교육의 의미가 강조된다. 유아교육기관에서 다루어지는 교과는 대부분 활동 중심으로 이루어지며, 집단활동이나 자유선택활동으로 실천된다. 따라서 유아교사는 유아에게 과목을 구분하여 가르치거나 특정 교과 및 과목 시간을 운영하기보다 여러 교과가 통합된 성격의 이야기 나누기, 동화, 동시, 음률, 미술 활동 등을 연구하며 지도한다. 본서는 예비 유아교사가 유아교과에 대한 이해를 넓혀 유아교육현장에서 효과적으로 유아를 지도하는 데 도움이 되도록 집필되었다. 대학의 '교과교육론', '교과교재 연구 및 지도법', '교수 · 학습방법' 등의 교과에서 교재로 활용될 수 있다

본서는 목차를 크게 '유아 교재 · 교구에 대한 연구', '유아교육과정의 이해', '유아 교수 · 학습방법의 실제'의 3부로 나누어 소개하였다.

제1장의 '유아교육과 교재 · 교구'에서 유아교육의 교재 · 교구, 유아 교재 · 교구의 선정과 제작, 유아 교재 · 교구의 제시와 보관, 그리고 유아 교재 · 교구의 평가에 대해 소개하였다. 제2장의 '유아교육 환경과 교재 · 교구'에서 환경구성의

원리, 환경구성과 교재 · 교구를 소개하였다. 제3장의 '유아육과정의 이해'에서 유아교육과정의 접근과 유아교육 프로그램, 누리과정의 이해를 소개하였다. 제4장의 '유아교육과정의 계획과 운영'에서 유아교육과정 운영 계획과 교육계획안의 작성에 대해 소개하였다. 제5장의 '교수 · 학습방법의 이해'에서 교수 · 학습방법의 원리, 교수 · 학습 방법의 유형, 교수 · 학습 운영에 따른 교사의 교수전략, 그리고 일과운영과 교사의 역할을 소개하였다. 제 6장에서는 '이야기 나누기의 실제'를, 제7장에서는 동화 · 동시 · 동극의 실제를, 제8장은 음악활동의 실제를, 제9장은 미술활동의 실제를, 제10장은 게임활동의 실제를, 제11장은 동작활동의 실제를, 제12장은 요리활동의 실제를 소개하였다.

'유아교과 연구 및 교수법'은 유아교사가 되고자 준비하는 예비교사에게 유아교육과정을 효과적으로 실천하도록 도움을 주는 유익한 교재가 될 것이다. 본 교재에 소개된 내용을 응용하여 다양한 교수법을 활용하는 데 도움이 되기를 바라며 본서가 나오기까지 도움을 주신 현장의 교사들, 도서를 편찬해 주신 출판사 관계자분들께 감사의 마음을 전합니다.

2017년 2월

저자일동

차 례

제1부 유아 교재·교구의 연구

제 2 부 유아교육과정의 이해

제 3 부 유아 교수 · 학습방법의 실제

제1부

유아 교재 · 교구의 연구

제1장

유아교육과 교재 · 교구

1. 유아교육의 교재 · 교구
2. 유아 교재 · 교구의 선정과 제작
3. 유아 교재 · 교구의 제시와 보관
4. 유아 교재 · 교구의 평가

교육은 교육 행위를 주관하는 교사와 교육을 받는 학습자가 상호작용하고 실천하는 과정으로 이루어진다. 즉, 교육활동은 교육의 주체(the subject of education)인 교육자와 교육의 객체(the object of education)인 학습자의 상호작용으로 일어나는 활동이라 할 수 있는데, 교육의 작용에 매개체(the medium of education)가 필요하다. 교육활동에 사용되는 매개체는 교육의 재료인 교재(educational materials), 즉 교육의 내용을 의미하는데, 이것은 교육이 일어나도록 하는 수단이면서 유아교육에서는 절대적인 역할을 한다. 유아교육에서 교재 · 교구란 유아교육과정에 준하여 소개되는 교육자료와 활동영역의 자료 및 교사가 준비하는 교육환경의 일체를 말한다.

유아교육은 교육내용을 매개체로 하여 교육의 주체와 객체가 상호 실천적으로 교류하는 상호작용으로 이루어지므로, 교재 · 교구에 대한 전반적인 연구와 이해가 필요하다.

1. 유아교육의 교재 · 교구

1) 교재 · 교구의 정의

유아교육기관에서는 여러 가지 교육 자료를 활용하고 있다. 유아교육에서 의미하는 교육매체는 교수매체, 교수자료, 시청각 교재, 교과교재, 교재 · 교구, 활동자료 등 다양한 용어로 소개되고 있다. 교육환경의 일체를 다루는 교육공학에서 의미하는 교수매체(instructional media)는 교수 · 학습과정에서 교사와 학습자간에 서로 정보를 전달하는 매개체로서 교과서를 포함한 모든 인쇄매체, 실물, 표본, 영화, TV, 게시판, 컴퓨터, 놀잇감 등을 말한다. 나아가 교수매체는 교수목표 달성을 위해 활용되는 인적 자원과 물적 자원, 그리고 이들을 활용하기 위한 모든 계획, 방법, 그리고 환경에 관한 모든 요소를 포함하는 학습자원을 의미하는 것으로 확대되었다(박남숙, 1995). 이것은 교수매체가 교재나 재료 등의 매체로 한정된 것이 아니라 매개체의 이용방법, 전달방법 등의 방법론적 측면이 포함된 광범위한 개념이다.

교재 · 교구는 교사와 유아가 서로 상호작용할 수 있도록 연결해 주는 매개체로 교육의 효과를 높이기 위해여 활용되는 모든 자료를 말한다(교과부, 2012). 교재와 교구를 사전적 정의로 구분해 보면, 교재(教材)란 교수 및 학습에 쓰이는 재료를 일컬으며, 교구(教具)란 학습을 효과적으로 하기 위하여 쓰이는 온갖 기구를 말한다. 즉, 교구란 교육활동에 제시(display)되는 구체물로 유아들이 학습할 내용과 활동을 연결하도록 여러 가지 형태로 제시되는 데 쓰이는 물품을 말하며, 교재란 교구를 포함하여 교수내용 자체가 담겨져 있는 전반적인 자료를 말한다. 그런데 유아교육에서는 교재와 교구를 구분하여 사용하기보다는 통합적으로 사용하는 경우가 많고 교육의 실천을 위해 교육내용 자체를 강조하므로, 이를 분리하기보다는 포괄적인 학습자료의 개념으로 보아야 한다. 따라서 교재 · 교구는 유아들의 학습에 사용되는 일체의 학습자료라고 할 수 있으며, 좁은 의미의 교수매체라고 할 수 있다.

2) 교재 · 교구의 기능

유아들은 그들의 지각발달, 언어발달, 사고발달 등의 발달적인 특성상 구체적인 경험과 감각활동을 통해 잘 학습한다. 그들은 어릴수록 직접적, 구체적, 행동적 경험을 통해 사물의 개념을 쉽게 이해한다. 유아교육은 상징적인 언어를 이해할 능력이 충분히 발달하지 않은 단계의 유아를 대상으로 하므로, 유아의 학습활동에 교재 · 교구의 활용이 필수적이다. 유아들은 추상적이고 간접적인 과정보다는 만지고 조작하고 관찰하는 등 직접적이며 감각적인 경험을 통해 지식을 구성해 간다. 또한 유아는 흥미롭고 새로운 것을 발견하면 호기심을 가지면서 반응하므로, 보다 연구되고 고안되어 제공되는 교재 · 교구는 그 교육적 기능이 강조될 수 있다. 적절한 시설과 교재 · 교구를 갖춘 유아교육의 물리적 환경은 교육의 질을 결정짓는 중요한 변인이 된다(이기숙, 2010). 유아기의 발달특성을 고려한다면 유아교육에서 의미하는 교재 · 교구의 기능은 더욱 강조된다.

유아교육 활동에서 교재 · 교구가 어떤 기능을 하는지 알아보면 다음과 같다.

첫째, 교재 · 교구는 유아의 학습동기를 유발시키며 활동을 자극한다. 유아교육기관에 전시 · 배열되어 있는 교재 · 교구는 유아들에게 시각적인 매력을 느끼게 한다. 유아들은 교재 · 교구를 선택적으로 다루면서 관련활동을 지속하며 흥미를 느낀다. 이것은 유아의 자발적인 학습활동을 촉진시키며, 나아가 새로운 활동이나 관련된 활동을 증가시킨다.

둘째, 교재 · 교구는 그 자체가 학습할 내용이며 경험구성의 기능을 가지고 있다. 유아들은 교재 · 교구의 활용을 통해 교재 · 교구에 포함되어 있는 학습내용을 경험하게 되며, 반복적인 경험을 통해 관련된 경험을 재구성해 간다. 또한 교재의 내용에서 새로운 경험과 발견을 하고 이것을 다른 활동으로 연결하여 심화된 학습경험을 하게 된다.

셋째, 교재 · 교구는 다양한 자원과 여러 가지 방법으로 학습경험을 준비할 수 있도록 한다. 집단학습은 물론 개별학습도 가능하도록 하며 유아가 좋아하는 방법, 학습의 속도, 편의에 따라 학습이 이루어지도록 한다(박남숙, 1995). 이러한 활동 방법은 학습의 과정에서 중요한 부분이다.

넷째, 교재 · 교구는 유아의 상호작용 활동을 강화시킨다. 유아들은 교재 · 교구를 활용하면서 교재 · 교구와의 상호작용 뿐 아니라 교사와의 상호작용, 친구들과의 상호작용을 다양하고 빈번하게 경험하면서 상호작용 기술을 넓혀 나아간다. 우호적인 관계, 도움을 청하고 받기, 문제해결을 위한 책략 등을 익혀 가게 된다.

다섯째, 교재 · 교구는 유아들의 자기 주도적인 학습능력을 신장시킨다. 특히 활동영역의 교재 · 교구들은 교사의 개입이 없어도 유아들이 주체적인 역할을 하면서 활동이 전개되도록 준비된 것들이다. 유아들은 교재 · 교구를 자발적으로 선택하며 스스로 주도하면서 활동하므로 교재 · 교구는 유아들의 자기 주도적인 활동을 강화하고 학습능력을 신장시킨다.

여섯째, 교재 · 교구는 유아의 사회성, 창의성 및 언어를 발달시키며 감각욕구를 충족시킨다. 교재를 활용하면서 교재의 사용규칙을 지키고 양보와 협동하기를 배우며 정리정돈하기 등을 실천하게 된다. 또한 표현활동 교재(조형, 음률, 극화활동 등)를 활용함으로써 창의성과 예술성 및 표현능력을 기르며, 다양한 교재 · 교구를 가지고 직접 조작하고 냄새 맡고 관찰하고 표현해 보면서 감각욕구를 충족시킨다(이대균 · 송정원, 2002).

위에서 열거한 것 이외에도 유아교육에서 강조되는 교재 · 교구의 교육적 기능은 많이 들 수 있다. 교재 · 교구는 교육환경의 매우 중요한 요소이며 교사의 노력으로 변화가 가능한 부분이다. 그러므로 교사는 학급의 유아들에게 구체적인 경험을 줄 수 있는 풍부하고 다양한 자료를 제공해야 한다. 교사는 유아들의 흥미, 연령, 경험수준, 발달 및 특성 등을 고려하여 교육과정의 운영에 적합한 교재 · 교구를 준비해 주어야 한다.

3) 교재 · 교구의 유형

교재 · 교구는 유아들의 학습에 사용되는 일체의 학습자료를 일컫는다. 이렇게 볼 때, 유아교육기관에서 활용하는 교재 · 교구의 종류는 상품의 종류와 제작된 것들을 포함해 상당한 수량에 이를 것이다. 교재 · 교구의 교육적 기능을 고려할 때 유아의 발달과 활동에 적합한 교재 · 교구의 유형을 선택하는 일은 매우 중요하다.

교재 · 교구는 다양한 분류기준에 따라 여러 가지의 유형으로 소개되고 있다. 분류기준이 다양한 것은 많은 교재 · 교구들이 복합적인 기능을 가지고 있기 때문이다. 유아교육기관에서 교사들이 교재 · 교구를 제시하고 활용하며 보관하는 등 이들을 관리하는 방식도 교재 · 교구를 분류하는 방식과 일치되는 예가 많으므로 분류방식을 명확하게 규정할 필요가 있다.

다음은 몇 가지 교재 · 교구의 분류방식과 그에 따른 유형을 소개한 것이다.

첫째, '형식적 구분'과 '내용적 구분'으로 분류하는 방식이 있다(한국행동과학연구소, 1983). 예를 들어, '형식적 구분'에는 과학 교구, 그림동화, 음악 교구 등의 교재가 있으며, '내용적 구분'에는 기본생활습관 교육, 안전교육, 녹색성장교육, 인권교육 등의 교재가 있다.

둘째, 교재가 활용되는 흥미영역에 따라 분류하는 방식이 있다(교육부 · 이희경, 2001). 예를 들어, 언어 영역(동화책, 그림책, 동시 등), 조작 영역(퍼즐, 바느질 등), 쌓기 영역(블록, 소품 등), 미술 영역(크레파스, 색종이 등), 역할 영역(인형, 가면, 소꿉놀이 도구 등), 과학 영역(어항, 표본, 온도계 등), 수 영역(숫자 카드, 분류 상자 등), 음률 영역(카세트, 악기류 등), 바깥놀이(운동기구, 모래놀이 도구) 등으로 분류할 수 있다.

셋째, 학습자의 감각기능에 따른 분류방식이 있는데(이성호, 1999) 시각매체, 청각매체, 다감각 매체로 분류된다. 시각매체는 평면매체와 입체매체가 있다. 평면매체는 슬라이드(slide), 줄사진(film strip), 투시화(transparencies) 등의 정지 투시매체, 그리고 그림 및 사진, 그래프(graph), 도해(diagram), 차트(chart) 등의 비투시매체가 있다. 입체매체는 모형(model), 표본(specimen), 활동실물(mock-up), 입체 자연모형(diorama) 등이 있다. 청각매체는 녹음자료, 방송 등이 있으며, 다감각 매체로는 동영상 자료, T.V, 인형극 자료 등이 있다.

넷째, 교재 · 교구의 특성에 따라 분류하는 방식이 있다. 교재 · 교구의 단순함과 복잡성의 정도, 평면적인 것과 입체적인 것, 구성도가 높은 것과 낮은 것 등의 특성에 따라 분류할 수 있다. Fowler(1980)는 교재 · 교구 자체의 특성에 따라 개방식 자료(open-ended materials)와 특수목적용 자료(specific purpose materials)로 나누었다. 개방식 교재 · 교구는 다시 기준치수 자료(modular materials : 적목류)와 자유형 자료(free-form materials : 찰흙, 미술 그림 등)로 나누었으며, 특수목적용 교재 · 교구는 고정적 구조(실제의 물건, 도서류, 그네 등), 가변적 구조(흙, 모래놀이, 자전거 등), 분리 가능한 교재 · 교구(퍼즐, 과학기구 등)로 분류하였다(이숙재, 1998, 재인용).

위에서 살펴본 바와 같이 교재 · 교구의 유형은 학자들의 분류방식에 따라 다양하게 분류된다. 이러한 분류방식 외에도 유아의 연령, 놀이형태, 교육과정 영역, 전개될 주제 등에 따라서도 분류될 수 있으므로, 어떠한 분류방식을 채택할 것인지는 유아교육기관의 운영방식에 따라 편리한 방법으로 결정하여 관리하도록 한다. 유아교육기관에는 상품 교재 · 교구를 포함해 교사가 제작한 교재 · 교구의 양이 연속적으로 증가되므로, 이들을 체계적으로 분류하여 효율적인 관리가 되도록 해야 한다.

4) 교재 · 교구의 교수 · 학습 지침

교재 · 교구는 유아의 적극적인 탐색활동을 유발하고 자극하여 학습을 촉진시키는 데 중요한 역할을 한다. 따라서 교사는 유아의 발달 수준, 특성을 고려하여 주제에 적합한 교재 · 교구를 준비하고 제공해 주어야 한다. 누리과정 지침서(교과부, 2012)에 소개된 내용을 중심으로 유아교사에게 요구되는 교재 · 교구에 관한 교수 · 학습 지침을 들어 보면 다음과 같다.

첫째, 유아의 발달 수준에 적합하면서 안전하고 위생적인 교재 · 교구를 제공한다.

아무리 교육적 가치가 높은 교재 · 교구라도 유아의 연령과 발달 수준에 적합하지 않으면 효과적이지 못하다. 발달 수준에 적절해야 유아들이 성취감을 느끼며 교재 · 교구 활동에 흥미롭게 참여할 수 있다. 또한 교재 · 교구는 크기, 무게, 재료, 배치 장소 등을 고려하여 안전하게 제공되어야 하며, 여러 유아들이 사용하는 데 문제가 없도록 청결하고 위생적으로 관리되어야 한다.

둘째, 오 감각을 자극할 수 있는 자료를 제공하고 수집한다.

유아는 발달 특성에 의해 직관적, 감각적인 경험을 통해 사물을 보다 쉽게 이해하고 흥미를 보인다. 예를 들어, 봄꽃을 이해하려면 식물 사전에 소개된 정보를 전달받는 것보다 봄철에 직접 정원에 나가 피어난 꽃을 눈으로 보고, 코로 향기를 맡고, 꽃잎을 만져 보는 등의 감각적 경험이 요구된다. 유아는 봄꽃을 관찰하면서 꽃의 특성이나 변화에 관심을 가지며 흥미를 확장시켜 나아간다. 따라서 유아가 구체물을 직접 조작하며 활동할 수 있도록 다양한 종류의 자료를 수집하고 제공해 주도록 한다.

셋째, 유아가 다양한 방법으로 활용할 수 있는 자료를 충분히 제공한다.

교재 · 교구는 유아들이 가지고 놀기에 충분한 양으로 제공되어야 한다. 너무 많거나 적어서 유아의 활동이 방해되거나 제한을 받지 않도록 해야 하며, 제공되는 자료들이 한 가지 방법으로 만이 아니라 다양한 방법으로 활용되도록 하는 것이 좋다. 예를 들어, 놀이 순서나 방법이 계획되어 있는 교구뿐만 아니라 자유롭게 활용할 수 있는 개방적인 자료를 제공해 주도록 한다. 개방적 자료로는 나무토

막, 솔방울, 돌맹이, 나뭇잎 등이 있다. 소방차를 순서대로 만들도록 계획된 블록은 폐쇄적 교구이지만 자유롭게 구성하여 만들도록 제공되는 블록은 개방적 교구라 할 수 있다.

넷째, 교사가 제작한 교재 · 교구와 상품화된 교재 · 교구를 골고루 사용한다.

유치원에서 사용되는 교재 · 교구는 상품으로 구입한 것뿐 아니라 빈 상자나 종이류, 나뭇잎 등 여러 가지 자료들이 포함될 수 있다. 예를 들면, 그림동화는 출판물의 상품만 사용되는 것이 아니라 교사가 폐품 등 다양한 재료를 사용해 제작하거나 직접 그려서 활용할 수도 있다. 특히 유치원은 활동 중심의 수업이 이루어지므로 주제에 따라 필요한 매체를 간단히 제작해서 사용하는 것이 좋다.

다섯째, 교재 · 교구는 고정적인 편견을 심어 주는 내용이 포함되지 않도록 하며, 교실의 영역에 다양한 자료를 골고루 배치해 준다. 유아에게 제시되는 교재 · 교구는 인종, 장애, 성, 가족 구성, 문화 등에 대한 편견을 담고 있지 않아야 한다. 세계화 및 다문화 사회를 살아가는 유아들이 어릴 때부터 다른 사람들의 특성이나 문화를 존중하고 이해하는 태도를 길러 주어야 한다. 즉, 자연스럽게 접하는 교재 · 교구가 특정 문화나 특성에 편견을 가지도록 고안되었는지 살펴볼 필요가 있다. 예를 들어 인형놀이에 사용되는 인형의 경우, 얼굴의 모양과 색이 특정 인종의 모습으로 제한되어 있다면 이것은 인종에 대한 편견을 가지게 할 수도 있다. 또한 교실의 영역에 제공되는 자료들도 남아와 여아들이 모두 골고루 가지고 놀 수 있도록 하여 유아들이 성 역할의 편견을 갖지 않게 해 준다.

교사의 저널

4월의 어느 주간에 있었던 일이다. '봄의 동물' 이라는 주제로 한 주간 동안 수업이 진행되고 있었다. 개나리반 3세반 교실이다. 교실의 게시판과 벽에 봄에 볼 수 있는 곤충들의 사진이나 모형을 볼 수 있도록 게시하였으며 폐품을 활용해 벌과 나비 모양의 모빌을 교실의 천정에 설치했었다. 오늘의 소주제는 '나비'이다. 오늘은 유아들이 나비에 좀 더 흥미를 가질 수 있도록 교실 뒤에 봄동산으로 꾸민 게시판에 군데군데 나비 그림을 첨가해 덧붙였다. 그리고 내가 입은 앞치마나 옷에 나비를 꾸밀 수 있는 방법을 생각하다가, 이번엔 좀 더 색다르게 나비모양의 장식 머리핀을 꽂았다. 그리고 이야기나누기 시간에 우리교실에서 달라진 점을 찾아보게 하여 나비에 흥미를 갖게 하였다. "우리 교실에 나비가 놀러 왔어요. 어디에 있을까?" 라는 말을 하면서 나는 머리를 좌우로 흔들어 나비 핀을 유아들에게 보여주었다. "와! 선생님 머리 위에 나비가 앉아 있어요."라고 말하는 유아들 보며, 장식용 머리핀이 유아의 흥미를 끄는 하나의 교재교구가 되었음을 확신하였다.

2. 유아 교재 · 교구의 선택과 제작

유아교육용 교재 · 교구는 그 종류가 다양하다. 일반적으로 유아교육기관에서 보유하고 있는 교재 · 교구들은 상품으로 구입된 것뿐 아니라 교사들이 제작하여 활용하고 있는 것들도 많다. 그러나 모든 교재 · 교구가 유아의 발달과 학습에 도움이 된다고 가정할 수는 없다. 유아용 교재 · 교구의 교육적 기능을 고려한다면 유아의 발달수준에 적합한 교재 · 교구를 선택하고 제작하는 일이 중요하다. 교재 · 교구를 새로 구입한다거나 제작할 때에는 여러 가지 조건을 고려하여 계획해야 한다. 예를 들어, 교재 · 교구를 구입할 때에는 교육목표를 달성하는 데 도움이 되어야 하고 경제적인 효율성도 고려해야 한다. 교재를 제작할 때에는 제작재료의 선택도 중요하지만 지나치게 많은 시간과 노력을 들이지 않고 경제적으로 제작할 수 있는 방법도 고려되어야 한다. 또한 교재 · 교구는 유아의 놀이행동을 결정짓는 중요한 요소이므로 다양한 놀이행동과 긍정적인 사회적 상호작용을 촉진할 수 있도록 신중하게 선택되고 제작되어야 한다.

1) 교재 · 교구의 선택

교사나 학부모는 유아에게 적절한 교재 · 교구를 구입해 주고 선택해 주는 중요한 책임을 진다. 무엇보다도 교재 · 교구를 선택할 때, 그것이 유아의 발달 수준에 적합한 것인지를 고려하면서 교육적 효과를 기대하게 된다. 교사들은 프로그램의 내용, 유아들의 흥미, 발달 수준 등을 고려하여 적절한 교구를 선택하는데 관심을 기울여야 한다.

Hurlock은 교재 · 교구가 갖추어야 할 조건을 다음과 같이 지적하였다(한순옥 역, 1992).

① 다양한 놀이활동을 할 수 있는 기회를 제공해야 한다.
② 유아의 연령 및 발달수준에 적합해야 한다.
③ 성인의 도움이 없어도 조작이 가능해야 한다.
④ 유아가 어떻게 사용하든지 안전해야 한다.
⑤ 다른 유아와 함께 놀 기회를 제공해야 한다.
⑥ 실내 · 외에서 다 사용할 수 있어야 한다.
⑦ 색채가 어린이의 취향에 잘 맞아야 한다.
⑧ 유아의 흥미와 창의성을 자극해야 한다.
⑨ 성인의 도움 없이 어린이가 이동시킬 수 있을 만큼 작고 가벼워야 한다.

교재 · 교구를 새로 구입할 때에도 교재의 기대되는 교육적 효과, 교재의 기능적 적합성, 경제적인 효율성 등을 고려해야 한다. 교재 · 교구를 구입할 때 고려해야 할 요인들은 다음과 같다(Decker & Decker, 1992 ; 이영자 · 권영례, 1997).

① 프로그램의 목표에 적절한 교재 · 교구를 구입해야 한다. 사용하는 연령에 맞는 크기나 형태이면서 유아들의 발달적 요구를 잘 만족시켜 주며 유아들이 다양한 용도로 사용할 수 있는 것을 선택한다. 또한 프로그램의 심리적 배경을 반영해야 한다. 예를 들어, 성숙주의나 상호작용주의적 배경을 가진 기관이라면 유아들의 창의성과 탐구심, 그리고 또래와의 상호작용을 자극하는 교구와 비품을 선택하고, 행동주의적 배경을 가진 기관이면 과제 지시적이면서 자기 보상적이고 자기 수정적인 교구를 사용하게 될 것이다.

② 물품 구입자는 책정된 예산과 구매 절차를 점검해야 한다. 교육기관은 책정된 예산 안에서 물품을 구입해야 하므로 책정된 예산에 맞추어 적절한 구입 절차를 점검한다.

③ 필요한 물품의 목록을 작성하여 우선 순위를 결정한 후 구입한다. 필요할 때마다 구입하게 되면 효율적인 예산집행이 되지 않을 수도 있고 중복 구입되는

경우도 생기게 된다.

④ 교재 · 교구의 보관과 활용에 필요한 공간을 고려한다. 교재 · 교구가 진열될 공간과 보관될 장소에 적합한지를 점검할 필요가 있다.

⑤ 교재 · 교구의 내구성, 안전성, 경제성을 고려해야 한다. 법률적 안전기준에 합격한 비품이나 교구를 구입해야 함은 물론 교구 자체에 위험성(예 : 끝이나 모서리가 날카로운 것, 부서지기 쉬운 플라스틱 제품 등)이 없는 것을 선정한다. 그리고 시범, 조작 등의 활용을 해보아 사용하기에 편리한지 확인해 보아야 한다. 또한 구입 가격이 적절하면서 오랫동안 사용할 수 있는 교재 · 교구를 선택해야 한다.

⑥ 오래 보관하기 어려운 소모품들은 한꺼번에 과다하게 구입하지 말아야 한다.

⑦ 심미적으로 매력적이고 즐거움을 주는 교재 · 교구를 선정한다.

유아들은 색깔, 질감, 크기, 형태, 명도, 소리, 냄새, 온도 등에 민감하므로 심미적인 즐거움을 느낄 수 있는 것이어야 한다. 교구는 질감, 촉감, 디자인이 잘 되어 있어서 가지고 놀고 싶은 욕구를 느끼게 할 정도로 매력적이어야 한다.

유아용 교재 · 교구는 교육의 내용과 질을 결정하는 중요한 요인이므로 유아 발달에 적합한 교재 · 교구를 선택하는 일에 세심한 관심을 기울여야 한다.

유아교육기관에서 교재 · 교구를 선택할 때 고려해야 할 전략을 제시하면 다음과 같다.

첫째, 교재 · 교구는 유아의 연령과 발달 수준을 고려해 선택되어야 한다. 동일 연령의 유아로 편성된 학급이라면 3세, 4세, 5세의 각 반별 발달 특성에 적절한 교재 · 교구가 선택되어야 하며, 연령 혼합 학급이라면 각 연령의 발달 수준을 고려하여 혼합된 교재 · 교구가 선택되어야 한다. 동일한 유형의 교재 · 교구라도 3, 4세반, 4, 5세반, 3, 4, 5세 반의 연령별 특성에 따라 난이도 수준이 다른 교재 · 교구를 선택하여 제시하도록 한다.

둘째, 유아의 활동을 자극하며 교육적 기능을 갖고 있는 교재 · 교구가 선택되어야 한다. 유아는 교재 · 교구 활동을 하면서 대 · 소근육 발달을 가져오기도 하며, 창의성과 상상력을 키우기도 하고, 친구들과 사회적 관계를 촉진시키는 등 다양한 교육경험을 하게 된다. 따라서 교사는 교육목표에 부합하며 다양한 교육활동을 제공할 수 있는 교재 · 교구를 선택하도록 한다.

셋째, 유아가 관심과 흥미를 느낄 수 있도록 색상이나 디자인, 크기, 질감, 촉감 등이 매력적인 교재 · 교구가 선택되어야 한다. 아무리 교육적인 기능이 충분한 교구라 해도 유아가 흥미를 갖지 않는다면 교육적 효과가 충분하지 않을 수 있다. 이것은 교사의 교수법과 더불어 유아기의 발달 수준 및 유아기 특성이 고려되어야 하는 측면이다.

넷째, 유아에게 안전하고 위생적인 교재 · 교구를 선택한다. 재질이나 형태, 무게 등 유아가 사용하기에 안전해야 하며, 깨끗하고 위생적으로 관리될 수 있는 것을 선택해야 한다. 가급적 세척이나 소독이 손쉬워야 하며, 여러 유아가 번갈아 사용함에 있어 안전하고 견고해야 한다. 특히 쉽게 망가지고 부서지는 교재 · 교구는 유아에게 좌절감과 실망감을 줄 뿐 아니라 안전사고를 유발시킬 수 있다.

그 외에도 유아가 주로 가지고 노는 교재 · 교구는 성인의 도움 없어도 유아가 조작하고 이동하고 보관 · 관리하기에 용이한 것을 선택하는 것이 좋다. 또한 교사가 이야기나누기나 동화 등 집단활동을 위해 사용하는 교재 · 교구는 주로 교사가 조작하고 관리하기에 적합한 것이 선택되어야 한다.

유아교육기관에서 교재 · 교구를 선택할 때에는 교재 · 교구의 안전성, 내구성, 적합성, 경제성 등의 기능적 조건을 고려하면서 유아들의 지적, 신체적, 사회적, 정서적 발달을 촉진시키는 교육적 조건을 충족시킬 수 있는지 점검해야 한다. 교사는 유아의 사회적, 창의적, 인지적 발달에 영향을 미치는 교구를 주의깊게 선택하고 유아의 균형적인 발달이 이루어지도록 적절한 교육환경을 계획해야 한다(Trawick-Smith & Swaminathan, 2010).

2) 교재 · 교구의 제작

유아교육기관에서 교사가 제작하는 교재 · 교구는 여러 유형이 있다. 교사가 시범을 보이거나 주도적 역할을 하면서 활용하는 매체, 유아가 주도적인 역할을 하면서 다른 유아와 상호작용을 하는 매체, 벽이나 게시판 혹은 공중에 제시하는 매체 등이 있다. 이것은 집단활동과 영역활동, 그리고 개별 활동을 위한 매체로도 분류될 수 있다. 각 매체들은 용도에 따라 크기, 부피, 조작 방법, 제시 방법, 보관 방법 등이 다르다. 교재 · 교구를 제작할 때에는 우선 무엇을 제작할 것인지가 결정되지만, 앞에서 제시한 다양한 조건이 고려되어야 하므로 전반적인 교재 · 교구의 제작을 위해 다음과 같은 내용이 고려되어야 한다.

(1) 발달 수준과 연령의 적합성

유아들이 자유롭게 교재 · 교구를 활용할 수 있으려면 그들의 발달적 수준에 적합한 내용과 활동방법으로 예시되어야 한다. 따라서 교사는 유아의 연령과 발달 수준에 어울리는 교재 · 교구를 준비할 수 있어야 한다. 이를 위해 유아의 경험수준보다 조금 높은 난이도 수준으로 제시해 주는 것이 좋다. 활동방법이 복잡하거나 활동내용이 어렵다면 아무리 매력적으로 제작하여도 유아들이 흥미를 갖지 못한다. 또한 활동내용이 쉽고 활동방법이 단순하여도 유아들이 싫증을 느끼므로 연령에 적합한 교재 · 교구를 선정하는 일은 교사의 중요한 업무이다.

(2) 교육내용의 적합성

유아들은 교재 · 교구활동을 통해 그 속에 포함된 교육내용을 전달받는다. 그러나 교재 · 교구가 유아의 놀이 및 흥미에 치우쳐 제작되거나 제작의도가 불충분하다면 교육내용이 다소 경시될 수 있다. 따라서 활동방법에 흥미로운 놀이의 방식을 이용하더라도 교육적 효과를 기대할 수 있도록 의도한 교육내용을 충분히 포함시켜야 한다.

(3) 심미감

유아들은 활동영역에서 시각적으로 돋보이며 재미있어 보이는 교재 · 교구를 우선적으로 선택한다. 따라서 의도적으로 제시되는 교재 · 교구일수록 유아들에게 흥미와 매력을 줄 수 있어야 한다. 교재의 외관이 아름답고 활동방법이 재미있다면 유아들에게 매력을 줄 수 있는 교재가 될 수 있다.

(4) 크기

교재 · 교구는 활용 형태와 용도에 따라 크기가 다양하다. '이야기 나누기'와 같은 집단활동에 사용되는 교재 · 교구는 교사와 유아의 비율을 고려하여 소집단 활동 교구보다 크게 제작되어야 한다. 그러나 유아들이 주도적으로 사용하는 활동영역의 교재 · 교구는 유아들이 조작하고 움직이기 쉽도록 알맞은 크기로 제작되어야 한다. 특히 활동영역의 교재 · 교구는 평소에 전시 · 진열되므로 진열 공간의 면적을 생각해 제작할 때부터 교재의 크기를 고려해야 한다.

(5) 재료의 적절성

교재 · 교구의 효과적인 활용을 위해 용도에 따라 적절한 재료가 선택되어야 한다. 특별히 안전성과 견고성을 필요로 하는 교구인지, 소모적인 성격의 교재인지를 인식하여 그에 따른 소재를 선택하는 것이 합리적이다. 제작 재료는 용도에 따라 유아의 안전과 위생을 고려하여 선택되어야 하며, 때로는 폐품을 활용하여 제작할 수도 있으며, 기존의 교재 · 교구에 특정 소재를 이용하여 부분적인 첨가와 수정을 가해 제작할 수도 있다. 또한 경제적인 절감효과를 얻기 위해 제작에 소요되는 시간, 경비, 노력을 적절하게 투입할 수 있도록 해야 한다.

(6) 보관의 용이성

교재 · 교구를 보관하는 방법이 제작과정에 포함되도록 한다. 유아교육기관의 교재 · 교구는 어떠한 형태로든 활용되거나 보관된다. 특히 교재 · 교구를 전시하거나 보관할 때에 잘 정돈시킬 수 있다면 보다 효율적으로 교재 · 교구를 관리할 수 있다. 게임형태로 제작되는 수많은 교재 · 교구들은 정리될 수 있는 게임 세트나 교재 · 교구의 보관 상자에 담겨 정리될 수 있도록 제작하는 것이 좋다. 그 외에도 매체가 완성되면 매체의 작품소개와 활용을 위한 교구사용 지침서를 함께 작성해두는 것이 좋다. 지침서에는 교구명, 교수학습방법, 사용할 때 주의할 점 등을 포함시킨다.

표 1-1
교재 · 교구 사용 지침서

교구명		대상연령	
주 제		유형/영역	
목 표			
교구사진			
활동방법			
기 타			

3. 유아 교재 · 교구의 제시와 보관

1) 교재 · 교구의 제시

교재 · 교구는 유아의 연령과 발달단계를 고려해 구성되어야 한다. 교재 · 교구는 계획된 활동주제나 학습내용과 관련되면서 유아들의 경험 수준과 흥미를 반영해 체계적으로 제시해 주는 것이 좋다. 또한 유아들이 자유롭게 교재 · 교구를 활용하면서 흥미를 느끼고 성취감을 가질 수 있도록 배치해 주어야 한다. 데커와 데커(Decker & Decker, 1992)는 교재 · 교구를 배열할 때 다음의 사항을 고려하도록 하였다(이영자 · 권영례, 1997, 재인용).

① 실내 환경이 활동 영역으로 되어 있다면 매일 사용하는 교구나 비품들은 항상 배열해 두어야 한다.

② 가벼운 교구들은 낮은 선반이나 교구장에 진열해 놓아 유아들이 쉽게 꺼내고 정리할 수 있도록 해 준다. 개방된 선반을 사용하면 유아들이 정리하기 쉽다.

③ 무겁고 이동하기 힘든 교구들은 옮기지 않고도 사용할 수 있는 선반이나 탁자에 두어야 유아들이 다치거나 그 교구들이 파손되는 것을 방지할 수 있다.

④ 교구장은 선반을 배치하는 교구에 따라 다양하게 만들고, 어떤 한 가지 기준에 따라 색, 크기, 모양, 질감이 대조적인 교구들을 번갈아 배열한다. 유아들은 비슷한 교구들이 많이 있으면 정리할 때 혼동을 일으킨다.

⑤ 매일 사용하지 않으면서 정규적으로 사용하는 교구는 적절한 곳에 보관을 해야 한다.

⑥ 교직원들이 교구나 비품의 위치를 빨리 알 수 있도록 라벨을 붙여 둔다.

⑦ 시청각 자료, 소모품, 과학기구, 악기류 또는 깨어지기 쉬운 것 등은 안전한 장소에 보관해 둔다. 이외에도 비품이나 교구는 유아들이 보고 선택하여 잡을 수 있도록 눈높이 정도에 배열하여 활용하기 좋도록 해야 하고, 한꺼 번에 너무 많은 자료를 배열해 두면 교육의 효과를 오히려 감소시킬 수 있다. 교구나 자료 중에는 교사의 허락이나 도움을 받고 사용해야 할 것들도 있으므로 이런 것들의 배치나 보관에도 세심한 배려를 해야 할 것이다.

학급의 교사는 교재 · 교구를 효과적으로 제시하고 관리하여 유아의 학습활동을 자극하며 교육과정을 효율적으로 운영할 수 있다. 유아들의 상호작용을 유도하는 교재 · 교구는 주로 교실의 활동영역에 제시된다. 활동영역에 교재 · 교구를 효과적으로 제시하는 방법을 예시하면 다음과 같다.

첫째, 각 활동영역의 교재는 활동주제 및 교육과정과 관련되어야 하며 각 영역의 특성을 나타내도록 구분하여 제시되어야 한다. 비슷한 교재 · 교구가 다른 영역과 중복되어 제시되거나 관련성이 없는 영역에 제시된다면 영역의 구분이 모호해지며 유아의 선택적 활동이 무질서해질 수 있다. 교재 · 교구의 체계적인 분류는 유아들의 적절한 사용을 증진시킨다(Dodge, 1992).

둘째, 각 활동영역의 교재 · 교구는 교육과정의 주제, 계절 등이 바뀔 때마다 바꾸어 주어야 한다. 활동영역의 교재는 교육과정을 반영한 교육내용이라고 볼 수 있으므로 교육내용의 준비는 주제 및 단원에 따라 다르게 제시되어야 한다. 따라서 각 영역의 교재 · 교구는 진행되는 교육과정에 따라 부분적으로 혹은 전체적으로 교체되거나 수정 혹은 변화되어야 한다.

셋째, 각 활동영역에 참여하는 유아의 수, 활동 시간, 공간의 면적 등을 고려하여 충분한 수량과 종류의 교재 · 교구가 제시되어야 한다. 유아들은 주로 자유선택활동시간에 활동 영역을 선택하여 교재 · 교구를 활용하는데, 각 활동영역에 제시된 교재 · 교구가 부족하거나 다양하지 못하면 유아들의 선택활동에 제한을 받는다. 유아들은 충분한 교재 · 교구를 가져본 후에야 다른 유아들과 쉽게 나누는 경험을 할 수 있다. 또한 특정 영역에만 교재 · 교구의 종류가 치우쳐서 제시되지 않도록 하여 전체적으로 균형적인 배열이 되도록 주의를 기울여야 한다. 주어진 공간에 어떤 교재 · 교구가 배치되어 있는지는 유아들의 놀이유형 및 수준, 교재 · 교구 및 놀이공간의 활용도에 영향을 미치므로 영역의 구성과 교재 · 교구의 선택은 매우 중요하다(신동주, 2004).

넷째, 교재 · 교구는 유아들이 편리하게 이용할 수 있도록 제시한다. 유아들은 교재 · 교구의 활동방법에 따라 바닥이나 책상 등을 이용하므로 유아들이 쉽게 꺼내어 활용하고 정리하기에 편리하도록 교재의 제시장소와 배열방법을 고려하도록 한다. 유아는 교재 · 교구를 쉽게 이용할 수 있을 때 환경에 대한 책임감을 배우고 자아 존중감을 키울 수 있다(Dodge, 1989). 또한 유아들이 스스로 배열 · 정리하고 운반하기가 용이하도록 정리 바구니나 교재 상자를 함께 제시하도록 한다.

다섯째, 교재 · 교구의 제시장소와 방법에 변화를 주도록 한다. 교사는 필요에 따라 활동영역의 위치를 바꾸기도 하며 교실의 공간구성에 변화를 준다. 때로는 채광이나 조명, 그리고 전원을 필요로 하는 교구가 있을 수 있으므로 상황에 따라 적절하게 제시되도록 한다. 제시 방법은 교구장에 평면적으로 배열하기, 책상이나 선반 및 책꽂이 등에 배열하기, 분류함에 분류하여 제시하기, 게시판이나 벽에 부착시키기, 바닥에 세우기 등 활동방법에 따라 다르게 제시될 수 있다. 또한 유아들의 호기심은 교재교구가 놓여 있는 위치가 어느 곳인가에 따라서도 달라질 수 있으므로 잘 활용되지 않는 교재 · 교구는 눈에 잘 띄는 곳에 옮겨 주는 것도 좋다

여섯째, 유아들이 교재 · 교구의 명칭과 제시 장소를 알 수 있도록 상징적인 표시나 이름을 표기해 제시한다. 각 영역의 구분되는 자료를 나타내기 위해 교재 · 교구의 상자 및 바구니에 영역을 표시할 수도 있다. 각 물건이 속하는 곳에 명칭표를 붙이는 것은 유아로 하여금 환경을 유지 · 보호하고 정리정돈의 중요성을 일깨우게 한다.

일곱째, 교재 · 교구의 활용방법을 함께 소개한다. 활동영역의 교재 · 교구는 빈번히 교체되어 제시된다. 반복적으로 사용되는 교재 · 교구에 대한 활용방법은 소개하지 않아도 되지만 새로운 활동자료를 제시할 때에는 교재 · 교구의 사용법을 간단하게 소개하도록 한다. 새로운 교재 · 교구를 제시하면서 상호작용 방법이나 게임의 규칙 등을 그림이나 설명서로 함께 제시해 주면 교재 · 교구를 다루는 방법에 대해 관심을 가질 수 있게 된다.

교구의 명칭과 배열

교구와 보관 상자

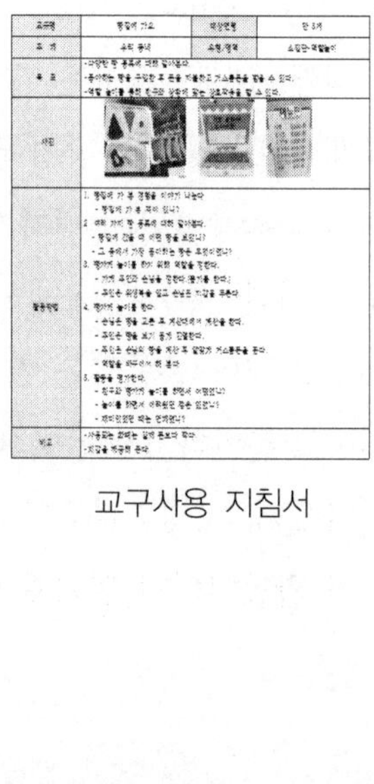
교구사용 지침서

여덟째, 전체적으로 매력적이고 안정감을 주도록 균형적으로 배열하도록 한다. 교실의 면적, 유아의 수, 상호작용 형태 등을 반영하면서 교재 · 교구들이 전체적인 균형과 조화를 이루기가 용이하지 않으나, 교사들은 교실의 물리적 환경에 지속적으로 관심을 가지며 필요할 때마다 환경의 변화를 주도록 노력해야 한다.

2) 교재 · 교구의 보관

유아교육기관의 교재 · 교구는 활용되거나 보관된다. 또한 활용되고 있는 교재 · 교구도 대부분이 교체되기 때문에 정리와 보관을 필요로 한다. 정리와 보관이 잘되어 있는 교재 · 교구는 다시 꺼내어 사용하기가 편리하며 교구의 내용을 파악하기 쉽다. 교재 · 교구를 체계적으로 분류하여 정리한다면 정리 공간을 효율적으로 이용할 수 있으며 정돈된 외관을 보여 깨끗한 물리적 환경을 유지할 수 있는 잇점이 있다.

유아교육기관마다 시설 규모와 물리적 공간이 한정적이므로 교재 · 교구의 보관을 위한 공간과 보관방법이 동일할 수는 없다. 그러나 제한된 공간에서 교재 · 교구를 효율적으로 정리 · 보관할 수 있도록 적절한 보관방법을 알아보고 이를 실천할 수 있도록 해야 한다. 또한 파손되거나 낡은 자료들은 수선하거나 폐기되도록 하여 활용할 수 없는 자료들을 오랫동안 보관하지 않도록 해야 한다. 유아교육기관에서는 다음과 같은 내용을 반영하여 교재 · 교구를 정리 · 보관할 수 있다.

첫째, 자료실이나 교재 · 교구를 보관하는 용도의 방을 갖추도록 한다. 별도의 공간이 없다면 다른 공간의 일부를 분리시켜 교재 · 교구 보관을 위한 영역으로 구분하도록 한다. 자료실은 직사광선이 들지 않으며 서늘하고 통풍이 잘되는 곳에 위치하는 것이 좋다. 또한 교사들이 교재 · 교구를 준비하면서 부수적으로 필요한 자원을 편리하게 활용할 수 있도록 복사기, 컴퓨터, 프린터, 작업대 등을 함께 갖추어 두면 좋다.

둘째, 교재 · 교구를 분류하여 정리 · 보관하도록 한다. 교재마다 외관적인 형태, 크기, 부피, 무게 등이 다르며 사용 시기, 사용방법 등이 다르다. 따라서 전체적인 분류기준을 정하고 각 분류 단위별로 교재의 크기와 부피, 활용빈도 등을 고려해 편리하게 이용할 수 있도록 정리해 두어야 한다. 자주 사용하는 자료일수록 꺼내기 쉬운 위치에 정리 · 보관하도록 하며, 자주 사용하지 않거나 오랫동안 보관해야 하는 자료들은 이동이 빈번하지 않은 안전한 곳에 보관하도록 한다. 교재의 분류기준은 유아교육기관의 운영방식에 따라 적절하게 결정하면 된다. 도서류, 녹음자료, 녹화자료, DVD 등의 자료들도 분류하여 정리하도록 한다.

셋째, 분류된 교재 · 교구의 경계를 구분하여 분류단위의 명칭표를 붙이고 교육자료별로 분류카드를 제작하여 비치한다. 명칭표는 분류기준에 따른 경계의 표시이기도 하며 정해진 분류 단위에 대한 이름표이므로, 알아보기 쉽게 부착하도록 한다. 그 예로 분류기준을 활동 단위로 정한다면 분류 단위의 명칭표는 이야기 나누기, 동화, 동작 게임, 음악, 극놀이, 미술, 수 · 조작 과학, 언어 등으로 표시될 수 있다. 또한 분류 단위별 각 자료는 다시 하위 단위(예 : 활동주제)별로 분류하여 정리되어야 한다. 분류카드는 교육자료별로 그것의 활동형태, 활동유형, 주제, 교재유형을 기록한 것으로 분류카드를 분류 단위별로 묶어 정리해 두면 교재의 파악과 활용이 쉽다.

표 1-2

분류카드의 예시

가 - A - 3 - ㄱ

* 활동형태 : 집단활동(가)
* 활동유형 : 이야기 나누기(A)
* 주　　제 : 나(3)
* 교재유형 : 그림자료(ㄱ)

표 1-3

교재 · 교구 보관 및 활용의 예

①	신체의 외모
②	성장과정
③	여자와 남자
④	몸 속 기관

넷째, 장기간 활용하거나 더러워진 교재 · 교구는 정기적으로 세탁하거나 수선을 하여 활용하고 보관하도록 한다. 유아용 교재 · 교구는 위생적인 관리가 필요하다. 교재 · 교구의 제작재료가 세탁이 가능하다면 청결한 활용을 위해 정기적으로 세탁하도록 한다. 예를 들어, 플라스틱류의 블럭이나 인형, 학습도구, 각종 완구류 등은 비눗물이나 깨끗한 물에 세탁하여 사용하도록 한다. 또한 건조와 통풍을 유지해야하는 교구, 열과 습기 혹은 빛에 영향을 받는 교재 · 교구 등이 있으므로, 각 교재 · 교구의 보존 성격을 알아 두어 알맞은 방법으로 보관해야 한다. 한편, 많은 유아들이 교재 · 교구를 활용하므로 경우에 따라 교재 · 교구가 파손되거나 부분적으로 분실이 되는 예가 있다. 이러한 경우에는 문제를 신속히 파악하여 수선하거나 제작해 두어야 그 교재 · 교구를 계속적으로 활용할 수 있다.

다섯째, 유아교육기관에서 보유하고 있는 모든 교재 · 교구는 교재 · 교구 대장에 기록하여 관리 · 보관하여야 한다. 교재 · 교구 대장은 유아교육기관에서 정한 교재 · 교구의 분류방식과 일치하는 형식을 갖추어서 체계적으로 기록되도록 한다. 한가지 예로, 교재 · 교구 대장을 분류 단위별(이야기나누기, 동화, 음악 등)로 구분하여 작성하고 각 분류 단위마다 교재 · 교구에 대한 설명을 구입 · 제작된 순서대로 기록해 둔다. 교구의 목록은 교구의 명칭이나 제목으로 작성하며, 그 세부적인 내용은 자료실에서 운영하는 분류카드의 형식과 일치하도록 기록하여 교재 · 교구의 파악과 관리를 효율적으로 할 수 있도록 한다.

[그림 1-1] 유치원의 교재 · 교구 정리 및 보관 예시 사례

<table>
<tr><th colspan="2">연령</th><th>생활주제</th><th colspan="2">활동형태</th><th colspan="2">영역</th></tr>
<tr><th>구분</th><th>표기</th><th>구분</th><th>구분</th><th>표기</th><th>구분</th><th>표기</th></tr>
<tr><td rowspan="4">3세</td><td rowspan="4">3</td><td>①유치원과 친구</td><td rowspan="9">대·소 집단 활동</td><td rowspan="9">A</td><td>이야기나누기</td><td>이야기나누기</td></tr>
<tr><td rowspan="3">②나와 가족</td><td rowspan="3">동화, 동시, 동극</td><td>동화</td></tr>
<tr><td>동시</td></tr>
<tr><td>동극</td></tr>
<tr><td rowspan="5">4세</td><td rowspan="5">4</td><td>③우리 동네</td><td>음악</td><td>음악</td></tr>
<tr><td rowspan="2">④동식물과 자연</td><td>신체</td><td>신체</td></tr>
<tr><td>게임</td><td>게임</td></tr>
<tr><td rowspan="2">⑤건강과 안전</td><td>요리</td><td>요리</td></tr>
<tr><td>미술</td><td>미술</td></tr>
<tr><td rowspan="4">5세</td><td rowspan="4">5</td><td>⑥생활도구</td><td rowspan="8">자유 선택 활동</td><td rowspan="8">B</td><td>쌓기놀이 영역</td><td>쌓기</td></tr>
<tr><td rowspan="2">⑦교통기관</td><td>역할놀이 영역</td><td>역할</td></tr>
<tr><td>언어 영역</td><td>언어</td></tr>
<tr><td rowspan="2">⑧우리나라</td><td rowspan="2">수·조작 영역</td><td>수학</td></tr>
<tr><td rowspan="5">공통</td><td rowspan="2">3,4</td><td>조작</td></tr>
<tr><td rowspan="2">⑨세계 여러 나라</td><td>과학 영역</td><td>과학</td></tr>
<tr><td rowspan="2">4,5</td><td>미술 영역</td><td>미술</td></tr>
<tr><td>⑩환경과 생활</td><td>음률 영역</td><td>음률</td></tr>
<tr><td>3,4,5</td><td>⑪봄·여름·가을·겨울</td><td>바깥놀이 활동</td><td>C</td><td colspan="2">바깥놀이</td></tr>
</table>

주: 1) 교사용 지도서 생활주제의 경우 내용이 다소 광범위하므로 각 유치원에서 진행하는 구체화된 생활주제로 제시 가능함(예. 여름).
2) 각 유치원의 교재교구 양에 따라 동화, 동시, 동극은 통합하거나 분리해서 사용 가능함.

활동명	세탁소 놀이	대상연령	3,4세
분류번호	3,4세-우리 동네 B-역할①	보유현황	
사진			

[그림 1-2] 교재 · 교구 관리대장 작성을 위한 분류체계

출처: 유치원 교재 · 교구 질 관리 방안 연구. 육아정책 연구보고서(2014).

그 외에도 매체가 완성되면 매체의 작품소개와 활용을 위한 교구사용 지침서를 함께 작성해 두는 것이 좋다, 지침서에는 교구명, 교수 · 학습방법, 사용할 때 주의할 점 등을 포함시킨다.

4. 유아 교재 · 교구의 평가

일반적으로 유아교육기관에서 보유하고 있는 교재 · 교구는 그 종류와 수량이 많으며 각 활동실과 자료실에 나누어 비치되고 있으므로, 기록된 자료에 의존하지 않고는 전체적인 파악이 용이하지 않다. 그러나 교육자료와 교육의 질과의 관계를 볼 때, 유아교육기관에서 교재 · 교구의 체계적인 구입과 제작과정을 거쳐 활용과 관리를 한다고 하여도 교재 · 교구에 대한 전반적인 이해와 평가를 소홀히 할 수 없다. 통합적인 교육과정을 운영하는 교사는 교실의 영역을 구성하며 각 영역에 활동자료를 제시할 것이다. 이 때 교사는 유아들의 선택활동과 자기 주도적 학습활동을 촉진하기 위해 교육과정의 운영에 적합한 환경을 제공해야 한다. 진정한 의미의 자유선택활동이 이루어지기 위해서 유아의 흥미와 요구에 따른 교수학습 자료 및 교구가 충분히 제공된 환경이 갖추어 져야 한다(양옥승 외, 2005). 유아의 자발적인 선택활동이 제한을 받지 않도록 충분한 자료를 제공해 주어야 하되, 각 영역에 활동자료가 고르게 제시되어 있는지, 준비된 자료가 유아의 주도적 활동을 촉진시키는지 등은 교재 · 교구에 대한 전반적인 평가를 통해 점검되어야 할 것이다.

그러나 교사가 특정한 평가도구나 평가기준이 없이 학급의 교재 · 교구를 평가하기는 어렵다. 또한 학급의 교재 · 교구는 수시로 교체되어 제시되므로 수시 평가를 시행하기는 더욱 어려운 과제이다. 이런 문제를 해결하기 위한 방안으로 학급에 편성된 영역을 중심으로 전반적인 교재 · 교구 환경을 평가하는 방법을 적용할 수 있다. 반복적인 평가활동은 다음의 학습활동을 계획할 때 반영될 수 있으므로 준비된 환경을 제공하는데 도움을 준다. 현재 우리나라 유치원의 '시설 및 교구 설비 기준'은 각 시 · 도 교육청별로 정해지고 있는데, 연령별 누리과정이 이루어지고 있는 시점에서 각 연령별로 반드시 반영되어야 할 내용에 대한 합의가 필요하다는 지적이 있다(장민영, 2013).

표 1-4

실내 흥미영역별 교재 · 교구 배치 및 관리에 관한 체크리스트 평가

구분		점검사항	쌓	역	언	수	과	미	음	비고
A	1	교재 · 교구는 (생활)주제와 관련있게 적절히 배치되어 있는가?								
	2	교재 · 교구는 주제, 소주제의 교육내용과 관련있게 적절히 배치되어 있는가?								
	3	교사는 배치된 교재 · 교구의 활동방법을 정확히 알고 있는가?								
	4	각 흥미 영역별 다양한 개념을 포함하는 교재 · 교구가 배치되어 있는가?(예. 수학영역-수와 연산, 도형 및 공간, 규칙성, 측정, 자료수집과 결과 나타내기)								
	5	다양한 유형의 교재 · 교구가 배치되어 있는가?(예: 게임방식-혼자/그룹, 교재 · 교구의 소재 및 재질, 교재 · 교구의 형태-입체/평면 등)								
	6	교재 · 교구는 유아의 연령이나 발달수준에 적합하게 배치되어 있는가?								
	7	교재 · 교구는 개별 유아의 발달적 요구에 충족될 수 있도록 배치되어 있는가?(예: 동일한 교구에 수준별 활동방법, 비구조화된 교구를 활용한 유아의 놀이방법 고안 등)								
	8	유아 수 대비 교재 · 교구의 양은 충분한가?								

B	9	교재 · 교구를 꺼내고 정리하기에 적절하게 배치되어 있는가?								
	10	무거운 교재 · 교구는 교구장 아래에 배치되어 있는가?								
	11	매일(또는 자주) 사용하는 교재 · 교구는 교구장 내 꺼내기 쉬운 쪽에 배치되어 있는가? (예: 색연필 등)								
	12	시각적으로 매력요소가 잘 드러나지 않는 교재 · 교구는 교구장 위쪽에 배치되어 있는가?								
	13	배치된 교재 · 교구는 유아가 사용하기에 안전한가? (예: 페인트 벗겨짐, 날카로운 부분, 무독성 등)								
	14	이동에 위험성이 있는 교재 · 교구는 안전한 장소에 고정적으로 배치되어 있는가?								
	15	배치된 교재 · 교구는 유아 스스로 정리가 용이하도록 되어 있는가? (예: 바구니, 교재교구 사진 또는 이름텍, 밑그림 등)								
	16	배치된 교재 · 교구의 활용방법이 유아 스스로 조작할 수 있도록 안내되었는가?								
	17	배치된 교재 · 교구 중 일부 분실된 부속품이 있는가? (예: 게임말, 칩 등)								
	18	배치된 교재 · 교구 중 파손된 교재 · 교구가 있는가?								
	19	교재 · 교구의 위생 상태는 청결하게 유지되고 있는가?								
	20	교재 · 교구장 및 교재 · 교구 바구니의 위생 상태는 청결하게 유지되고 있는가?								

주: 1) 각 영역별 명칭 표기는 약자로 표시함 (예: 쌓기놀이 영역 → 쌓)
2) 17, 18번의 경유 '예'라는 응답이 해당되는 경우 점검이 필요한 부분으로 음영 처리함.

출처: 유치원 교재 · 교구 질 관리 방안 연구. 육아정책 연구보고서(2014)

교사의 저널

우리 유치원에는 제작된 교재 · 교구가 많은 편이다. 그러나 각 반마다 한 번 사용한 교재 · 교구를 자료실에 보관하다보니 여러 가지 문제점이 발견되었다. 자료실의 자료장은 주제별로 구분된 형식을 갖추고 있어서 학기 초에는 보관하는 것에 대한 문제점을 발견하지 못했다. 그러나 시간이 갈수록 보관해야할 자료의 양이 많아지고 자료의 크기나 종류가 다양하여 시간이 갈수록 자료장 안에 여러 자료가 뒤섞이게 되었다. 이야기나누기 자료는 크기가 일정하여 한 곳에 모아 사용하는데 큰 불편은 없었지만, 모빌이나 게임 자료 등은 상자에 담아 주제별로 차곡차곡 쌓아두었다. 작년에 보관했던 자료는 자료장의 안쪽에 보관되어 자료실 문을 열었을 때 보이지 않았으며, 때로는 어느 반에서 사용한 교재인지 어떤 내용의 교재인지 외관상으로 구분하기 어려웠다. 이러한 문제점이 발견되자 교사 회의를 통해 자료실을 정리하기로 했다. 이런 문제점은 새 학년을 시작할 때 미리 확인되었어야 했다. 그랬더라면 학기 초부터 교재교구의 관리에 신경을 더 쓸 수 있었을텐데……

00년 00워 00일

제2장

유아교육 환경과 교재 · 교구

물리적 환경은 우리가 느끼고 행동하는 데에 영향을 주고 다른 사람과의 상호작용을 결정지을 뿐 아니라 우리의 목표를 성공적으로 달성하는 데에 결정적인 역할을 한다 (Weinstein & Mignano, 1997). 유아의 환경 또한 유아의 활동과 발달에 중요한 영향을 미친다. 유아교육기관의 실내 · 외 환경은 유아들이 머무는 시간 동안 그들의 생활공간이 된다.

오늘날, 우리나라는 사회적 변화와 더불어 유아가 유아교육기관에 머무는 시간이 길어졌다. 종일반이나 방과후 과정에 참여하는 유아는 동일한 환경에서 활동하는 시간이 길므로, 유아교육기관의 물리적 환경에 대한 관심이 높을 수밖에 없다. 유아에게 제공되는 일체의 시설 환경과 자료는 인적 환경과 더불어 유아의 생활 전반에 중요한 영향을 준다. 유아교육기관 실내외의 물리적 공간 배치는 유아의 활동과 학습에 어떤 영향을 주는지, 흥미영역의 구성이나 교재교구는 어떻게 준비되어야 하는가에 관한 질문은 유아교사에게 지속된 과제로 작용한다.

1. 환경구성의 원리

1) 물리적 환경의 중요성

유아교육기관의 물리적 환경은 유아의 발달에 영향을 주는 중요한 요인이다. 질적으로 우수한 환경은 유아의 놀이를 활발하게 하며 유아의 신체적, 사회적, 정서적, 인지적 발달을 촉진한다. 어린 유아들은 자신이 살아가고 배우는 환경을 선택할 수 없으며 기존의 환경에 놓여질 뿐이다. 따라서 성인이 제공하는 공간에서 주어진 자료들을 가지고 활동을 하게 된다. 물리적 환경이 유아에게 중요한 이유를 설명하기 위해 Bredekamp와 Copple(1997)은 다음의 5가지 전제를 들었는데, 이들의 전제에 비추어 물리적 환경의 중요성을 현장의 사례에 비추어 살펴보기로 한다.

(1) 물리적 환경은 유아에게 직접적인 영향을 준다.

공간의 위치, 영역의 구성, 교재 · 교구는 유아의 활동을 촉진시키기도 하며 억제시키기도 한다.

예 1: 교실의 방향이나 구조에 따라 출입구 혹은 창문의 위치가 다를 수 있다. 교실의 넓은 창이 남향이거나 북향일 때에 교실의 채광이나 측정된 온도가 다르다.

예 2: 교실의 흥미영역은 계획적으로 배치될 수 있다. 교실의 흥미영역을 어떻게 구성하는가에 따라 유아의 활동은 달라진다. 흥미 영역의 위치와 종류, 크기 등에 따라 유아의 활동 내용이 달라진다.

예 3: 교사가 선정한 교재 · 교구는 유아의 활동과 학습에 영향을 준다. 교재 · 교구의 제공자는 교사이므로, 교사가 제공하는 교재 · 교구의 유형, 수준, 수량 등에 따라 교육적 효과는 달라진다.

(2) 물리적 환경은 유아에게 상징적인 영향을 미친다.

공간의 구분, 준비된 환경, 상징적 표시 등은 유아의 활동과 기본생활을 지원한다.

예 1: 교실 및 화장실 등 공간의 구분은 유아가 기본생활에 익숙해지는 데 상징적인 도움이 된다. 교실의 언어 영역, 수학 영역 등을 구분하여 물리적 설정에 따른 활동 내용과 범위를 알게 되며, 복도와 계단, 화장실을 바르게 사용하는 방법을 익힐 뿐 아니라 각 공간의 기능을 알아 물리적 환경에서 기본생활을 하게 된다.

예 2: 교사가 계획한 물리적 환경은 교육과정 운영 계획이 반영된 것이다. 교사가 교실의 공간이나 교재교구를 어떻게 준비해주는 가에 따라 유아들의 놀이와 학습 경험은 달라진다. 정돈된 환경과 정돈되지 않은 환경이 유아에게 미치는 영향을 예측해보면 알 수 있다.

예 3: 유아교육기관에서 볼 수 있는 여러 가지 표시들은 유아들의 기본생활과 학습활동을 지원한다. 비상구, 안전표시, 책상이나 신발장에 부착된 여러 가지 상징 그림 등은 유아로 하여금 상황에 적절한 행동을 하도록 안내해준다. 유아에게 보여주는 물리적 여건이 어떠한가에 의해 유아의 행동이 영향 받을 수 있음을 알 수 있다.

(3) 물리적 환경은 그 환경을 만든 사람의 철학이 반영된다.

교사는 자신의 교육관이나 강조점, 교육과정 접근 방식을 반영하여 물리적 환경을 준비한다.

(4) 물리적 환경은 유아의 요구와 의견이 반영된다.

(5) 물리적 환경은 교사의 근무 환경에 영향을 준다.

유아교육기관의 환경을 구성하는 데 고려해야 할 원칙을 제시해 보면 다음과 같다(서울시교육위원회, 1990; 이희경, 2002).

첫째, 유아교육기관은 다른 기관이나 건물과 독립되어 설비나 교구를 갖추는 것이 좋고, 건물은 되도록 단층이면서 활동하기에 충분한 실내 · 실외 공간이 있어야 한다.

둘째, 유아의 성장 · 발달의 원리에 입각하여 환경을 계획해야 한다. 유아의 발달적 특징, 성숙도, 욕구, 흥미, 개인차 등을 고려해야 하며, 신체의 크기에 맞는 적합한 환경을 구성하여서 교사의 도움이 없어도 쉽게 사용하고 정리할 수 있도록 해야 할 것이다.

셋째, 충분하고 다양한 공간을 마련하여 자유롭게 주위환경을 탐색하여 보도록 하며, 너무 복잡하거나 쉽게 싫증이 나지 않도록 해야 한다. 특히 자유놀이를 통해 여러 가지 다양한 활동과 경험을 필요로 하는데 협소한 공간에서 활동의 제약을 받으면 쉽게 피로와 싫증을 느끼게 된다.

넷째, 유아의 건강과 안전을 고려하고, 창의성이 있는 환경을 구성한다. 고정된 시설 내에서도 아동이 설비와 기구를 이용할 수 있도록 다양하고 융통성이 있는 환경을 구성하도록 한다. 교실환경 자체가 유아교육과정 운영의 중요한 매체이므로, 교육내용과 활동에 따라서 교육환경이 유동적으로 배치될 수 있도록 칸막이를 이용하거나 책상, 교구장 등으로 활동영역을 구분하여 다양한 환경구성 변화를 가져올 수 있도록 한다.

유아교육기관의 교실은 주로 흥미영역의 구분에 의해 공간을 구성한다. 흥미영역은 교구 진열대 및 분리대 등으로 경계를 암시하도록 구성함으로써 유아들이 여러 가지 활동을 할 수 있도록 기능적으로 분리한 영역을 말한다. 이 영역들은 각 영역의 특성에 맞는 교재 · 교구와 장비를 비치하고 있으며, 전체적으로 조용한 놀이, 활동적인 놀이, 혼자 놀이, 집단 놀이 사이의 균형을 제공하게 된다. 구분된 영역은 유아들이 자발적으로 놀이활동에 참여하도록 유도해 준다는 의미에서 자유선택 활동영역으로 명명된다.

잘 계획된 환경은 특별한 형태의 활동을 가능하게 하는 다양한 영역을 포함한다. 흥미영역에 제공되는 자료들은 유아의 연령, 유아의 수, 활동 시기 등에 따라 다르게 주어진다. 예를 들어, 3세 반의 경우는 영역을 지나치게 세분화하여 활동영역의 수를 많게 할 필요가 없으며, 사물이나 현상을 관찰할 수 있는 탐색활동과 대 · 소근육 활동을 도울 수 있는 대근육 활동영역과 조작 활동영역이 강조되어 활동실이 구성될 수 있다. 또한 4, 5세의 경우에는 대근육 활동영역이 축소되는 반면에 좀 더 다양한 영역이 세분화되어 구성될 수 있으며, 영역에 제시된 교재도 좀 더 다양하게 제시될 수 있다. 흥미영역은 주로 언어 영역, 수 · 조작영역, 과학 영역, 미술 영역, 음률 영역, 역할 놀이 영역, 쌓기 놀이 영역이 있으며, 컴퓨터 영역, 요리 영역, 물놀이 영역, 모래놀이 영역이나 개별 공간도 필요하다.

교사는 유아들의 참여 수준을 관찰함으로써 학습 환경 및 영역 변화의 필요성을 평가할 수 있다.

교실의 흥미영역을 구성할 때 고려해야 할 기준을 제시하면 다음과 같다.

첫째, 유아의 연령, 유아의 수, 교실의 면적을 고려해 활동 영역의 수를 결정한다. 유아의 연령이 어릴수록 우선적으로 대 · 소근육 활동을 위한 공간이 필요하므로, 교실에 배치할 활동영역의 수는 전체 유아의 수 및 교실의 면적 등을 고려해 결정하도록 한다.

둘째, 전개될 활동 주제 및 프로그램의 형태에 따라 활동영역의 유형을 선택한다. 활동영역은 전개될 학습 주제의 성격에 따라 다르게 선택될 수 있다. 실내의 물놀이, 모래놀이, 음률활동 및 역할놀이 등의 동적 활동은 다른 정적 활동에 방해를 주므로, 활동 주제에 따라 유동적으로 선택될 수 있도록 변화를 시도해야 한다. 또한 종일반의 경우는 낮잠 및 휴식을 위한 넓은 공간이 필요하다.

셋째, 서로 관련된 영역이나 유사한 활동영역은 인접하여 위치하도록 배치하며,

정적 활동영역과 동적 활동영역을 구분하여 배치한다. 수학, 과학, 언어, 조작 활동영역은 정적 활동영역이며 쌓기, 역할놀이, 음률 활동영역은 동적 영역에 속한다. 활동이 크고 소음의 정도가 높은 활동은 정적 활동에 방해가 되므로 서로 떨어져 있도록 배치하여야 한다. 유치원 교실의 배치를 정적 영역과 동적 영역에 맞추어 재 배치한 결과, 유아가 여러 영역에 고르게 참여하면서 협동적 놀이가 증가하였다는 보고가 있다(최영애, 1984).

넷째, 각 활동영역별 공간의 크기와 형태는 유아의 수, 가구, 재료, 기구 등을 고려해 정한다. 각 영역은 한 명에서 다섯 명의 유아들이 참여할 수 있도록 구분하며, 교사가 모든 영역을 볼 수 있는 동시에 유아 나름대로의 세계를 보호한다는 느낌을 주기 위해 낮은 가구를 사용해 영역을 구분한다. 교구 정리장은 문이 없는 개방형태가 좋으며, 가로와 폭을 각각 120cm, 30cm, 그리고 높이는 유아의 눈높이 정도의 크기로 하는 것이 좋다. 교구장의 배치는 ㅡ형, ㉠형, ㉡형, ㄷ자형, T형 등으로 활동영역이 구분될 수 있도록 배치할 수 있다.

열린 교구장

막힌 교구장

책꽂이 교구장

〈여러 형태의 교구장〉

다섯째, 물이 필요한 영역과 건조한 영역, 전기를 필요로 하는 영역을 고려하여 배치한다. 조형활동과 과학활동은 물을 필요로 하는 영역이다. 따라서 이 두 영역은 인접하여 배치하면서 건조한 영역인 언어영역 및 조작영역 등과는 떨어지게 배치한다. 또한 녹음기나 컴퓨터 등을 사용하는 영역은 전기 콘센트가 있는 곳에 가깝게 배치한다.

여섯째, 교사가 모든 영역을 볼 수 있도록 배치한다. 교사가 모든 영역을 잘 볼 수 있을 때 도움이나 안내를 필요로 하는 유아를 알아낼 수 있다. 낮은 가구를 사용해 영역을 구분하면 다른 영역에서 일어나는 활동에 의해 산만해지는 것을 막아 주어 유아들의 주의력을 높여 주고 안전을 위한 관리와 감독이 용이해진다.

Frost와 Kissinger(1976)는 교실 설비 구성을 다음의 그림과 같이 네 가지 공간으로 구분하였다.

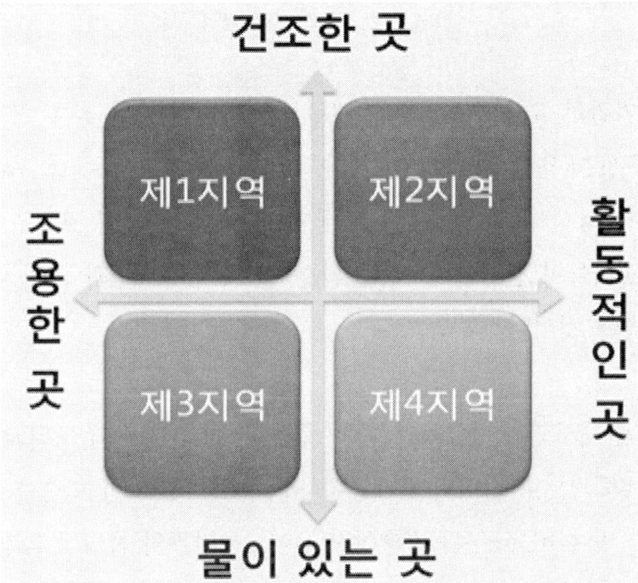

[그림 2-1] 교실의 설비구성

교실 공간은 건조하고 조용한 곳, 활동적이고 건조한 곳, 조용하고 물이 있는 곳, 활동적이고 물이 있는 곳에 따라서 활동영역을 구성할 수 있다. 물이 요구되는 공간이나 건조한 공간도 조용한 활동과 활동적인 활동을 할 수 있는 공간구성이 되어야 하므로, 각 공간의 활동 성격을 복합적으로 고려하여 다음의 그림과 같이 활동영역을 구성할 수 있다.

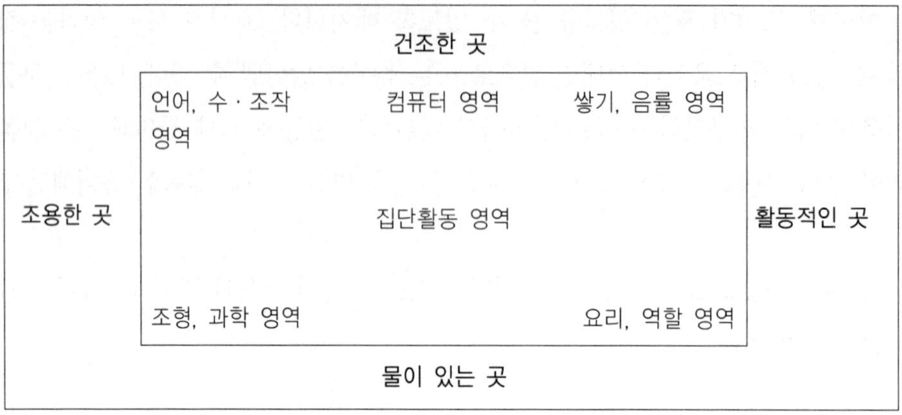

[그림 2-2] 교실의 활동영역 구성

유아교육기관의 교사는 적절한 환경구성을 위해 다음과 같은 평가기준을 참고하여 환경구성 내용을 점검할 수 있다. 이것은 NAEYC(National Association for the Education of Young Children)에서 3, 4, 5세 유아들의 기관중심 교육프로그램에 제시한 것으로 교사들이 점검할 수 있는 환경구성의 점검사항과 그에 대한 필요성의 내용을 정리한 것이다(그림 2-2).

유아들에게 제시되는 자료들과 활동 공간 및 활동 시간이 조절되고, 각종 시설의 환경이 계획적으로 정비되어 제공된다면 유아의 활발한 학습을 도울 수 있다. 적절한 시설 및 설비, 교구가 갖추어진 유아교육기관의 물리적 환경은 인적 요인과 더불어 유아발달과 유아교육의 질을 결정짓는 중요한 요인이 된다.

2) 교실의 공간배치

정돈된 물리적 환경은 교사와 유아들이 보다 안정된 분위기에서 상호작용할 수 있도록 해 준다. 특히 교실을 활동영역별로 공간 구성을 해 주면 유아들에게 활동에 대한 선택의 기회를 풍부하게 해 주며 자신의 활동 계획을 좀더 분명하고 손쉽게 해 주어 유아의 놀이 활동에 있어서 목적이 뚜렷한 활동이 되도록 도와준다. 영역의 확실한 구분은 유아의 공간적 관계에 대한 이해를 돕고 자신의 흥미나 요구에 맞는 교재를 쉽게 선택할 수 있게 할 뿐 아니라 공간의 활용도와 놀이의 수준을 향상시킨다.

각 영역 간의 통로를 고려해 기능적 · 시각적으로는 서로 분리되어 있으나 공간적으로는 필요에 따라 서로 통합할 수 있도록 놀이영역의 경계를 정하는 것이 좋다.

활동영역별로 공간 배치를 할 때 다음과 같은 효과를 기대할 수 있다.

첫째, 유아들이 자발적이고 창의적으로 활동에 참여하고, 폭넓고 다양한 경험을 할 수 있는 기회를 갖도록 해 준다.

둘째, 영역별로 분리된 공간은 유아들에게 안정감을 주어, 유아가 선택한 공간에서 자신의 속도에 맞추어 활동을 진행할 수 있다.

셋째, 물리적, 시각적으로 경계를 지음으로써 유아의 주의를 집중시키고, 다른 활동을 하는 유아로부터의 방해를 통제할 수 있다.

넷째, 교사는 유아들이 다양한 활동에 고르게 참여할 수 있도록 배려할 수 있다.

기능적인 영역별 분류는 유아들에게 자신의 경험을 분류 · 조작하는데 도움을 준다.

다섯째, 다른 유아와의 언어적 상호작용이 증가하고 건전한 활동을 위한 신체적 행동이 나타난다(Rogers, 1976 ; Hallinan, 1973).

여섯째, 효과적인 배치로 불필요한 관리 시간을 줄일 수 있다.

2. 환경구성과 교재 · 교구

유아교육기관의 실내외 환경은 유아들이 활동하기에 적합하도록 구성된다. 흥미영역이란 공간 내의 물리적 경계뿐 아니라 영역 안에 포함되어 있는 교재 · 교구로 구성 배치된 공간을 말한다. 흥미영역은 학습경험이 일어나는 공간으로 실내 · 외 환경의 기본구조를 형성한다. 교실의 환경구성은 유아교육기관의 교육철학 및 교육목표, 교육과정의 형태에 따라 달라질 수 있다. 교육과정 운영 방식에 따라서도 달라질 수 있으며, 교사의 결정에 따라서 얼마든지 변화가 가능하며 고정적인 설치의 기준은 없다. 그러나 유아의 자유 선택적인 활동을 위한 활동영역의 배치는 유아교육 프로그램의 구성에 있어서 중요한 학습환경 요인으로 작용하므로 교실과 바깥놀이 환경의 구성과 그 곳에 놓여질 활동자료들을 계획적으로 준비하는 것이 중요하다.

1) 교실의 흥미 영역

교실의 흥미영역은 교실의 크기, 유아의 수, 활동 주제, 집단의 상호작용 성격에 따라 다양하게 구성될 수 있다. 교실의 흥미 영역은 유아들의 자유선택활동을 위한 공간을 말하는데, 각 영역의 구성과 교재 · 교구, 그리고 유의점을 소개하면 다음과 같다.

(1) 언어 영역

가) 영역의 구성

언어 영역은 흔히 도서 영역, 독서 영역, 책보기 영역 등으로 세분화되거나 혼용되어 제시되기도 하는데, 동화나 그림책만을 보는 곳이 아니라 다양한 언어적 경험을 할 수 있는 공간으로 구성되어야 한다. 언어 영역은 밝고 따뜻하며 안정된 분위기로 조성되어야 하며, 쌓기놀이나 음률영역과 같은 소음이 많은 곳과 떨어지도록 배치해야 한다. 편안한 자세로 활동을 할 수 있도록 바닥에 카펫이나 큰 쿠션 등을 준비해 주는 것이 좋으며, 평소에 의자에 앉아 책상에서 활동하기도 하나 바닥에 앉아 낮은 책상에서 집중할 수 있도록 배려할 필요가 있다.

나) 교재 · 교구

언어활동을 위한 듣기, 읽기, 말하기, 쓰기 활동 등 다양한 경험을 단위적으로 혹은 통합적으로 할 수 있도록 적당량의 자료를 제시해 주고, 주제와 흥미에 따라 필요로 하는 자료를 추가 혹은 변화시켜 제공해 준다. 자료로는 도서류(동화책, 카탈로그, 그 외 읽기 및 이해하기를 위한 교재), 인형류(파펫, 자석인형, 융판동화, TV동화, 막대인형, 손가락 인형 등), 시청각 자료(녹음기, 동화 및 교재용 테이프, 소리식별 자료 등), 쓰기 자료(그리거나 쓰기 활동을 위한 크레파스, 색연필, 연필, 사인펜 등과 종이류 등), 만들기 자료, 기타 활동에 필요한 기구 등을 들 수 있다.

(2) 수 · 조작 영역

가) 영역의 구성

수 · 조작 영역은 수학과 조작 활동을 하는 공간으로, 언어, 과학 영역과 인접하여 밝고 조용한 곳에 배치한다. 교실이 넓은 경우나 활동 주제의 성격에 따라 수학과 조작 영역을 분리해 배치해도 좋다. 카펫이나 자리를 깔아서 게임 자료를 바닥에 놓고 활동하거나, 낮은 탁자나 책상을 놓아주어 앉아서 활동할 수 있도록 해도 좋다. 교구장이나 선반을 분리대로 하면서 활동 자료를 쉬운 것에서 어려운 것까지 여러 단계로 제공해 주어, 유아들이 흥미와 능력에 따라 자유롭게 활동하도록 돕는다. 수학 활동 자료는 전개될 주제와 관련된 내용이 포함되도록 한다. 즉 분류, 순서, 수의 기초개념, 일상생활에서의 수, 전체와 부분, 기초적인 측정, 시간, 공간, 기본도형 인식 및 구성하기, 기초적 통계 등의 수학교육내용이 포함된 활동 자료들을 제공한다. 또한 유아들은 앉아서 조작활동을 하는 동안 긴장을 풀고 활동에 열중할 수 있다. 조작활동은 수, 수의 조합, 계산, 기하학적 개념, 크기, 색채, 위치, 형태 등에 대한 개념과 비교능력을 발달시켜 주어 논리 · 수학적 사고의 발달을 돕는다(방인옥 등, 1999). 눈과 손의 협응력을 발달시키며 창의적인 구성능력을 배양하거나 형태의 연속을 즐길 수 있으며 시각, 촉각 등 감각기관을 발달시키고 주의력과 인내력을 키울 수 있다.

나) 교재 · 교구

수 · 조작 자료는 구성활동을 위한 작은 블럭 종류(연령에 따라 소재나 모양, 크기를 고려)나 다양한 수학활동을 돕는 자료가 있다. 소근육 발달(뚜껑 · 단추 끼우기, 맞추기, 잠그기, 리본 매기, 공구놀이 등), 손과 눈의 협응력(그림 맞추기, 퍼즐, 구슬과 끈, 바느질 자료 등), 색깔, 모양과 크기 개념, 언어 발달을 도와줄 수 있는 자료들을 준비하며, 낮은 교구장에 종류대로 진열해 놓아 유아들이 언제나 쉽게 이용할 수 있도록 해 준다.

(3) 과학 영역

가) 영역의 구성

과학 영역은 햇빛이 잘 드는 밝고 조용한 곳에 배치하고, 실험 및 조작 활동을 할 때에 다른 유아들로부터 방해되지 않도록 영역의 구분이 필요하다. 수학 및 과학에 관한 개념은 단순히 듣기에 의해 학습되는 것이 아니고 직접 활동을 행함으로써 학습이 되는 것이므로 다양한 자료를 계획적으로 제시하여 유아가 자발적으로 탐색하며 학습하도록 돕는다. 또 실내에서 식물이나 곤충 기르기, 작은 동물 사육하기 등을 경험하고, 자연 현상을 이해하고 탐구할 수 있도록 관찰활동을 다룬다.

나) 교재 · 교구

유아들이 만지고 두들겨 보고 발견할 수 있는 탐색적 환경을 제공하도록 측정도구(저울, 줄자, 계량컵 등)와 표본류(각종 동식물), 그리고 특수 기기(현미경, 확대경, 망원경 등) 및 수집이 용이한 자연물(낙엽, 조개껍질, 씨앗 등)들을 제시한다. 특히 유아들이 경험한 현장 체험 내용이 교실의 영역활동으로 확장될 수 있다. 주제 및 계절의 변화를 고려하여 다양한 자연물과 실물자료를 경험할 수 있도록 하여 유아가 나름대로 관찰, 조작, 실험 및 탐색활동을 할 수 있게 한다.

(4) 미술 영역

가) 영역의 구성

미술 영역은 유아가 다양한 매체를 이용해 자신의 생각이나 느낌을 표현하고, 감상할 수 있는 영역이다. 이 영역은 작업 영역의 성격을 가지므로 활동적이며 소음이 많다. 때로는 물을 사용하므로 물의 사용이 용이한 곳에 위차하는 것이 좋다, 만들기, 그리기, 자르기, 색칠하기, 구성하기 등 다양한 미술활동이 이루어지는데, 주로 실내에서 하는 활동으로 생각되나 날씨가 따뜻한 날은 바깥에 마련해 주도록 한다. 활동 후에 자료를 제자리에 정리할 수 있도록 분류된 자료들을 바구니에 넣어 보관할 수 있게 준비해 둔다. 작업을 할 수 있는 책상과 의자, 이젤 등이 설치되어야 하며 가까운 곳에 물을 이용할 수 있는 시설이 필요하다. 물을 사용하는 활동을 할 경우에는 바닥이 젖지 않도록 비닐이나 방수자료를 깔아주고 종이 수건이나 스폰지, 마른 수건 등을 준비해 두고, 유아용 작업복을 비치해 놓아 필요시 유아가 입을 수 있도록 해 준다.

나) 교재 · 교구

자료로는 종이류(도화지, 색종이, 포장지, 시험지 등), 그리기 도구(크레파스, 색연필, 연필, 붓, 그림물감, 사인펜, 분필 등), 만들기 도구(가위, 풀, 테이프, 본드, 펀치, 스테플러 등), 기타 준비물(이젤, 작업 까운 등) 및 만들기에 필요한 각종 폐품과 자료(종이 상자, 실, 빨대, 모래 종이 등)들이 필요하다.

(5) 역할놀이 영역

가) 영역의 구성

역할놀이 영역은 움직임이 많고 활동이 다양하므로 활동적인 놀이 영역에 위치하는 것이 좋으며, 쌓기 놀이 영역과 인접하게 배치하여도 좋다. 일반적으로 소꿉놀이 혹은 극놀이 영역으로 대치되기도 한다. 유아들은 역할놀이를 통해 자신의 감정이나 생각을 표현하며 친구들과의 상호작용을 통해 나누기, 타협하기 등의 사회적 기술을 배운다. 이 영역의 활동내용과 자료는 고정적인 것이 아니고, 학습

주제 및 단원에 따라 다양한 내용으로 구성될 수 있으므로, 교사는 활동 상황에 따라 필요한 자료를 제공해주어 역할 놀이가 활발하게 이루어지도록 도와야 한다.

나) 교재 · 교구

기본적인 가구류(옷장, 거울, 탁자 등)와 주방 기구(싱크대, 식탁, 요리기구 등)를 배치해준다. 또한 주제에 따라 다양한 역할놀이(병원놀이, 시장놀이, 유치원놀이 등)와 동극이나 상상놀이를 하는 영역이므로 각 역할놀이에 필요한 의상이나 소품 등을 준비하여 유아들의 모방놀이와 창의적인 놀이를 자극시킨다. 예를 들어, '우리 동네' 주제가 진행될 때, 역할영역에서 우체국 표지판을 표시하고 우체국 놀이를 하도록 한다면, 유아들은 우체통 등 관련 물품을 만들어 편지 배달 놀이를 흥미롭게 할 수 있다.

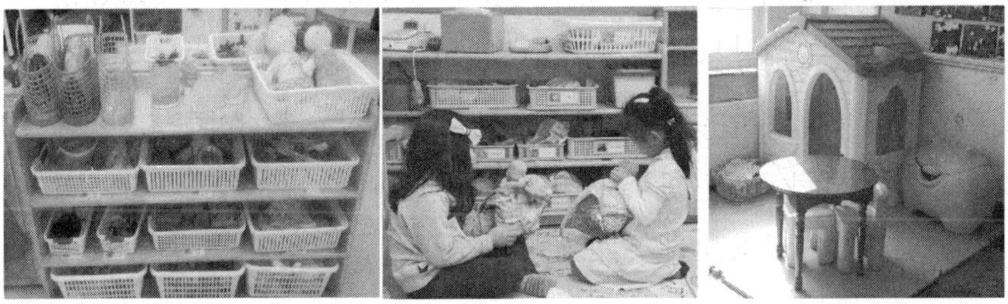

(6) 쌓기놀이 영역

가) 영역의 구성

쌓기놀이 영역은 넓은 공간을 필요로 하고 소음이 예상되므로, 활동적이면서 건조한 곳에 위치하도록 한다. 블록놀이 활동으로 인식되고 있는 이 영역은 극놀이 영역 옆에 배치하면 좋다. 바닥에는 소음을 방지할 수 있는 카펫을 깔아 주고, 블럭의 모양과 크기에 따라 정리할 수 있도록 문을 닫지 않는 개방형의 정리장을 준비해 둔다. 유아들은 쌓기놀이를 통하여 그들이 생활에서 보고, 듣고, 느낀 것 등의 경험을 재구성해 볼 수 있으며, 다른 유아들과의 협동놀이를 통해 남과 잘 사귀고 나누어 가지는 사회적 기술을 익힐 수 있다. 쌓기놀이는 구성놀이를 할 수 있는 좋은 매개체로 공간구성 능력을 길러 주며, 모양과 크기에 대한 개념 및 창의력과 문제 해결력을 키우고 성공과 실패에 적응할 줄 아는 능력을 키운다.

나) 교재 · 교구

유니트 블록, 우레탄 블록, 종이 벽돌 블록, 자석블록, 공간 블록 등의 블럭류와 블럭과 함께 사용할 수 있는 보조자료를 함께 놓아주도록 한다.

(7) 음률 영역

가) 영역의 구성

음률 영역은 유아가 편안한 자세로 생각에 따라 움직일 수 있도록 충분한 활동 공간을 마련해 준다. 각종 악기를 이용하여 표현활동을 하므로 동적이며 소음이 크다. 그러므로 인접한 영역의 활동에 방해가 되지 않도록 바닥에 카펫을 깔거나 독립된 공간을 이용하는 것이 좋다. 이 영역에서 유아가 소리를 정확하게 변별하고, 창의적인 신체표현을 할 수 있도록 다양한 자료를 제시하여 주고 유아의 흥미에 따라 자료가 달라질 수 있도록 배려하여야 한다.

나) 교재 · 교구

각종 리듬 악기류(탬버린, 트라이앵글, 캐스터네츠, 작은북, 마라카스 등), 녹음기, 멜로디언, 피아노, 기타 표현활동에 필요한 자료들을 배치한다. 그 외에도 악기 대용품이나 장고, 북, 소고, 꽹과리 등의 민속 악기도 교육 주제에 적합하게 제시해 준다.

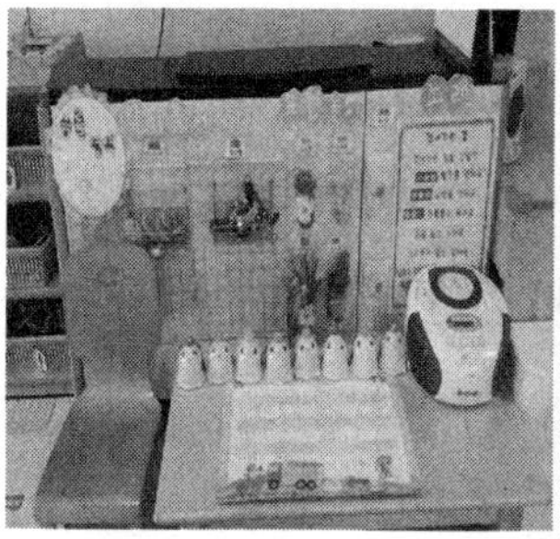

(8) 컴퓨터 영역

가) 영역의 구성

컴퓨터 영역은 별도의 방이 아니라 교실 내에 설치해야 하는데(NAEYC, 1996 ; 김선영, 1997), 필요에 따라 별도의 영역으로 설치할 수도 있으며, 언어 영역이나 조형 영역, 조작 영역에 설치할 수도 있다. 컴퓨터는 다른 교과과정과 통합되어 사용될 때, 유아들이 학습을 위한 자연스런 도구로 사용하는 능력을 획득할 수 있다. 컴퓨터 영역은 전기 콘센트가 가까이 있는 곳에 설치하며 모니터의 위치를 잘 선정해 햇빛이나 조명에 의해 반사되는 것을 방지해야 한다. 또한 직사광선이 드는 곳이나 전자파를 발생시키는 전자제품의 근처에 설치하면 컴퓨터나 소프트웨어가 손상될 수 있으므로 유의해야 한다(박선희 · 김선영, 1998).

나) 교재 · 교구

컴퓨터 영역에는 컴퓨터 2대와 프린터 1대, 컴퓨터 및 프린터 책상과 의자, 관련 소프트웨어 및 DVD 등을 준비해 둔다. 또한 컴퓨터의 출력물을 이용해 그리기나 만들기 활동이 가능하도록 필요한 물품을 함께 제시해 준다, 컴퓨터를 안전하게 사용하고 바르게 이용할 수 있도록 유아들에게 충분히 안내하도록 한다.

2) 바깥놀이 환경

대부분의 유아는 실내에서 노는 것보다 실외에서 노는 것을 즐기며, 유아들의 신체운동과 함께 노는 사회적 놀이는 실외에서 더 활발하게 이루어진다. 더구나 낮 시간의 대부분을 유아교육기관에서 보내는 유아들에게 보다 개선된 실외놀이 환경을 제공하는 일은 매우 중요하다. 따라서 바깥놀이 공간은 실내에서 할 수 없는 여러 가지 활동을 할 수 있고 자연환경과의 상호작용을 경험할 수 있는 교육적 공간으로 실내에서의 학습이 연장될 수 있어야 하며 유아의 신체적, 지적, 사회적, 정서적 발달을 도와주도록 고려되어야 한다.

시설이 좋은 실내외 놀이환경에서 유아를 관찰한 연구(Shin & Frost, 1995)에 의하면 실외환경이 실내 환경 보다 아동의 상징놀이에 더 영향력이 크다고 한다. 이는 비교적 넓은 공간에 덜 구조화되고 자연 재료를 많이 쓴 환경이면서 교사의 참여도가 큰 곳에서 발견된 연구결과이다. 또한 활동적인 실외놀이는 유아의 체력발달을 돕고 건강을 증진시킨다. 유아들은 실내에서 하던 놀이와 다른 모습으로 밖에서 논다. 또한 실외에서 더 다양하고 복잡한 문장의 언어를 사용하고(Tizard, et al., 1976), 대근육 운동에 더 많이 참여한다. 남아들은 실내에서 보다 실외에서 극놀이에 더 많이 참여하며, 여아는 자기주장이 더 강하다고 한다(Frost, 1997).

바깥놀이 공간이 충분히 넓다면 유아들에게 다양한 활동을 경험할 수 있도록 영역을 구분하여 구성할 수 있다. 또한 실외의 놀이터를 잘 구성한다면 유아들이 실내에서 경험하지 못한 다양한 활동을 할 수 있다. 특히 물 · 모래놀이 영역은 자연물인 물과 모래를 놀잇감으로 마음대로 가지고 놀이하는 공간이다. 물과 모래는 사용방법이 정해져 있지 않아 부담 없이 마음대로 활동에 몰두하며 이 과정을 통해 성취감과 만족감을 느끼게 되고 동시에 정서적 안정감과 즐거움을 갖게 된다. 또한 집단놀이 형태로 이루어지는 경우가 많아 친구들과 자연스럽게 어울리는 기회를 갖게 한다. 물놀이 영역과 모래놀이 영역은 인접하여 배치하면 놀이를 확장할 수 있다. 물 · 모래놀이 영역은 통행이 빈번하지 않은 곳에 배치하며 햇볕이 잘 들고 배수가 잘되는 곳이 적합하다. 모래놀이 영역과 가까운 그늘진 곳에 유아가 상상력을 키울 수 있도록 다양한 형태의 구조물이나 놀이집, 테이블, 극화놀이 소품 등을 마련한다.

(1) 놀이 영역

실외 공간도 실내 공간과 마찬가지로 동적 활동영역과 정적 활동영역으로 구분할 수 있다. 실외의 조용한 영역에서 할 수 있는 활동은 그림 그리기, 점토 이용한 만들기, 쌓기 놀이, 악기 다루기 등이 있다. 이러한 활동을 실외에서 할 수 있도록 작업대나 선반, 관련 자료들을 준비해 주면 실내에서 활동할 때보다 소음이나 청소 등의 제약을 덜 받으며 활발하게 활동이 이루어질 수 있다. 실외에서 두 활동 간에 분명한 구분을 하기는 어려우나 대근육 활동이 포함될 때 이를 동적인 활동으로 분류할 수 있다. 주로 실외 놀이시설을 이용한 놀이활동이 동적 활동에 속한다. 그 종류는 여러 가지 탈 것, 움직이는 시설, 구성놀이 시설, 고정시설, 사회 극놀이 시설 등이 있다. 실외 공간은 전체 실외 공간 면적의 약 1/3은 정적 활동영역으로, 그 나머지는 놀이시설을 포함해 동적 활동영역으로 구성하는 것이 좋다.

Fowler는 실외의 여러 가지 놀이 영역을 다음과 같이 구분하였다.

① 개방된 영역 : 실외 공간에 넓은 공간을 만들어서 게임, 공놀이, 술래잡기, 뛰놀기, 달리기 등과 같은 자유로운 활동을 할 수 있게 한다.

② 휴식 영역 : 기온이 올라가서 햇볕이 뜨거워질 때 쉴 수 있는 나무 그늘과 자연의 아름다움을 즐기고 쉴 수 있는 풀밭, 숲, 연못을 만든다.

③ 자연관찰 영역 : 도시에 사는 유아들은 식물과 곤충, 새 등의 동물들이 땅, 물 등의 자연환경 속에서 어떻게 살고 있는가를 관찰할 기회가 적다. 식물 재배장은 유아들에게 자연에 대한 학습경험 및 직접 식물을 재배해 볼 수 있는 기회를 제공해 준다. 유아들은 식물의 짧은 성장주기를 관찰함으로써 성장 · 발달과 생활주기의 개념을 얻게 된다. 공간이 넉넉하면 화원을 만들어 물을 주고 싹이 돋아나는 것을 관찰하며, 꽃이 피고 열매가 맺히는 과정을 살펴볼 수 있게 해 준다. 또한 운동장 한쪽에 동물 사육장을 만들어 토끼, 닭, 거위, 강아지 등을 사육하여, 유아들이 동물들을 관찰하고 직접 먹이를 주는 경험을 갖게 하면 좋다.

에스벤센(Esbensen, 1987)은 실외놀이 영역을 전이영역, 조작적 · 창작적 활동영역, 투사적 · 환상적 활동영역, 신체적 활동영역, 동식물 기르기 영역으로 구분하고, 그 예를 다음의 사진과 같이 예시하였다(이영자 · 권영례, 1997, 재인용).

(2) 실외 놀이터

실외 놀이터는 실내보다 넓은 공간과 융통성 있는 환경 때문에 유아의 또래문화를 발전시키는 데 영향력이 더 크다(Ladd & Price, 1993). 비교적 제한이 적은 실외 놀이터는 또래와의 상호작용에서 선택의 기회를 높여 주고 교사의 지원이 있다면 친사회적 행동을 학습하는 데 효과적이다. 따라서 교사는 실외에서 더 다양한 사회적 행동을 유아에게 기대하게 되고, 이 때문에 실내 · 외의 학습환경을 통합시킬 필요가 있다. 많은 연구에서 놀이터에서의 아동의 놀이는 놀잇감에 의해 영향을 받는다고 한다(Frost, 1997). 따라서 교사는 놀이환경의 물적 요소를 변화시켜

놀이의 성격이나 방향에 영향을 미칠 수 있다.

유아들은 놀이터에서 연령별 집단으로 반드시 분리되어 놀이할 필요가 없다. 어린 아동은 큰 아동과 다른 놀이를 하지만 두 집단이 협동적으로 놀고 놀이에서 상호관계가 이루어질 가능성이 높다. 서로 사회적 가치를 터득하고 협동과 중재의 기술을 배우며 자기들끼리의 놀이터 문화를 형성한다. 실외 놀이터는 잔디, 흙, 시멘트 등의 다양한 느낌을 주는 표면과 돌, 플라스틱, 쇠, 나뭇잎, 각종 식물, 채소밭, 생물 등에 이르기까지 실내보다 더 다양한 자연의 재료를 제공하게 된다.

현대적 의미의 놀이터는 많은 아동의 다양한 놀이를 동시에 수용할 수 있도록 제한된 공간에 세심하게 계획되어야 한다. 이를 위해 질적으로 우수한 실외놀이 환경을 제공하려면 ① 놀이시설 및 설비의 구비, ② 안전도, ③ 기능적 측면을 고려해야 한다(Frost, 1997). 다음은 프로스트(Frost)가 제시한 '실외 놀이터 평정도구'(1997년 수정판)이다. 놀이터의 시설설비와 안전도 및 기능을 종합적으로 평가할 수 있는 도구이므로, 유아교육기관에서는 놀이터의 합리적인 운영과 활용을 위해 제시된 평가항목을 중심으로 수시로 점검해볼 필요가 있다.

* 각 문항은 다음과 같이 1~5점으로 평정한다.

0 = 설비가 없거나 기능을 못함

1 = 부분적으로 설비가 되어 있으나 기능을 못함

2 = 설비와 기능이 약함

3 = 설비와 기능이 보통수준임

4 = 설비와 기능이 양호

5 = 모든 요소가 포함되고 매우 우수함

가) 실외 놀이터의 시설 및 설비 실태

① 게임을 하고 탈 것이 다닐 수 있는 단단한 바닥이 있다.

② 모래놀이터와 모래놀이 도구가 있다.

③ 물놀이를 위한 수도와 물놀이 도구가 있다.

④ 극화놀이를 위한 구조물과 놀잇감이 있다.

⑤ 여러 아동이 동시에 다양한 활동을 할 수 있는 구조물(예 : 놀이집)이 있다.

⑥ 기어오르거나 땅을 파며 놀 수 있는 흙더미가 있다.

⑦ 그늘을 제공해 주고 자연 학습 및 놀이가 가능한 자연 영역이 있다.

⑧ 언덕과 계곡 등 다양한 공간 관계(수직적, 수평적)를 경험할 수 있는 영역이 있다.

⑨ 타이어, 나무판자, 못 등을 이용해 구성놀이를 할 수 있는 영역이 있다.

⑩ 안전하게 손질한 헌 차, 배, 또는 이러한 종류의 구조물이 있다.

⑪ 미끄럼틀, 그네 등 활동적인 놀이를 할 시설이 있다.

⑫ 규칙있는 게임을 할 수 있는 부드러운 바닥(잔디, 나무껍질 등)과 딱딱한 바닥(콘크리트, 아스팔트)이 있다.

⑬ 아동의 개인적 공간을 위한 조용한 구석, 놀이집, 숨을 곳 등이 있다.

⑭ 안전을 도모하고 놀이 · 학습에 활용할 수 있는 울타리, 출입문, 벽 등이 있다.

⑮ 아동의 놀이로부터 보호되면서 쉽게 접근할 수 있는 곳에 꽃밭과 이를 위한 도구들이 있다.

⑯ 동물을 키우는 곳과 이를 위한 도구들이 있다.

⑰ 실내놀이를 실외로 확장시키고 햇빛, 눈과 비 등을 피할 수 있는 전이 영역이 있다.

⑱ 실외놀이 기구와 놀잇감을 정리해 둘 창고가 있고, 아동이 스스로 꺼내고 넣기 쉽게 고안되어 있다.

⑲ 겉옷걸이, 화장실, 음료수대 등이 실외에서 접근하기 쉽고, 집단활동을 위한 그늘진 곳, 실외용 책상과 걸상이 있다.

⑳ 자료와 시설이 정상아와 특수아 모두를 위한 것으로 고안되어 있다.

나) 실외 놀이터의 안전도

① 위험지역(도로, 깊은 골짜기, 물)으로부터 아동을 보호할 수 있는 울타리가 있다.

② 오르기 기구, 그네 등 움직임이 많은 시설물 아래 8-10인치의 모래 또는 나무 부스러기와 같은 부드러운 물질이 전 영역에 걸쳐 깔려 있다.

③ 놀이 시설의 크기가 아동의 연령에 적합하며, 오르기 기구의 높이는 6-7피트를 넘지 않는다.

④ 전기, 고압선, 독물질, 깨진병 등의 위험으로부터 안전하다.

⑤ 놀이시설의 연결 부분에 결함이 없고 안전하다.

⑥ 놀이시설에 날카로운 부분, 깨지거나 빠진 부분이 없다.

⑦ 그네의 앉는 부분은 가볍고 부드러운 자질(예 : 고무, 플라스틱 등)로 되어 있다.

⑧ 모든 안전 장치는 보수가 잘되어 있다(예 : 보호용 덮개 등).

⑨ 아동의 머리가 시설물에 끼지 않도록(약 3.5인치×9인치) 모든 열린 부분의 간격이 고려되어 있다.

⑩ 놀이시설은 구조적으로 안전하며, 휘거나 깨지거나 기울어진 부분이 없다.

⑪ 놀이 시설물들은 서로가 적절한 공간(보통 6-12피트)을 유지하도록 설치되어 있다.

⑫ 지하 매설 부분에 녹슬거나 썩은 곳이 없다.

⑬ 미끄럼판이 쇠로 만들어졌을 때 강한 햇빛에 노출되지 않도록 그늘에 설치하거나 플라스틱 재질을 사용한다.

⑭ 놀이시설(예 : 그네의 움직이는 범위) 주위에 보호용 낮은 나무나 울타리가 있다.

⑮ 움직임이 많은 영역에 밧줄이나 전선이 늘어뜨려져 있지 않다.

⑯ 균형대, 쇠줄 등은 낮은 높이로 기준에 맞게 설치되어 있다.

⑰ 성인의 감독을 위해 놀이터 입구에 놀이터 사용자의 연령 범위, 위험 요소 등이 게시되어 있다.

⑱ 돌출 부분이나 서로 얽힐 수 있는 위험이 없다.

⑲ 발이 빠질 만한 위험 요소가 없다.

⑳ 수영장이나 시냇물 등 물에 빠질 위험이 없고, 교통사고 위험이 없다.

다) 실외 놀이터의 기능

① 쉽게 접근할 수 있는 개방된 특성과 적합한 놀이시설로 아동의 놀이를 격려한다.

② 감각적 대비와 변화, 융통성 있는 시설 등으로 아동의 감각을 자극한다.

③ 동식물, 탐색자료, 구성자료 등을 제시해 아동의 호기심을 키워준다.

④ 아동의 크기에 알맞고 편안하며, 신체적으로 도전적인 시설을 제공해 아동의 사회적, 신체적 욕구를 충족시킨다.

⑤ 아동과 사물간의 상호작용을 격려한다.

⑥ 아동과 아동간의 상호작용을 격려한다.

⑦ 아동과 성인간의 상호작용을 격려한다.

⑧ 대근육 운동, 활동적인 놀이, 기능적인 반복 놀이가 가능하도록 지원한다.

⑨ 구성놀이, 창의적인 놀이가 가능하도록 지원한다.

⑩ 극화놀이, 가작화, 상상놀이가 가능하도록 지원한다.

⑪ 규칙 있는 게임, 조직화된 게임이 가능하도록 지원한다.

⑫ 씨름, 물 · 모래놀이 등 특수한 형태의 놀이가 가능하도록 지원한다.

⑬ 혼자 단독 놀이를 할 수 있도록 격려한다.

⑭ 집단으로 협동놀이와 상호 나누기 등을 할 수 있도록 격려한다.

⑮ 놀이터의 관리와 보호에 아동을 참여시킨다.

⑯ 성인이 아동의 놀이에 참여한다.

⑰ 실내 · 실외, 일(work) · 놀이가 통합되도록 격려한다.

⑱ 아동이 자연(식물 · 동물)과 상호작용할 수 있도록 격려한다.

⑲ 교사는 놀이의 가치, 놀이터 관리와 안전, 비상시의 대책 등에 훈련을 받은 사람이다.

⑳ 놀이 환경은 복합적이고 도전적인 환경으로 계속 변화한다.

참고 문헌

교육과학기술부 · 보건복지부(2013). 3 · 5세 누리과정 해설서.

교육과학기술부 · 보건복지부(2013). 3 · 5세 연령별 누리과정 지도서.

김정숙, 박진아, 김정민(2014). 유치원 교재교구 질 관리 방안 연구. 육아정책연구 보고서.

신동주(2004). 유치원의 실외놀이환경 구비 실태 및 실외놀이시설 안전점검 실태. 유아교육학 논집, 8(4), 151-173.

양옥승 · 나은숙(2005). 물리적 환경 구성과 유아의 자유선택 활동의 의미에 관한 질적 연구. 열린유아교육10(1), 21-40.

이대균·송정원(2002). 최신 유아교재·교구 연구 및 지도. 경기: 양서원.

장민영(2013). 16개 시도교육청 유치원 교구설비기준의 현황 및 적합성 검토. 이화여자대학교 석사학위논문.

Trawick-Smith, J., Russel, H., & Swaminathan, S.(2010). Measuring the effects of toyson problem-solving,creativeand socialbehaviors of preschool children. Early Child Development and Care, 181(7), 909-927.

제2부

유아교육과정의 이해

제3장

유아교육과정의 이해

1. 유아교육과정의 접근
2. 유아교육 프로그램
3. 누리과정의 이해

교육과정은 학교가 학생에 대하여 선택된 교육적인 경험을 준비하여 그들의 성장 · 발달을 도와주고 학습에 의한 행동의 변화를 가지도록 하며 바람직한 인간상으로 성장되기 위한 자료로 삼는 것이다. 유아교육과정은 유아들이 다양한 경험을 통하여 교육목표에 맞는 성장 · 발달을 하고 바람직한 행동의 변화를 일으키도록 기대하는 교육목표 달성의 수단이 된다. 유아교육은 유아를 대상으로 하는 학문이면서 종합적이고 실천적 · 응용적인 면이 강하다. 따라서 유아교육과정은 유아교육의 전반적인 영역을 이해하면서 유아들에게 어떤 내용을 어떻게 가르칠 것인가에 초점을 두어야 한다. 여기서는 대표적인 유아교육과정 접근법으로 알려진 성숙주의 접근, 행동주의 접근, 상호작용주의 접근의 특징적인 내용을 다루고 각각의 대표적인 프로그램을 소개하였다. 또한 우라나라 국가수준에서 양질의 교육. 보육을 제공하기 위한 '누리과정'의 편성과 운영에 따른 내용을 살펴보았다.

1. 유아교육과정의 접근

유아교육과정의 접근방식은 학습 및 발달이론의 관점을 중심으로 주도되어 왔다. 주요 발달이론을 분류한 이론들은 명칭이 다르지만 분류기준과 그 내용이 유사하다. Schickedanz(1983)는 인간발달을 유전 · 성숙관(generic-maturation view), 환경 · 행동관(environmental behavioral view), 인지발달 · 상호작용관(cognitive developmental or interactional view)으로 분류했으며, Decker(1976)는 성숙 · 생득관(maturational nativist view), 환경 · 행동관(environmental behavioral view), 포괄적 상호작용관(comprehensive interactional view)으로 분류했다(김옥련 · 임영서, 1995, 재인용). 이상에서 볼 때 대표적인 접근방식을 성숙주의, 행동주의, 상호작용주의 입장의 세 가지로 정리할 수 있으며 각 교육과정의 이론적 배경과 그 특징을 소개하면 다음과 같다.

1) 성숙주의 접근

성숙주의 관점에서는'학습'과 '발달'의 관계에서 발달이 선행되어야 학습이 가능하다고 본다. 인간의 발달은 성숙에 의존하므로, 발달에 미치는 환경의 영향을 최소한으로 인정하는 것이 이 이론의 특징이다. 성숙주의는 미리 정해진 연령별 발달단계를 강조한다. 주요 이론가는 게젤(Gesell, Arnold L., 1880-1961), 홀(Hall, G., Stanley, 1844-1924), 프로이드(Freud, Sigmund, 1855-1936)이다. 게젤에 의하면 학습이나 훈련은 적절한 성숙이 갖추어지지 않으면 참된 효과가 없으므로, 학습에는 성숙에 의한 준비성(readiness)이 필요하다고 주장하였다. 홀은 다윈(Darwin, C., 1809-1882) 등이 주장했던 반복설을 아동발달에 적용시켜 이 반복설에 따라 유아의 발달단계를 설명하였다. 프로이드의 정신분석이론은 주로 생득적 또는 내적인 힘을 중시하고 경험이 아니라 연령에 따른 생리적 단계를 거쳐 성장한다는 점에서 역시 성숙관에 속한다. 위의 견해들을 종합해 볼 때, 성숙주의 관점은 유아 발달의 방향과 순서 및 단계가 유아에게 예정되어 있다고 보는 것을 알 수 있다.

성숙주의는 아동의 내적인 힘을 강조하며 외적인 힘에 의한 내적인 변화를 인정하지 않는다. 유아의 학습동기는 외적인 자극이나 환경요인에 의해 유발되는 것이 아니라 성숙의 과정에서 특정한 시기에 나타나는 유기체의 내적인 동기에 의한 것이다. 특정 시기에 나타나는 유아의 행동은 그 시기에 어느 누구에게나 보편적으로 나타나는 고정적인 전개의 과정에서 보이는 행동일 뿐이라는 것이다. 따라서 성숙주의 입장의 교사는 유아의 행동변화를 시도하기 위해 일찍 서두르거나 다양한 학습방법을 적용하려고 노력하지 않는다. 가능한 한 교사의 지시나 통제는 제한되며, 반면에 유아의 주도적이고 선택적인 행동은 허용된다. 예를 들면, 부모의 개입이나 교육을 통한 외적인 자극은 유아의 발달을 주도하거나 변화를 가져오는 것이 아니라 유아의 성장 · 발달을 돕고 촉진시켜 주는 것이다. 또한 학습의 제시 시기는 유아의 성숙 수준이 특정 학습의 준비도에 이르렀을 때로 본다. 유아가 어떤 학습을 할 준비가 되어 있을 때에 유아는 그것을 학습할 욕구를 갖는다고 본다(이영자 · 이기숙, 1992). 만일 어떤 유아가 결핍되지 않은 환경에 있으면서도 다른 유아들보다 말하기와 읽기가 서투르다면 말하기와 읽기 학습을 할 수 있는 능력을 다른 사람보다 적게 타고났다는 것을 의미한다. 이와 같은 설명은 유아의 개인차가 생득적인 것에 의한 것이지 외적인 자극의 차이로 나타나는 것이 아니라는 것이다. 유아의 발달은 자신의 성숙의 방향으로 전개되는 과정이므로 무리한 외적인 통제는 오히려 유아의 발달을 방해할 것이다.

학습의 동기, 학습의 제시 시기, 학습의 준비도 개념 등을 종합해 볼 때, 성숙주의 접근의 교육과정은 아동 중심적인 교육과정의 성격을 가진다. 성숙주의자들이 동의하는 교육활동에 관한 일반적 원리는 다음과 같다(이기숙, 1997).

① 유아에게 많은 선택의 기회를 주고 불필요한 성인의 개입을 최소한으로 줄인다면 유아는 그들의 발달수준에 적합한 활동을 스스로 선택할 수 있을 것이다.

② 유아는 다양하고 풍부한 자료를 사용함으로써 발달할 수 있다. 따라서 성인은 유아들의 흥미와 발달단계에 적합한 자료를 제공해야 한다. 만약 제공된 자료들 중 어떤 것을 유아들이 사용하지 않는다면, 대부분의 경우에는 자료가 그들의 발달 수준에 적합하지 않음을 의미한다.

③ 특정한 활동의 유형은 매일 일정한 시간에 이루어져야 한다. 동적 · 정적인 활동, 그룹 · 개별활동, 지시적 · 비지시적 활동의 균형은 대상 유아의 연령, 집단규모, 활동 특징에 따라 적절히 안배되어야 한다.

④ 유아가 자기의 발달적 수준에 적합하지 않은 과제를 수행하도록 강요당하거나 압력을 받아서는 안된다. 유아에게 압력이 주어지지 않고 허용적인 분위기가 제공된다면, 그들은 모든 영역에서 자신의 가능성을 점진적으로 발전시켜 나갈 것이다.

⑤ 유아를 위한 가장 효과적인 집단구성 방법은 발달수준이 같은 또래끼리 집단을 이루게 하는 것이다. 따라서 발달적으로 지체된 유아나 장애를 겪고 있는 유아는 그들과 비슷한 유아들과 그룹 지어져야 한다.

⑥ 유아들의 작업이나 놀이의 결과에 대한 성인들의 수정은 최소한으로 해야

한다. 교사는 유아의 발달적 수준과 경험에 적합한 행동이나 반응을 보여주어야 한다. 교사가 유아를 수용하고 친절히 안내하며, 그들의 요구와 흥미를 자극시켜 주는 것은 바람직하지만, 교사의 일방적인 지시나 수정, 적극적인 행동수정 등은 바람직하지 않다.

⑦ 유아들의 발달은 주로 자신의 내적 성장의 힘에 따라 이루어진다. 교사의 역할은 유아가 자신을 수용하고 이해하도록 돕는 것이다. 양육적이고 수용적인 환경이 제공된다면 유아는 결국 바람직한 방향으로 성장할 것이다.

⑧ 바람직하고 적절한 경험은 유아에게 아무 조건 없이 제공되어져야 한다. 체계적으로 외적 강화를 제공함으로써 유아의 본질적인 성향을 전환시키려는 시도는 발달에 대해 근시안적이며 역효과를 초래할 수 있다.

성숙주의 발달이론을 중심으로 발전된 성숙주의적 접근의 교육과정에 대해 다음과 같이 비판점을 제기하는 견해도 있다.

성숙주의 교육관은 유아의 발달단계에 대하여 교육 실천에서 하나의 눈금으로서의 구실을 했다는 점이다. 발달단계나 발달기준이 정해지면 그것이 어떤 어린이에게도 적용된다고 오해함으로써 유아의 환경이나 과거의 경험을 무시하는 위험이 있다는 점이다. 또한 성숙주의 교육관은 성숙이 될 때까지 기다려야 한다는 대기주의의 입장을 가지므로 아동방임의 교육을 초래할 가능성이 있다는 점이다. 그러나 교육의 실천에 위와 같은 극단적인 해석을 적용하기보다는 인간존중 사상이 반영된 교육관으로서 유아의 발달이 강조되는 한 가지의 접근으로 이해되어, 유아중심 교육과정의 실천에서 요구되는 효율적인 교수방법이 모색되어야 할 것이다.

2) 행동주의 접근

행동주의 관점에서는 유아의 발달과 학습이 유아 외부의 환경에 의해 통제된다고 본다. 행동주의 이론은 학습이론(learning theory), 또는 S-R이론을 배경으로 하며 유아의 발달을 학습과 동일한 것으로 여긴다. 즉, 발달이란 학습의 축적 또는 일련의 행동반응과 행동반응을 유도하는 자극, 그리고 행동반응을 지속시켜 주는 강화의 점진적인 조합으로 본다. 이 행동주의 이론은 손다이크(Thorndike), 스키너(Skinner), 왓슨(Watson) 등의 이론에서 강조된 교육원리에 근거한다. 손다이크는 '행동이란 보상이나 벌과 같은 자극에 의해 영향을 받는다'는 주장을 하여, 이런 원리를 도구적 조건형성(instrumental conditioning)이라고 했다. 스키너는 행동이 강화(reinforcement) 혹은 강화적 자극에 의해 영향을 받는다는 것을 주장하여 강화적 자극에 의해 행동의 빈도수를 증가시키는 과정을 조작적 조건형성(operant conditioning)이라 했다.

행동주의자들은 환경이 유아에게 어떻게 영향을 주는지에 관심을 가지므로, 환경을 조정해 유아의 바람직한 행동을 강화시키고 바람직하지 못한 행동은 감소 및 소거시킨다. 이들은 유아의 발달에 미치는 외적 요인을 강조한다. 외적 요인은 유아의 경험으로 축적되어 유아의 행동변화를 가져오므로, 행동주의 접근의 교육과정은 외적 경험의 조직적인 제공과 이를 통한 바람직한 방향의 행동변화를 추구한다. 또한 행동주의 접근은 관찰이 가능한 유아의 행동에만 관심을 가지며, 유아의 내적 사고과정에는 관심을 두지 않는다. 따라서 유아의 학습동기는 유아의 내적인 힘에 의한 것이 아니라 외적인 것, 즉 강화에 의해 유발된다고 보아 적절한 행동에 대한 강화 및 재강화를 강조한다.

학습 준비도는 성숙이 될 때까지 기다림으로 준비되는 것이 아니라, 적절한 경험의 제공으로 준비가 되는 것이다. 예를 들면, 동기유발이 되지 않는 유아는 성숙의 준비가 안되었기 때문이 아니라 유아의 행동이 강화될 기회가 없었기 때문이라는 것이다. 따라서 교사는 적절한 때를 기다리는 것이 아니라 유아에게 적절한 자극과 강화를 주어 행동의 변화를 가져오도록 하는 중요한 역할을 한다. 유아는 주어지는 외적인 자극에 대하여 반응하는 과정을 반복하며 경험의 축적을 통해 점진적으로 학습해 나아간다. 여기서 유아의 개인차는 생득적이기보다 개개인의 경험의 차이에 기인한다. 교육과정에서는 순서화된 교수, 연습, 훈련 등의 교수방법이 사용된다. 이와 같이 행동주의 접근의 교육과정은 학습이론 및 행동주의 이론의 학습원리를 반영하기 때문에 교육과정이 계획적이고 체계적으로 조직되어 제시되며, 교사 중심적인 교육과정의 성격을 갖는다.

행동주의 관점에 기초한 교육과정의 특징을 요약하면 다음과 같다(이기숙, 1997).

◇ 매우 구체적인 목표에 초점을 둔다.

◇ 유아의 바람직한 행동 전이를 위해 훈련이나 학습 주제는 단순화, 위계화, 순서화 되어야만 한다. 각 단계는 단순한 과업에서 점차 복잡한 과업으로 점진적으로 변화되어야 한다.

◇ 교사는 매우 적극적으로 유아의 행동을 지시한다. 교사의 역할은 유아의 행동을 바람직한 방향으로 지시하고, 수정하고, 강화해 주는 것이다.

◇ 학습자의 행동은 교사의 적절한 강화를 통하여 형성되어진다. 따라서 교사의 역할은 적절한 강화를 사용하여 유아의 행동이나 학습을 바람직한 방향으로 이끄는 것이다.

◇ 유아들은 구체적인 조작(실제 도구와 행위를 이용한 참여) 능력에서 급속히 추상적인 조작 능력으로 발전하게 된다. 따라서 언어적 교수는 유아들에게 정확한 언어를 사용할 수 있게 하고 논리적 문장에 대한 훈련을 가능하게 하므로 결국 지적 발달을 촉진하는 중요한 수단이라 볼 수 있다.

행동주의 접근의 교육과정은 학습자에게 체계적인 교과내용을 조직해서 제공하므로 기초 교과내용의 순서적 제시와 학습자의 훈련을 강조한다. 또한 유아의 학습동기와 학습성과가 외적인 요인에서 비롯되므로 교사가 유아에 미치는 영향이 큰 반면에 유아의 능동적 역할이 소홀히 평가되기도 한다. 그러나 교사가 교육의 주체적 역할을 한다는 점과 잘 조직된 교육과정이 운영되어야 한다는 점에서는 행동주의 접근의 교육과정이 긍정적으로 평가된다.

3) 상호작용주의 접근

상호작용주의는 유전적 성숙과 환경적 영향이 모두 유아의 발달에 작용한다고 본다. 상호작용이란 성숙과 환경이 발달에 미치는 작용관계만을 의미하는 것이 아니며, 유아 · 환경(발달 과제), 유아 · 유아, 그리고 이러한 영향 요인들의 상호작용을 포함해 의미한다. 이 상호작용주의적 접근은 유아가 자신의 환경과 능동적으로 접촉하고 상호작용을 한다는 피아제(Piaget)의 인지발달론을 기초로 전개된 것이다. 그래서 상호작용 접근이 인지적 접근으로 소개되기도 한다. 피아제는 인지발달을 평형(equilibrium) 및 적응(adaptation)의 과정으로 설명했다. 적응이란 동화(assimilation)와 조절(accommodation)의 상호작용으로 설명된다. 즉, 유아는 환경과의 상호작용에서 더 좋은 평형상태를 추구하면서 자신의 정신구조를 발달시킨다. 유아의 인지구조는 환경과의 조작(상호작용)을 통해 변화되고 확장된다는 의미이다. 이처럼 상호작용적 접근은 유아를 수동적 학습자로 보는 행동주의 입장과는 달리 유아를 능동적인 유기체(active organism)로 보는 것이다. 또한 구성주의자들도 유아의 발달이 그들의 능동적인 활동을 통해 이루어진다고 보며, 환경과 유아와의 상호작용을 강조하므로 같은 견해를 갖는다. 구성주의에서는 모든 지식이 개인과 환경과의 상호작용과 학습과정의 능동적 참여를 통해 구성되는 것이기 때문이다(Noddings, 1990).

학습이 개인적 탐구와 개인적 발견에 기초한 문제해결의 과정이며, 학습자의 내재적인 학습동기를 중요시한다. 학습자는 능동적(active)이고 자기 조정적(self-regulating)이며 반성적(reflective)인 행위의 주체자이다. 구성주의는 유아에게 학습이 의미 있게 되려면 추상화되고 탈맥락화된 지식이나 개념을 다루기보다는 실제적인 목적과 기능을 가진 상황에서 활동과 학습이 일어나도록 해야 한다고 한다. 비고츠키(Vygotsky)의 사회 인지론적 관점에서 보면 지식은 사회적 맥락 내에서 구성된다. 따라서 이러한 시각에서는 유아들의 협동학습이 강조된다.

상호작용주의자들은 유아가 현재 경험하는 상황이 이전에 경험한 내용과 유사하거나 친숙한 것일수록 유아가 새로운 것과 병합시켜 잘 학습한다고 한다. 따라서 학습경험이 유아의 사고형태 내에서 제공되거나 유아가 최근에 사물을 보는 견해에 맞게 제시된다면 어떤 주제이든 유아에게 효과적이라고 본다. 학습의 준비도는 성숙의 수준에 따르기보다는 유아 개개인의 인지발달과 조화된 유아의 경험수준에 따라 이루어진다.

상호작용적 접근의 유아교육과정은 유아가 학습할 준비가 될 때까지 기다리거나, 체계적인 자극과 지식의 전달을 통해 일관적인 교육을 시도하지 않는다. 학습내용을 제시할 때에도 분절적이거나 위계적으로 하지 않고 전체적이고 통합적으로 제시한다.

상호작용적 접근의 유아교육과정에서는 유아와 교사 모두의 능동적이고 주도적인 활동이 강조된다. 교사는 유아의 현재의 욕구와 능력 그리고 관심의 차원에서 유아와 상호작용하도록 해야 할 것이다. 유아의 호기심과 흥미를 자극하고 유아의 능동적 활동을 장려하는 역할을 해야 한다. 유아가 스스로 문제해결을 하도록 돕고 지식을 재구성하고 성장할 수 있도록 도와야 한다.

상호작용주의적 접근의 교육과정으로 구성주의 교육과정을 들 수 있다. 구성주의 교육과정은 유아들의 의미 있는 경험을 학습의 핵심으로 간주한다. 따라서 유아들이 많은 활동과 경험을 통해 자신의 수준에서 의미를 구성할 수 있는 학습의 기회를 갖도록 한다.

구성주의적 교수·학습환경 구성과 교수·학습전략에 관한 내용을 요약해 보면 다음과 같다(허형, 1997).

(1) 구성주의적 교수·학습 환경 구성을 위한 전략

- 유아가 스스로 문제를 확인할 수 있도록 한다. 문제해결을 위한 방법으로 활용할 수 있는 자원 인사나 자료를 최대한으로 활용하도록 한다.
- 문제해결을 위한 정보를 유아가 스스로 추구하게 한다.
- 학습은 유아 자신에게 의미 있고 영향을 줄 수 있도록 한다.
- 학습은 유아의 생활계획과 관련되게 하고 그것에 의미가 있도록 한다.
- 계속적인 연습이나 실습에 의한 특수기능의 학습을 강조하지 않는다.
- 집단의 한 구성원으로 문제를 해결할 수 있게 한다.
- 미래에 영향을 줄 수 있는 주된 학습요인을 강조하여 시범을 보인다.

(2) 구성주의적 교수모형의 구체적 교수·학습전략

- 질문을 유도하고 유아의 질문과 생각을 학습에 최대한으로 활용한다.
- 유아가 아이디어를 내도록 격려한다.

- 유아의 협동학습, 정보의 추구를 촉진하고 학습의 결과로 행동변화를 강조한다.
- 유아의 사고, 경험, 흥미와 관심을 학습에 충분히 활용한다.
- 다양한 자료를 사용하여 정보를 찾게 하고 이를 격려한다.
- 교사는 개방적 질문을 하며, 유아들이 질문과 대답을 정교화 및 구체화하도록 격려한다.
- 유아들에게 사건과 상황이 일어난 원인을 제시하도록 격려하고 그 결과를 예측해 보도록 격려한다.
- 유아들이 자신의 아이디어를 검증해 보게 한다. 자신의 질문에 대답하고 원인을 추측하고 결과를 예측하게 한다.
- 교사가 문제해결에 대한 아이디어를 제시하기 전에 유아의 아이디어를 먼저 제시하게 한다.
- 유아들이 새로운 아이디어를 많이 내도록 격려한다.
- 전문가와의 협동학습을 강조하며 여러 형태의 협동적 학습전략을 사용한다.
- 문제상황을 고찰하고 분석하는 데 적절한 시간을 허용하고, 유아들이 창안한 모든 아이디어들을 존중하고 그것을 사용하도록 격려한다.

교육과정의 접근법으로 살펴볼 때 상호작용주의적 접근의 형태는 인지발달이론, 상호작용의 개념 및 범주에 따라 광범하게 해석된다. 이 이론을 따르는 교사는 유아의 현재수준을 파악하는 데 민감해야 하며, 유아의 선택적 · 능동적 활동을 가능하게 하는 교수 프로그램을 계획하여 활동을 배정하고, 유아의 전반적인 학습과 발달을 돕는 능력을 발휘해야 한다.

위에서 살펴본 세 가지 접근은 각각의 발달이론과 더불어 특징적인 교육배경을 보이는 교수학습 및 교육과정의 형태로 설명될 수 있다. 이들은 내용적으로 확실히 구분되며 독립된 성격의 유형으로 설명되나, 유아교육에 적용할 때 어느 것이 나은지를 비교하는 차원에서 소개되는 것은 아니다. 그러나 유아교육기관의 교사들은 어떤 유형의 설명이 자기의 신념과 부합되는지 비교 검토할 필요가 있다.

2. 유아교육 프로그램

외국의 유아교육 프로그램을 연구하는 일은 우리의 프로그램을 연구하는 데 중요한 자료를 제공한다. 각 프로그램 모델이 어떤 기초이론이나 교육이념을 가지고 있으며 어떤 교육목표를 설정하고 어떻게 교육내용을 전개하는지, 그리고 어떠한 교수법을 적용하는지에 관해 검토해 보면서 각각의 성격을 인지할 필요가 있다. 수많은 유아교육 모델들은 하나의 중심적인 이론을 바탕으로 일관성을 유지하는 단일성형(singularity)도 있고 여러 이론에서 좋은 점을 골라 절충시킨 절충형(eclecticism)도 있으며, 경험과 실증적 연구를 토대로 나름대로의 독창성을 가진 모델도 있다. 유아교육 프로그램 모델이란 목표, 교사의 역할, 하루일과 구성, 공간구성, 시설 및 설비 등의 요인에서 명확한 윤곽을 가지고 있는 특정 프로그램을 말한다(Lay-Dopyera & Dopyera, 1987 ; 이기숙, 1997). 여기서는 대표적인 모델 3가지를 중심으로 그 내용을 요약해 정리하였다.

1) Bank Street Program

이 프로그램은 1916년에 뱅크 스트리트 사범대학 교육실험연구소에서 유아가 학습하고 발달해가는 과정을 체계적으로 관찰하고 기록하여 실험한 연구로부터 시작되었다. 인간본성 이론에 그 철학적 기초를 두고 있으며 낙후된 지역의 유아들과 가족을 위한 프로그램으로 언어의 개념적 결핍과 사회성 결핍을 해결하도록 개별학습 및 풍부한 환경, 경험의 자극을 강조한다. 이 프로그램은 인간발달 이론을 기초로 개발된 프로그램이라는 면에서 발달적 상호작용 프로그램(developmental-interacion program)으로도 불린다.

교육목적은 아동의 긍정적인 자아상 및 학습에서의 자기 주도성을 개발하는데 있으며 후기학습을 위한 보상 교육적 특성을 갖는 것이 아니라 학습환경과의 상호작용을 통한 개별적 발달을 촉진하는데 있다. 세부적인 목표를 살펴보면 다음과 같다.

① 자신감 있는 인간으로 성장

② 창의적으로 문제해결하는 발명적인 인간으로 성장

③ 자신의 감정을 자유롭게 표현하며 타인의 권리와 감정을 존중하는 책임감있는 인간으로 성장

④ 타인과 사회에 전인적 인간으로 성장할 수 있는 생산적인 인간으로 성장하는 데 있다.

이 교육과정의 특징은 3-5세 유아들의 복합연령 집단으로 구성되어 있으며, 아동들이 개별적, 집단적으로 다양한 상호작용을 하며 자발적 표현, 선택적 활동이 허용되는 학습환경을 갖는다. 학습경험은 개방적이고 탐색적인 것에서 구조적인 것까지 포함되며, 유아의 발달적 욕구에 따른 내재적 요구, 호기심, 관심을 인정하여 인간적 분위기의 즐거움을 갖도록 해준다. 이 프로그램에서는 다양한 흥미영역을 설치하여 유아가 환경과 직접 상호작용하는 것을 중요하게 여긴다. 교구는 실험적 · 탐구적으로 이용할 수 있는 것, 다양하게 사용하거나 표현할 수 있는 것, 지각적 구별이나 조작적 문제해결에 도움을 줄 수 있는 것 등의 조건에 맞추어 선정된다(박찬옥 외, 1999).

교육내용은 유아의 인지발달을 촉진하기 위하여 논리적 사고, 직관적 연상 사고를 중시한다. 구체적 교육내용은 아래와 같다.

(1) 언어 교육

① 생각과 행동을 말로 표현하기

② 사물과 사건과의 관계를 설명하기

③ 공통적 개념과 원리 찾기, 문제해결의 기회 제공 등

(2) 사회 교육

① 현재와 과거의 시간 · 공간 개념 알기

② 확산적 사회활동
③ 인간의 존엄성과 가치관, 도덕적 행동, 인간의 권리 등의 개념

(3) 수 교육

수의 개념적 사고, 수세기, 수 개념 형성을 위한 각종활동

(4) 과학 교육

① 식물 · 동물의 생태 및 변화 알기
② 견학 · 여행을 통한 관찰학습
③ 실험 · 탐구 활동
④ 지각적 식별, 조작적 문제해결 등

(5) 창작 예술과 음악

물감, 점토, 나무, 염색, 뜨게질, 판화 등 다양한 자료와 경험의 제공, 유아의 감정 표현기법, 노래, 악기, 율동하기 등

(6) 신체 교육

달리기, 뜀틀, 평균대, 철봉 등 운동기구에 접근하기, 운동과 감각경험을 통한 다양한 신체 교육 등

교사는 유아 스스로 활동을 자유롭게 선택 · 실천해 나갈 수 있도록 활동을 계획하고 소개하며 유아가 선택한 활동을 그의 능력이나 발달단계에 맞게 조정해 준다. 이러한 교수 전략에서 가장 중요한 것은 유아의 내적인 동기유발이라고 할 수 있다(박찬옥 외, 1999).

2) DISTAR Program

이 프로그램은 개발자들의 이름을 사용해 버라이터-엥겔만(Berieter & Engelmann) 프로그램 혹은 엥겔만-베커(Engelmann-Becker) 프로그램으로 불린다. 행동주의 이론을 배경으로 하는 이 프로그램은 사회 경제적으로 불리한 4-6세된 유아들의 학문적 지체 현상을 막기 위해 학교 학습의 기초가 되는 학문적 기초를 형성해 주기 위해 개발된 프로그램이다. 불우한 유아들은 학습 자체의 지체보다는 학습을 수행하기 위한 기본적인 능력이 결핍되었다고 보고 전통적인 학교교육의 문제점을 지적하였다. DISTAR(Direct Instructional Strategies for Teaching Arithmetic and Reading : 수 및 읽기 지도를 위한 직접적 교수전략) 프로그램은 조직력이 높고 계획적인 교수법과 교육내용을 강조하므로 대표적인 교사중심 교육과정의 예로 소개된다.

교육목표는 학문적인 기초형성을 위한 언어, 읽기, 셈하기의 세부 목표가 있다.

(1) 언어 목표

질문에 대답하는 능력 기르기, 지시에 반응하기, 반대개념 익히기, 질문에 긍정 · 부정적으로 반응하는 능력 기르기, 추론 혹은 '만일 ……하다면'과 같은 표현, 기본 색깔 알기 등이다.

(2) 셈하기 목표

20까지 셀 수 있고 100까지 10단위로 세기, +, −, = 등의 기호 익히기, 집단 헤아리기 등이 있다.

(3) 읽기 목표

그림 속의 글자를 식별하는 능력, 왼쪽에서 오른쪽으로 읽기, 단어에 음률 붙여 말하는 능력, 주어진 단어의 같은 의미를 가진 단어를 말하는 능력 등을 키우기이다.

교육내용은 언어(복수 · 단수 인식하기, 부정어 · 반대어, 추론, 전치사 등의 개념 익히기), 셈하기(수세기 지식, 수학적 진술 방법 익히기), 읽기(기초 문장 읽기, 기초 단어 및 철자법 익히기) 등으로 구성되어 있다.

또한 교사가 중심이 되어 직접적인 교수방법을 사용하며, 하루 활동시간은 2시간이다. 한 집단은 15명으로 구성되는데 이를 5명의 3집단으로 나누어 3명의 교사가 유아의 학습능력에 따라 지도한다. 하루 일과표를 보면 아래와 같다.

- 비구조적 활동 (10분)
- 언어, 셈하기, 읽기(20분)
- 화장실 다녀오기, 간식, 음악 감상(30분)
- 셈하기, 읽기, 언어 (20분)
- 반 구조적 활동(20분)
- 읽기, 언어, 셈하기(20분)

이 프로그램의 교실환경은 흥미영역이 거의 없고 사물함, 책상과 의자, 피아노, 칠판 등 필수적인 학습자료를 제외하면 교재 · 교구가 많지 않은 것이 특징이다. 교재 · 교구를 필요 이상으로 많이 제시하면 유아의 활동이 산만하게 되어 교육목표의 달성에 지장을 주게 된다는 것이다. 그리고 교재 · 교구는 유아용보다 교사용이 더 중요하게 여겨진다.

실내구성은 하나의 커다란 방과 3개의 작은 방으로 되어 있는데, 큰 방은 유아 전체가 모이는 곳이며 작은 방은 소집단의 학습활동에 사용된다. 디스타 프로그램의 교실 환경은 [그림 3-1]과 같다.

이 프로그램에서는 교육의 성패가 교사가 주도하는 능력에 있다고 보므로, 교사는 유아의 효과적 학습이나 바람직한 행동의 달성을 위해 행동수정이론 및 그 방법과 절차를 익히고 사용해야 한다. 교사의 주된 역할은 유아를 진단하고 지시하는 기능, 유아를 양육 · 교육하는 기능, 유아가 과제를 해결하도록 이끄는 기능을 수행하는 것이다.

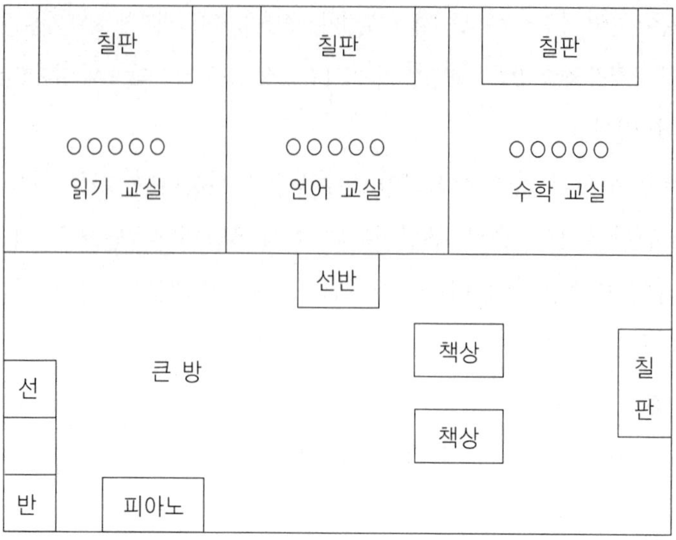

[그림 3-1] 디스타 프로그램의 교실환경

3) Kammi & Devries Program

카미와 드브리스 프로그램은 입실란티(Ypsilanti) 공립학교의 유아들을 대상으로 인지발달이론에 기초하여 연구 개발된 유아교육 프로그램이다. 카미와 드브리스는, 아동들의 인지구조란 사물과 사람과의 활동과 상호작용에 의해 아동 스스로의 자발적이고 주도적인 활동에 의해 스스로 구성된다는 Piaget의 구성주의적 신념에 입각하여, 구성주의 교육(constructive education)이란 용어를 사용하였으며, 구성주의교육 프로그램을 소개하였다.

이 프로그램의 목적은 유아의 인지적, 도덕적, 사회적, 정서적 발달을 균형적으로 이루어 전인격적 성장을 이룩하는 것이다. 이를 달성하기 위한 세부 목표는 항상 새로운 것을 창조할 수 있는 발견 · 발명적인 인간, 그리고 능동적이고 비판적인 능력을 가진 인간으로 육성하는 것이다.

이 프로그램은 구성주의 이론에 바탕을 두므로 학습내용과 학습활동이 광범위하다. 교육내용은 일상생활, 아동발달 교육과정, 피아제 이론이 시사하는 활동의 세 가지 자원에서 선정된다(임재택, 1989 ; 박재환, 1996).

첫째, 유아들은 일상생활을 통해 물리적 세계와 사회적 세계에서 여러 가지 상황이나 활동을 경험하게 된다. 예를 들면, 식사하기, 세수하기, 잃어버린 물건 찾기, 말다툼하기 등의 일상생활에서의 경험을 통해 발달한다.

둘째, 기존의 아동발달 교육과정에서 행하는 활동이 중요한 학습내용과 학습활동의 자원이 된다. 예를 들면, 쌓기놀이, 색칠하기, 물놀이, 이야기 듣기, 실외놀이, 퍼즐놀이 등 기존의 교육과정에서 선정된 놀이와 활동들이 중요한 자원이 된다.

셋째, 피아제 이론에서 시사하는 활동은 ① 논리 · 수학적 지식, 물리적 지식 및 사회적 지식의 세 가지 유형에 근거를 둔 활동, ② 도덕성 발달과 대인관계 증진을 지향하는 집단게임, ③ 피아제의 실험과제에서 도출된 활동 등이다. 물리적 지식과 관련된 활동은 적목 밀기, 공 굴리기, 공 던지기, 추 흔들기 활동, 물에 뜨고 가라앉기 활동, 채로 거르기, 그림자 놀이, 거울 놀이, 자석 놀이 등 다양하다. 그룹 게임은 단순 모방 놀이, 과녁 맞추기, 숨바꼭질, 알아 맞추기, 카드게임 등이다. 각각의 활동들은 물리적 경험, 사회적 경험, 논리 · 수학적 경험의 지식의 체계로 분류될 수 있다.

물리적 경험(physical experience)은 사물에 대한 개인의 행동으로 구성되며 사물 자체에 대한 지식을 갖게 한다. 즉, 사물 자체가 갖고 있는 특성을 아동의 활동에 의해 얻는 경험을 말한다. 예를 들면, 사물을 떨어뜨리거나 밀었을 때의 반응을 관찰하여 사물의 성질을 추상해 내는 것이다. 이것을 단순 혹은 경험적 추상(simple or empirical abstraction)이라고 부른다.

논리 수학적 경험(logic-mathematical experience)은 사물 자체가 가지고 있지 않는 사물의 특성을 끌어들여 사물에 대한 활동을 구성하는 것이다. 예를 들면, 수는 사물 자체의 성질이 아니라 사람에 의해 만들어진 관계(relationships)로 구성된다. 즉, 두개의 사물이 둘임(twoness)은 사물 자체에 존재하는 것이 아니라 그것의 양적 특성에 관여한 사람에 의해 통합된 관계이다.

Piaget는 이러한 행동을 내성적 추상(reflective abstraction : 혹은 수렴적 추상)이라고 부른다.

사회적 지식(social knowledge)은 사람들에 의해 형성된 임의적인 사회적 지식이다. 이것은 단순히 사람들이 그렇다고 동의하기 때문에 진실일 수 있는 관습적 지식이다. 예를 들어, 월요일부터 금요일까지는 학교에 가는 날이라든가 4월 5일이 식목일이라는 것은 아무런 논리적, 물리적 필연성이 없으면서도 사실인 지식이다. Piaget는 이렇게 지식을 구분하고 경험의 유형을 다르게 지적했지만 지식은 엄밀히 분리될 수 없는 것이다. 논리 · 수학적 체계 자체는 물리적 경험을 통해 세워지기 때문이다. 그리고 유아가 수를 외우는 것은 사회적 지식이지 논리 · 수학적 지식이 아니다.

이 프로그램은 어떤 원칙에 따라 조직되거나 체계적으로 이루어지지 않고 유아들의 흥미나 요구에 따라 자연스럽게 이루어진다. 구성주의 교육이란 전적으로 활동적인 것(all active)에 비중을 두며, 활동적 교육에서는 다음과 같은 내용을 강조한다.

① 어린이의 흥미를 중시한다.
② 필요한 모든 실수와 탐구를 하는 활동적인 실험을 고무시킨다.
③ 성인과 어린이 그리고 어린이들 간의 협동을 기른다.

구성주의 교육은 유아의 흥미, 자율성, 동료와의 상호작용을 강조한다. 구성주의에서 강조하는 흥미는 활동 안에서의 흥미이다. Dewey는 동기를 활동의 외부적인 것으로 보아서는 안되며, 활동 안에 있는 것으로 보아야 한다고 하였다. Dewey와 Piaget는 어린이의 능동적인 힘에서 시작할 것을 권유하였다. 아동의 구성적 에너지를 자극해 줄 수 있는 것이 자발적 흥미이다. 교사는 관찰을 통해 흥미의 초점을 발견하고, 추상작용을 일으킬 활동이 무엇인지 알아내야 한다. 자율성의 장려를 위해 아동이 자발적인 놀이를 통해 지식을 구성하도록 문제상황을 제시하고 스스로 선택하고 결정할 수 있는 기회를 많이 준다. 지시와 자유를 적절히 사용하여 기본적 사회 · 도덕적 목표인 스스로 규제할 수 있는 능력을 갖도록 한다. 또한 동료뿐 아니라 성인과의 관계도 자율적이며 협동적인 상호작용 관계여야 한다. 교사는 아동들의 의견, 감정을 교환하고 토의하는 문제상황 및 자료를 제공하고 아동간의 상호작용을 격려하며, 과정을 중요시 여겨야 한다. 구성주의 교사의 역할은 다음과 같다.

(1) 어린이 사고(mind)의 본질을 이해한다.

교육의 목적은 지적 추론의 힘(power)을 형성하는 것이다. 어린이의 아이디어는 어린이 자신으로부터, 즉 그가 세상을 이해하려는 노력과 논리적 · 심리적 경험으로부터 나오는 것이다. 구성주의 교육은 어린이 사고의 본질과 발달의 자연법칙을 고려하려고 노력한다.

(2) 교수학습에 대한 경험주의적인 생각을 극복한다.

첫째, 교수에서 구성으로 : 교사는 연속적으로 가르치고, 연습시키고 고쳐 주고, 테스트하는 것이 아니라 어린이들이 사고를 형성하도록 하는 것이다. 교사는 어린이가 발달할 수 있게 하는 자료와 상황과 사건을 제시하는 것이 중요하다. 이것은 어린이가 무엇을 하던지 허락해 주는 것이 아니다. 이것은 어린이에게 새로운 문제를 제공하는 상황을 제시해 주는 것이며, 제시된 새로운 문제는 다른 문제로 연결되어야 한다. 그러므로 교사는 어린이에게 자유를 주되 방향성을 갖는 양면성이 필요하다.

둘째, 강화에서 흥미로 : 어린이가 행동(action)과 학습(learning)의 조절자이다. 강화(성인의 칭찬)는 어린이의 자율적인 동기를 단절시킬 수 있다. 그러므로 교사의 통제는 중요하지 않으며 어린이의 지적 활동(knowing activity)의 통제가 중요하다. 학교의 역할은 어린이 자신에 의해서 성취될 수 있는 발달의 조건을 제공하는 것이다.

셋째, 복종에서 자율로 : 타율적인 성인 · 아동의 관계는 강압에 의해 아동을 사회화시키며, 의무나 복종의 도덕적 규칙을 강조하므로 외적 규제에 의존하는 경향을 강화시킨다고 본다. 타율적인 성인 · 아동의 관계, 즉 자율적 혹은 협동적 관계만이 성인의 권위행사를 금하고 어린이의 독립적, 창조적 사고를 조장하며, 탈 중심화된 인격을 구성하고, 사회적인 관계에서 상호이해의 도덕성을 발달시키도록 돕는다.

넷째, 강요에서 협동으로 : 구성주의 교사는 어린이에 대한 존중을 표현하고,

강압보다는 협동을 실천하는 동료이자 안내자이다. 서로 사랑하는 가운데 정의적인 상호성은 추론의 상호성(reciprocity in reasoning), 즉 관계를 통합하는 사고의 유동성(mobility in thought)의 기초가 된다.

구성주의 교사는 아동들이 서로 의견이나 감정을 교환하고 토의하는 문제상황 및 자료를 제공하고 아동간의 상호작용을 격려하며 과정을 중요하게 여겨야 한다. 아동들이 자신의 학습을 스스로 진행할 수 있게 교구와 활동을 제시해 주고 사고의 폭을 넓혀 주며, 자발적인 학습을 하도록 아동의 활동과정을 진단 · 평가해 주고 적절한 반응과 도움을 준다.

이상에서 살펴본 Bank Street Program, DISTAR Program, Kammi & Devries Program은 유아교육과정의 성숙주의 접근, 행동주의 접근, 상호작용주의 접근의 대표적 프로그램 모델로 볼 수 있다. 본질적으로 유아교육과정의 접근은 유아의 발달을 보는 성숙주의, 행동주의, 상호작용주의 관점에 따라 달라지는 것을 알 수 있다.

3. 누리과정의 이해

'누리과정'은 현재 유치원과 어린이집으로 이원화되어 있는 교육 · 보육과정을 통합하여 유아기 단계에서 교육의 질을 제고하고, 생애 초기 출발점 평등을 보장하는 데 그 의의가 있으며, 특히 유아기부터 타인을 배려하고 존중하며 공감하는 역량을 기르기 위한 인성교육을 대폭 강화하고 있다(교육과학기술부 · 보건복지부, 2013).

유치원과 어린이집은 국가수준의 누리교육과정의 편성 · 운영지침을 바탕으로 지역사회의 실정이나 학부모의 요구를 반영해 교사들이 교육계획안을 자율적으로 작성한다. 교육계획안을 작성하는 방식은 유아교육기관마다 일정하지 않으나,

누리과정과 생활주제를 중심으로 전개될 개념의 범주와 교육내용을 계획해야 한다. 누리과정의 구성방향, 목적과 목표, 편성과 운영 그리고 영역별 목표를 제시하면 다음과 같다.

1) 구성 방향

누리과정의 구성방향을 살펴보면 다음과 같다.

첫째, 질서, 배려, 협력 등 기본생활습관과 바른 인성을 기르는 데 중점을 둔다. 즉, 유아의 기본생활습관과 바른 인성을 기르는 데 중점을 두어 구성하도록 하고 있다.

둘째, 자율성과 창의성을 기르는 데 중점을 두고, 전인발달을 이루도록 구성한다. 현대 사회에서 유아가 자신만의 독특성에 자부심을 가지고 개성 있는 삶을 영위하기 위해서는 전인적인 성장에 기초한 지 · 덕 · 체의 조화로운 발달을 이룰 수 있도록 누리과정은 유아의 자율적이고 창의적인 역량을 강조하되, 전 발달 영역에 걸쳐 전인발달을 이루도록 구성하여야 한다.

셋째, 사람과 자연을 존중하고, 우리 문화를 이해하는 데 중점을 두어 구성한다. 유아기부터 우리의 전통문화에 대한 이해와 사랑에 기초한 정체성 형성에 중점을 두고 있다.

넷째, 만 3~5세아의 발달 특성을 고려하여 연령별로 구성한다.

다섯째, 신체운동 · 건강, 의사소통, 사회관계, 예술경험, 자연탐구의 5개영역을 중심으로 구성한다. 유아는 자신이 좋아하는 놀이를 주도하며 신체를 움직이고, 자신의 감정을 알고 조절하며, 다른 사람들과 사회적 관계를 맺고, 문제 해결 전략을 구안하여 활용하며, 성취감과 만족감을 느끼게 되므로 이에 3-5세 연령별 누리과정에서는 5개 영역에 걸쳐 유아의 주도적인 경험과 놀이가 통합적으로 이루어지도록 구성하고 있다.

여섯째, 초등학교 교육과정과 0~2세 표준보육과정과의 연계성을 고려하여 구성한다. 이는 3-5세 누리과정의 내용과 활동이 초등학교 교육과정 및 0~2세 표준보육과정과 체계적으로 연계되는 것은 매우 중요하므로 3-5세 누리과정 중 특히 만 5세 연령에 해당하는 내용은 초등학교 저학년 교육과정과 긴밀하게 연계되도록 하고 있다.

2) 목적과 목표

누리과정의 목적은 만 3~5세 유아의 심신의 건강과 조화로운 발달을 도와 민주시민의 기초를 형성하는 것을 목적으로 한다. 누리과정의 목적과 목표를 살펴보면 다음과 같다.

(1) 목적

누리과정은 만 3~5세 유아의 심신의 건강과 조화로운 발달을 도와 민주시민의 기초를 형성하는 것을 목적으로 한다.

(2) 목표

- 기본 운동 능력과 건강하고 안전한 생활 습관을 기른다.
- 일상생활에 필요한 의사소통 능력과 바른 언어 사용 습관을 기른다.
- 자신을 존중하고 다른 사람과 더불어 생활하는 능력과 태도를 기른다.
- 아름다움에 관심을 가지고 예술 경험을 즐기며, 창의적으로 표현하는 능력을 기른다.
- 호기심을 가지고 주변세계를 탐구하며, 일상생활에서 수학적 · 과학적으로 생각하는 능력과 태도를 기른다.

3) 편성과 운영

양질의 교육 · 보육 경험을 제공하기 위해 가장 우선적으로 고려해야 할 것은 누리과정의 체계적인 편성과 효율적으로 운영하는 것이다. 이에 구체적으로는 적합한 교육내용과 활동을 선정하여 교육계획안을 충실하게 작성하고 계획한

바를 유아가 경험할 수 있도록 하는 것이라 하겠다. 3-5세 누리과정의 편성과 운영 지침은 다음과 같다.

(1) 편성

- 1일 4~5시간을 기준으로 편성한다.
- 5개 영역의 내용을 균형 있게 통합적으로 편성한다.
- 유아의 발달 특성 및 경험을 고려하여 놀이를 중심으로 편성한다.
- 반(학급) 특성에 따라 융통성 있게 편성한다.
- 성별, 종교, 신체적 특성, 가족 및 민족 배경 등으로 인한 편견이 없도록 편성한다.
- 일과 운영 시간에 따라 심화 확장할 수 있도록 편성한다.

(2) 운영

- 연간, 월간, 주간, 일일 계획에 의거하여 운영한다.
- 실내 · 외 환경을 다양한 흥미 영역으로 구성하여 운영한다.
- 유아의 능력과 장애정도에 따라 조정하여 운영한다.
- 부모와 각 기관의 실정에 따라 부모교육을 실시한다.
- 가정과 지역사회와의 협력과 참여에 기반하여 운영한다.
- 교사 재교육을 통해서 누리과정 활동이 개선되도록 운영한다.

(3) 교수 · 학습 방법

- 놀이를 중심으로 교수 · 학습활동이 이루어지도록 한다.
- 유아의 흥미를 중심으로 활동을 선택하고 지속할 수 있도록 한다.
- 유아의 생활 속 경험을 소재로 하여 지식, 기능, 태도 및 가치를 습득하도록 한다.

- 유아와 교사, 유아와 유아, 유아와 환경 간에 능동적인 상호작용이 이루어지도록 한다.
- 주제를 중심으로 여러 활동이 통합적으로 이루어지도록 한다.
- 실내 · 실외활동, 정적 · 동적활동, 대 · 소집단활동 및 개별 활동, 휴식 등이 균형 있게 이루어지도록 한다.
- 유아의 관심과 흥미, 발달이나 환경 특성 등을 고려하여 개별 유아에게 적합한 방식으로 학습하도록 한다.

(4) 누리과정 평가

가) 누리과정 운영 평가

- 운영 내용이 누리과정의 목표와 내용에 근거하여 편성 · 운영되었는지 평가한다.
- 운영 내용 및 활동이 유아의 발달수준과 흥미 · 요구에 적합한지를 평가한다.
- 교수 · 학습 방법이 유아의 흥미와 활동의 특성에 적합한지를 평가한다.
- 운영 환경이 유아의 발달특성과 활동의 주제, 내용 및 효율성 등을 고려하여 구성되었는지를 평가한다.
- 계획안 분석, 수업 참관 및 모니터링, 평가척도 등 다양한 방법을 활용하여 평가한다.
- 운영 평가의 결과를 반영하여 운영계획을 수정 · 보완하거나 이후 누리과정 편성 · 운영에 활용한다.

나) 유아평가

- 누리과정 목표와 내용에 근거하여 유아의 특성과 변화 정도를 평가한다.
- 유아의 지식, 기능, 태도를 포함하여 평가한다.
- 유아의 일상생활과 누리과정 활동 전반에 걸쳐 평가한다.
- 관찰, 활동 결과물 분석, 부모면담 등 다양한 방법을 사용하여 종합적으로 평가하고, 그 결과를 기록한다.

• 유아평가 결과는 유아에 대한 이해와 누리과정 운영 개선 및 부모 면담 자료로 활용할 수 있다.

4) 영역별 목표

〈영역별 목표〉

영역	목 표
신체 운동 · 건강	**기본 운동 능력과 건강하고 안전한 생활습관을 기른다.** • 감각 능력을 기르고, 자신의 신체를 긍정적으로 인식한다. • 신체를 조절하고 기본 운동 능력을 기른다. • 신체 활동에 즐겁게 참여한다. • 건강한 생활 습관을 기른다. • 안전한 생활 습관을 기른다.
의사소통	**일상생활에 필요한 의사소통 능력과 바른 언어 사용 습관을 기른다.** • 다른 사람의 말을 주의 깊게 듣는 태도와 이해하는 능력을 기른다. • 자신의 생각과 느낌을 말하는 능력을 기른다. • 글자와 책에 친숙해지는 경험을 통하여 글자 모양을 인식하고 읽기에 흥미를 가진다. • 말과 글의 관계를 알고 자신의 생각, 느낌, 경험을 글로 표현하는 데 관심을 가진다.
사회관계	**자신을 존중하고 다른 사람과 더불어 생활하는 능력과 태도를 기른다.** • 자신을 소중히 여기며 자율성을 기른다. • 자신과 타인의 감정을 알고, 자신의 감정을 적절하게 표현하고 조절한다. • 가족과 화목하게 지내며 서로 협력한다. • 친구, 공동체 구성원들과 서로 돕고, 예의 · 규칙 등 사회적 가치 알고 지킨다. • 우리 동네, 우리나라, 다른 나라에 관심을 가진다.
예술경험	**아름다움에 관심을 가지고 예술 경험을 즐기며, 창의적으로 표현하는 능력을 기른다.** • 자연과 주변 환경에서 발견한 아름다움과 예술적 요소에 관심을 갖고 탐색한다. • 자신의 생각과 느낌을 음악, 움직임과 춤, 미술, 극놀이를 통해 창의적으로 표현하는 것을 즐긴다. • 자연과 다양한 예술 작품을 감상하며, 풍부한 감성과 심미적 태도를 기른다.

영역	목 표
자연탐구	**호기심을 가지고 주변세계를 탐구하며, 일상생활에서 수학적 · 과학적으로 생각하는 능력과 태도를 기른다.** · 주변의 사물과 자연 세계에 대해 알고자 하는 호기심을 가지고 탐구하는 태도를 기른다. · 생활 속의 여러 상황과 문제를 논리 · 수학적으로 이해하고 해결하기 위한 기초 능력을 기른다. · 주변의 관심 있는 사물과 생명체 및 자연현상을 탐구하기 위한 기초능력을 기른다.

* 출처: 교육과학기술부 · 보건복지부(2013). 3-5세 연령별 누리과정 해설서.

제4장

유아교육과정의 계획과 운영

1. 유아교육과정 운영 계획
2. 교육계획안의 작성

1. 유아교육과정 운영 계획

유아교육 프로그램의 핵심은 효율적인 교육계획과 운영에 있다. 교육과정의 계획은 교육과정의 구조화 정도에 따라 다양하게 수립되지만, 대부분의 교육과정은 연간, 월간, 주간, 일일 교육 계획의 형태로 수립된다. 연간 교육계획이나 월간 교육계획은 1년간 혹은 1개월간 진행될 교육과정에 대한 계획이므로, 교육과정의 내용이 포괄적이고 광범하게 제시된다. 그에 비해 주간 교육계획이나 일일 교육계획은 교육과정의 내용이 구체적이고 상세하게 제시된다. 교육계획은 먼저 연간 또는 월별로 수립하고 다시 주별, 일별, 시간대별로 세워야 한다. 그러나 교육계획을 수립한 후 이를 그대로 수행하기도 하지만, 상황에 따라 융통성 있게 수정하며 실시할 수 있다. 구조화된 교육과정일수록 체계적이고 순서적인 교육계획과 교육운영이 강조되지만, 통합적인 교육과정이나 열린교육체제의 운영방식에서는 준비된 환경을 강조하면서도 변화적이고 융통적인 교육운영을 강조한다. 현대로 오면서 교육과정의 개념이 계획성과 체계성을 중시하는 방향으로 변화되고 있는 점을 감안할 때, 어떠한 형태의 교육과정에서도 교육의 계획은 강조된다. 유아교육과정이란 유아교육기관이 유아의 전인적 성장과 발달을 돕기 위해 의미있는 교육적 상황을 마련하고 모든 종류의 교수 · 학습경험을 체계적으로 구성한 설계도이기 때문이다.

1) 연간 · 월간 교육계획

유아교육기관의 연간 교육계획은 1년간 진행될 교육과정을 계획하여 구성한 것으로 계획안의 형식으로 제시된다. 연간 교육과정은 교육과정의 구조화 정도에 따라 다르게 예시될 수 있다. 행동주의 접근의 배경을 가진 교육과정은 보다 계획적이고 조직적으로 구성되어 예정된 교육활동이 운영되도록 계획된다. 상호작용주의 접근의 교육과정은 주로 개방된 학습분위기와 유아의 능동적 활동을 강조하면서 비교적 구조화된 학습방법까지 다양한 배경을 가지므로 계획성의 정도나 운영방식에서도 다양성을 취한다.

연간 교육계획은 장기 계획으로서 유아교육 프로그램이 지향하는 목적과 철학이 있어야 한다. 이러한 교육계획은 유아교육기관별 혹은 학급별로 계획하되 유아의 개별성을 최대한으로 보장해 주어야 한다. 새 학년이 시작되는 3월부터 그 다음해 2월까지 계획되는 연간 교육계획은 계절의 변화, 유아들의 흥미, 상황적인 요구 등을 고려하면서 수립되는 것이 일반적이다. 연간 교육계획을 수립하면 일년 동안 해야 할 교육 내용의 흐름을 쉽게 알 수 있고, 부족한 내용을 보완하여 균형을 이룰 수 있으며, 필요한 교재 · 교구를 미리 준비하여 효과적인 프로그램을 운영할 수 있다.

연간 · 월간 교육계획안을 작성할 때 고려할 점은 다음과 같다.

첫째, 교육계획안은 연간 계획, 주간 계획, 일일 계획의 순서로 계열성과 연계성이 유지되도록 작성해야 한다. 연간 교육계획안을 기초로 월간 교육계획안을 작성하고, 월간 교육계획안을 기초하여 주간 계획안과 일일 계획안을 작성하여 교육활동에 필요한 준비를 하게 된다. 따라서 연간 · 월간 교육계획안은 전체 교육과정의 골격이 되므로 교사들 간의 충분한 협의와 검토과정을 거쳐 신중하게 작성되도록 해야 한다. 그러나 연간 · 월간 교육계획안은 유아교육기관에서 채택하는 교육과정의 유형이나 운영하는 방식에 따라 계획성, 조직성, 체계성에서 일관적이지 않다. 교육계획안을 작성하는 방식이 다양하지만 계열성과 연계성을 유지하며 작성되어야 한다.

둘째, 연간 계획안은 새 학년이 시작되기 전에, 월간 계획안은 새 달이 시작되기 전에 작성하도록 한다. 연간 계획은 3월이 되기 전에 전체 교사가 협의하여 결정한다. 전년도의 교육계획안과 실행 사항을 비교하고 평가하며, 이것을 참고로 신학년도의 전체적인 연간 교육계획과 행사계획을 세울 수 있다. 월간 계획은 매월 셋째 주에 다음달의 계획안으로 작성되도록 하는 것이 좋다. 월간 계획안은 연간계획안에 포함되어 있는 각 달의 계획이 보다 구체적으로 계획되어 진술된 것이다. 그러나 월간 계획안은 교사의 결정, 유아의 요구, 지역 사회의 여건 및 시설 환경에 따라 융통성 있게 변경될 수 있다.

셋째, 연간 · 월간 교육계획안은 교육과정의 단원이나 주제를 전체적이고 포괄적으로 제시하므로, 교육과정의 형태에 따라 작성방식이 다양하다. 예를 들면, 교육과정의 전개시기를 고정한 교육과정에서는 월별 주제를 연간 교육계획에 포함시켜 교육과정이 계획된 순서에 따라 운영되기에 적절한 형식으로 작성될 수 있다. 또한 유아교육기관의 행사나 특정 교과내용을 중심으로 연간 교육계획안을 작성할 수 있다. 그 외에도 주제중심의 교육과정에서는 연간 교육주제가 계획적으로 선택되기도 하며 첨가주제가 예시되기도 한다. 이러한 주제들은 예정된 시기에만 선택되지 않고 시기와 상황에 따라 자유롭게 선택될 수 있도록 전개시기를 제한하지 않고 작성되기도 한다.

연간 · 월간 교육계획안은 크게 두 가지 방식으로 작성된다. 한 가지 방식은 교육과정의 전개 시기를 중심으로 1년 혹은 한 달의 교육주제가 계획된 형태이다. 다른 한 가지 방식은 전개시기를 규정하지 않고 활동 가능한 교육 주제들을 제시하여 주제를 중심으로 작성하는 방식이다. 여기서는 각 방식별로 몇 가지의 예를 들어 본다. 교육과정의 전개시기를 계획한 연간 교육계획안의 예는 다음과 같다.

표 4-1
연간 교육계획안

월	생활주제	주 제	기본생활습관
3	00 유치원 친구	1. 어린이집에서의 환경 2. 어린이집에서의 하루 3. 어린이집에서의 친구 4. 함께만드는 어린이집	· 바르게 인사해요 · 규칙적인 생활을 해요 · 이를 깨끗이 닦아요 · 몸을 깨끗이 씻어요 · 스스로 해요
4	봄	1. 봄날씨와 풍경즐기기 2. 봄에 볼 수 있는 식물 3. 자연과 더불어 사는 우리 4. 봄의 동물	· 바른자세로 식사를 해요 · 바르게 음식을 먹어요 · 옷을 단정히 입어요 · 벗은 옷을 바르게 정리해요

5	봄 나와가족	1. 곤충1 2. 곤충2 3. 곤충3 4. 소중한 나 5. 소중한 가족	· 어른께 높임말을 해요 · 물건을 주고 받을때 예의를 지켜요 · 어른들과 함께 식사를 해요 · 고운말을 사용해요 · 나는 형님이에요
6	우리동네	1. 가족의 생활과 문화 2. 우리동네의 모습 3. 우리동네 생활 4. 우리동네 사람들	· 음식을 천천히 꼭꼭씹어요 · 과일을 깨끗이 씻어 먹어요 · 애완동물 인형 목욕 시키기 · 더운여름 깨끗이 씻어요
7	건강과 안전 (여름)	1. 우리동네 전통과 문화 2. 즐거운 운동과 휴식 3. 깨끗한 나 4. 맛있는 음식과 영양 5. 안전한 놀이	· 에어컨 바람 적게 쐬기 · 땀날 때 잘 씻기 · 물놀이 전에 준비운동 하기 · 안전한 장소에서 물놀이 하기
8	우리나라	1. 우리나라 사람들의 생활 2. 우리나라의 놀이와 예술 3. 우리나라의 특징(추석) 4. 우리나라의 역사와 자랑거리	· 변화되는 날씨에 알맞은 옷차림 하기 · 하루 일과에 즐겁게 참여하기 · 추석 연휴에도 규칙적인 일과로 생활하기 · 소방훈련시 코와 입을 막고 대피하기
9	세계의 여러나라	1. 세계 여러나라 사람들의 생활 2. 세계 여러나라 의 문화유산 3. 세계 여러나라의 명절(축제) 3. 세계 여러나라와의 교류 4. 세계의 자연과 사회현상	· 나뭇잎, 나뭇가지 꺾지 않기 · 일회용품 사용 줄이기 · 다른 사람 방해하지 않기 · 내 물건과 남의 물건 구별하여 사용하기 · 내 일은 스스로 하기
10	동식물과 자연 (가을)	1. 궁금한 동식물 2. 동물과 우리의 생활 3. 식물과 우리의 생활 4. 자연과 더불어 사는 우리	· 이를 깨끗이 닦아요 · 손을 깨끗이 씻어요 · 몸을 깨끗이 씻어요 · 물을 아껴서 사용해요 · 전기를 아껴써요
11	교통기관	1. 교통기관의 종류 2. 고마운 교통기관 3. 교통기관의 변천과정과 구조 4. 교통통신과 교통생활	· 교통신호를 지켜요 · 안전하게 도로를 횡단해요 · 대중교통을 이용할 때 규칙을 알아요 · 안전한 곳에서 놀아요 · 찻길에서 놀지 않아요

12	환경과 생활 (겨울)	1. 물과 우리의 생활 2. 돌 · 흙과 우리의 생활 3. 바람(공기),소리와 우리의 생활 4. 빛과 우리의생활	· 입을 가리고 기침하기 · 코를 푼 후 손 씻기 · 빙판길 조심하기 / 불장난 하지않기 · 비상시 지시에 따라 행동하기 · 놀이기구 안전하게 사용하기
1	새해/생활도구	1. 새해 맞이와 놀이 2. 다양한 생활도구 3. 생활도구를 움직이는 힘 4. 생활도구로서의 미디어 5. 미래의 생활도구	· 음식 남겨서 버리지 않기 · 내가 할 수 있는 일 생각해보고 실천하기. 책을 소중히 다루기 · 약을 함부로 먹지 않기 · 고마움을 표현하기
2	즐거웠던 우리 반	1. 성장한 나 2. 즐거웠던 어린이집 3. 형님반(초등학교)에 가려면 4. 고마웠던 분들과 수료 (졸업)	· 웃어른께 두 손으로 물건 드리기 · 내 물건 잘 간수하기 · 일찍 자고 일찍 일어나기 · 내가 맡은 일은 끝까지 하기

〈표 4-1〉의 연간 교육계획은 생활주제를 월별 주제로 배정하여 교육과정의 전개시기를 계획한 것이다. 이와 같이 교육과정의 전개시기를 계획하는 연간 교육계획은 생활주제 뿐 아니라 주요행사, 특정한 교육주제를 다루어 계획할 수 있다. 행사 및 특정한 주제를 전개시기 별로 계획한 연간 계획안의 예는 〈표 4-2〉, 〈표 4-3〉과 같다.

표 4-2
연간 행사 계획안

1학기		2학기	
월	행사	월	행사
3	입학식 신체검사, 치아 건강교실 부모회	9	신체검사, 치아 건강교실 전통놀이, 송편빚기 예절교육
4	봄동산 견학 식목행사 학부모 면담 봄소풍	10	가을소풍 가족운동회 농장 견학 야외 스케치

5	어린이날, 어버이날 야외 스케치 시장놀이 박물관 견학	11	부모참여 수업 농업·김치 박물관 견학 관공서 견학
6	부모참여 수업 전쟁기념관 견학 신문발간 교재·교구 workshop	12	작은 발표회 예절교육 성탄행사 및 겨울방학
7	물놀이 작은 발표회 부모회 여름방학	1	개학식 신문발간
8	개학식	2	졸업식 신입생 소집일

표 4-3

연간 교통안전 교육계획안

월	주제	활동내용	월	주제	활동내용
3	유치원 가는 길	• 유치원 가는 길 알기 • 등하교길 안전규칙	9	탈 것의 안전한 이용	• 자동차, 전철, 기차의 안전한 승하차 • 차 안에서의 행동
4	안전하게 걷기	• 좌측 통행하기 • 계단 오르내리기 • 좁은 길, 길모퉁이	10	안전한 횡단	• 육교, 지하도, 횡단보도 이용법 • 철도 건널목 안전
5	도로 교통	• 교통표지판 익히기 • 신호등 상징 알기 • 자동차와 차도	11	안전한 여행	• 낯선 장소에서 지켜야 할 일 • 안전한 이동
6	비오는 날	• 우산 사용하기 • 안전한 이동 • 차조심	12	겨울철의 안전	• 눈길, 빙판의 안전 • 겨울의 옷차림 • 겨울철 놀이
7 8	안전한 놀이	• 자전거, 롤러탈 때 • 위험한 장소 알기 • 놀이기구의 안전한 이용	2	교통 질서	• 교통안전 약속 • 차도와 인도

〈표 4-3〉은 교통 안전교육에 대한 연간 교육계획안이다. 이러한 형식을 취하는 연간 계획은 유아교육기관에서 선택한 특정 주제나 덕목을 중심으로 작성될 수 있다. 예를 들면, 기본생활습관, 창의 · 인성, 녹색성장, 안전교육 등을 연간의 계획안으로 작성하여 일년 동안 계획대로 운영할 수 있다.

연간 교육계획안은 일년 동안 전개될 교육주제들에 중점을 두어 계획되기도 한다. 즉, 교육과정의 전개시기를 규정하지 않고 교육 주제들을 한꺼번에 제시하여 예상주제를 중심으로 작성하는 방식이다. 이러한 주제중심의 교육계획안에서는 유아의 적응 기간, 계절, 행사 등을 고려하고 교육과정의 기본 개념을 유아에게 전달할 수 있는 주제와 소주제를 정하여 활동을 선정할 수 있다.

누리과정 지도서(교과부, 2013)에 제시되어 있는 생활 주제는 다음과 같다. 3~5세 대상의 생활주제는 '세계 여러 나라' 주제를 제외하고 모두 동일하여 연령별로 연계적이며 일관성이 있다. 즉, '세계 여러 나라' 주제는 3세에서는 제외되고 4세와 5세에 적용된다.

누리과정 교사용 지도서의 생활주제				
1. 유치원과 친구,	2. 나와 가족,	3. 우리 동네,	4. 동식물과 자연,	5. 건강과 안전,
6. 생활도구,	7. 교통기관,	8. 우리나라,	9. 세계 여러 나라,	10. 환경과 생활,
11. 봄 · 여름 · 가을 · 겨울				

생활 주제들은 유아들의 연령과 발달 수준에 맞고, 유아들의 경험이 가능한 것이며. 국가 수준의 교육과정과 유치원 수준의 교육과정 내용들을 통합하여 전개시킬 수 있는 것이다. 그러나 여기에 새로운 생활 주제들을 첨가할 수도 있고, 이미 제시된 생활 주제들을 생략 또는 변형할 수도 있다. 누리지도서의 생활 주제를 중심으로 계획한 연간 교육계획안을 예시하면 다음과 같다(표 4-4).

표 4-4 연간 교육계획안(만 5세)

<table>
<tr><th>월</th><th>생활주제</th><th>주제명</th><th>월</th><th>생활주제</th><th>주제명</th></tr>
<tr><td rowspan="4">3월</td><td rowspan="4">유치원과
친구
봄</td><td>유치원에서의 환경</td><td rowspan="4">6월</td><td rowspan="4">동식물과
자연
건강과 안전</td><td>궁금한 동식물</td></tr>
<tr><td>유치원에서의 하루</td><td>식물과 우리들의 생활</td></tr>
<tr><td>유치원에서 만난 친구</td><td>동물과 우리들의 생활</td></tr>
<tr><td>봄이 왔어요</td><td>깨끗한 나와 환경</td></tr>
<tr><td rowspan="5">4월</td><td rowspan="5">봄
나와 가족</td><td>봄의 동물</td><td rowspan="4">7월</td><td rowspan="4">여름</td><td>여름의 특징</td></tr>
<tr><td>봄의 식물</td><td>여름의 식물</td></tr>
<tr><td rowspan="2">나의 몸과 마음</td><td>안전한 물놀이</td></tr>
<tr><td>신나는 여름</td></tr>
<tr><td>소중한 나</td><td>8월</td><td>여름방학</td><td>즐거웠던 여름방학</td></tr>
<tr><td rowspan="5">5월</td><td rowspan="5">나와 가족
우리 동네</td><td>소중한 가족</td><td colspan="3" rowspan="5"></td></tr>
<tr><td>가족의 생활과 문화</td></tr>
<tr><td>우리 동네 모습</td></tr>
<tr><td>우리 동네 생활</td></tr>
<tr><td>우리 동네 전동과 문화</td></tr>
</table>

위에 제시된 연간 교육계획안은 생활주제를 중심으로 주제들이 선정되고 계획되어 있다. 또한 각 주제마다 소주제가 제시된다. 즉, 생활주제는 주제 · 소주제로 세분화되어 계획되는데 이것은 연간, 월간, 주간, 일일 계획의 전개로 구체화된다. 이처럼 교육계획은 계열성과 연속성을 지니므로, 교육과정의 뼈대라고 볼 수 있는 연간 교육계획의 수립은 매우 중요하다.

2) 주간 · 일일 교육계획

주간 · 일일 교육계획은 연간 · 월간 교육계획을 기초로 하여 한 주간 그리고 하루 동안 전개될 교육과정을 비교적 구체적으로 예시한 것이다. 주간 교육계획은 그 주에 진행될 활동을 예시할 뿐 아니라 일일 교육활동을 계획하는 구체적인 참고 자료가 된다. 일반적으로 주간 교육계획안은 유아들의 가정에 가정통신으로 전달되어 학부모들이 유아교육기관에서 진행되고 있는 교육내용을 받아볼 수 있도록 작성된다. 주간 및 일일 교육계획의 형식은 획일적으로 정하지 않고, 유아교육기관의 교육과정 운영방식에 따라 교사들이 적절하게 선택해 활용하도록 권장되고 있다. 주간·일일 교육계획은 그 주에 다루어질 주제를 중심으로 편성되는데 활동시간, 활동절차, 활동영역, 활동내용 등이 제시되는 형태에 따라 구조적인 것부터 비구조적인 형태까지 다양하게 예시될 수 있다. 예를 들면, 그 주의 요일과 시간, 활동절차 및 활동내용이 계획된 구조적 형태의 교육과정이 있을 수 있으며, 그 주에 진행될 전반적인 활동이 전체적으로 소개되면서 선택활동이 자유롭게 허용되는 비구조적 형태의 교육과정이 있을 수 있다.

주간·일간 교육계획안을 작성할 때 다음과 같은 내용을 참고하도록 한다.

첫째, 주간 계획은 교사들이 함께 협의하여 수립하도록 한다. 전 교직원이 협의하는 것이 좋으며, 같은 연령 학급의 교사들은 반드시 함께 협의하여야 다음 주에 진행할 모든 활동에 대해 구체적으로 생각하고 준비를 할 수 있다. 예를 들면, 자유 선택활동 시간에 각 흥미 영역에서 개별 또는 소집단으로 할 수 있는 활동을 협의하거나 이야기 나누기, 신체활동, 게임, 음악, 동시, 동화 등의 활동을 선정하여 주간 및 일일 계획을 할 수 있다.

둘째, 주간·일일 교육계획은 연간·월간 교육계획에 기초하여 작성되도록 한다. 교육계획은 연간, 월간, 주간, 일일 계획으로 연속성과 계열성을 유지하므로 주간 교육계획의 전체적인 골격은 연간·월간 교육계획안을 기초하여 수립되도록 한다. 그러나 유아교육기관에서 채택하는 교육과정의 유형이나 운영방식에 따라 교육주제를 자유롭게 선정하는 형식을 취하기도 한다. 연간 교육계획에 교육주제의 범주만 계획하는 경우에는 주간계획에 비중을 두어 주간 교육계획안을 구체적으로 작성하기도 한다. 일반적으로 주간 교육계획안의 교육주제는 월간 교육주제나 그 전 주에 다루었던 교육주제와 관련이 있는 주제가 선택되는 예가 많다.

셋째, 주간·일일 교육계획은 같은 연령의 학급이라도 유아의 요구, 흥미, 교사의 판단 등에 따라 각 반이 조금씩 다르게 수립할 수 있다. 즉, 주간 교육계획에는 전체 학급간에 공통적인 점도 있고 다른 점도 있다. 견학 계획은 공통적인 요소일 수 있으나 활동내용은 다를 수 있다. 특히 학급의 활동내용을 선정할 때 담임 교사의 의도나 유아들의 요구가 반영되므로 상황에 따라 계획한 내용에 변화와 수정을 가할 수 있다. 또한 연령 혼합의 복식하급을 운영하는 경우에는 학급의 특성을 고려하여 학급의 교사가 자율적으로 계획해야 한다. 일일 계획안은 학급별로 담임 교사가 작성하므로 학급의 특성과 교사의 재량에 따라 다르게 작성된다.

(1) 주간 교육계획안

주간 교육계획안은 여러 방식으로 작성될 수 있다. 비교적 구조적인 형태에서는 한 주간의 일일 교육계획을 요일별 · 활동별로 구체적으로 제시한다. 예를 들면, 각 요일에 이루어지는 집단활동 및 영역활동의 내용을 시간표에 넣어서 작성하는 형태가 있다. 비교적 비구조적인 형태에서는 예정된 시간표를 제시하지 않으며 주제와 관련된 세부적인 활동을 사전에 계획하지 않고 그보다는 관련된 개념과 경험을 강조한다. 따라서 주제 및 개념의 범주를 나타내는 도식으로 작성하거나, 환경구성과 영역 구성을 강조하면서 주제를 중심으로 관련된 활동단위 혹은 활동 영역을 열거하여 작성하는 예를 들 수 있다. 그러나 최근에는 점차 구조적인 교육과정을 계획하는 경향이 있다.

2013년부터 시행되는 누리과정은 교사용 지도서가 함께 개발되어 교사들이 교육과정을 계획할 때 참고할 수 있도록 하였다. 다음의 〈표 4-5〉는 생활주제-'세계 여러 나라', 주제- '세계 여러 나라의 문화유산'로 계획한 주간교육계획안이다.

표 4-5

주간 교육계획안의 예

반 이름		○○반		시기	20○○년 ○월 ○주	
생활 주제		세계 여러 나라		주제	세계 여러 나라의 문화유산	
목표		· 세계 여러 나라의 문화유산에 관심을 갖는다. · 세계 여러 나라의 문화유산의 공통점과 차이점을 찾아본다. · 세계 여러 나라의 문화유산을 감상한다.				
날짜/요일		8(월)	9(화)	10(수)	11(목)	12(금)
활동	소주제	여러 나라의 이야기 알아보기		여러 나라의 예술 경험하기		
자유선택활동	쌓기놀이 영역			세계 여러 나라의 건축물을 지어요		
	역할놀이 영역			미술관 놀이		
	언어 영역	다른 나라의 재미있는 이야기				
	수 · 조작 영역			조작)인물화 완성하기	수)몇 명이 있을까?	
	과학 영역		요리재료 (생강가루, 밀가루 등 관찰하기			
	미술 영역	동화 속 주인공 줄인형 만들기			쿠킹호일로 춤추는 사람 만들기	
	음률 영역	'동요로 만나는 세계의 친구' 악기 연주하기			'어떻게 만들었을까?' 노래 부르며 악기 연주하기	
대 · 소집단 활동	이야기 나누기	재미있는 여러 나라의 전래 동화	동요로 만나는 세계의 친구			
	동화 · 동시 · 동극	동화)세마리 염소	동화) 생강빵 아이			동시)모두 함께 춤추네
	음악				노래)어떻게 만들었을까?	
	신체			내가 그림 속으로		
	게임	트롤을 이기자			건축물 짓고 돌아오기	함께 춤을 추어요
	요리		생강과자 만들기			
	미술					
	현장체험			미술관 견학		
바깥놀이 활동		유치원 주변 산책하기, 놀이터에서 놀기			모래놀이하기, 모래로 성 만들기	

* 출처: 교과부(2013). 4세 누리지도서 9권 세계 여러 나라, 21~22.

<표 4-5>에서 알 수 있듯이 주간계획안에는 생활주제, 주제, 소주제, 전개시기, 목표가 제시된다. 한 주간동안 다루어질 내용을 생활주제-주제-소주제의 계열적 체계로 계획하여, 각 활동이 자유선택활동과 대소집단 활동, 그리고 바깥놀이 활동으로 전개되도록 조직되어 있다. 즉, 누리지도서의 주간교육계획안은 요일별로 단위활동을 계획하여 한 주간 동안 전개될 활동내용을 함께 보여주는 체계도이다. 자유선택활동은 교실의 흥미영역에서 이루어지는 활동으로, 각 활동은 쌓기놀이 영역, 역할놀이 영역, 언어 영역, 수 · 조작영역, 과학 영역, 미술 영역, 음률영역으로 구분되어 있으며, 대 · 소집단 활동은 동화 · 동시 · 동극, 음악, 신체, 게임, 요리, 미술, 현장체험으로 구분되어 있다. <표 4-6>의 주간계획안은 주간계획안을 작성할 때 참고할 수 있는 기본 양식이므로, 교사들은 주제에 따라 주어진 양식에 적합한 내용을 계획하여 작성할 수 있다.

표 4-6
주간 교육계획안(1)

단원 :					
요일 / 활동	월	화	수	목	금
자유선택활동					
실외활동					
이야기나누기					
작 업					
음 률					
율동 및 표현하기					
게 임					
동 화					
동 극					
동 시					
요 리					

누리과정의 주간 교육계획안은 하루에 3~5시간을 운영하는 기본과정에 대한 계획안이다. 방과후 프로그램이나 종일반 운영 프로그램은 별도로 이루어지는 프로그램이므로, 주간 교육계획안은 기본과정이 운영되는 시간 범위에서 적절한 활동이 이루어지도록 계획해야 한다.

한편, 주간 교육계획안에 소주제를 요일별로 제시하지 않고 전체적이고 통합적으로 제시하는 형태가 있다. 〈표 4-7〉은 '도구와 기계'의 주제로 계획된 주간 교육계획안이다. 여기서 보면, 자유선택활동과 대ㆍ소집단활동을 구분하지 않고 통합하여 방사형의 그림으로 나타낸 것이다(경기도 교육청, 1995). 이 계획안은 2주 동안 진행될 교육활동을 한꺼번에 제시하여 특정활동이 전개될 요일(날짜)이나 활동절차를 규정하지 않고 전체적으로 보여주는 양식이다.

표 4-7

주간 교육계획안(2)

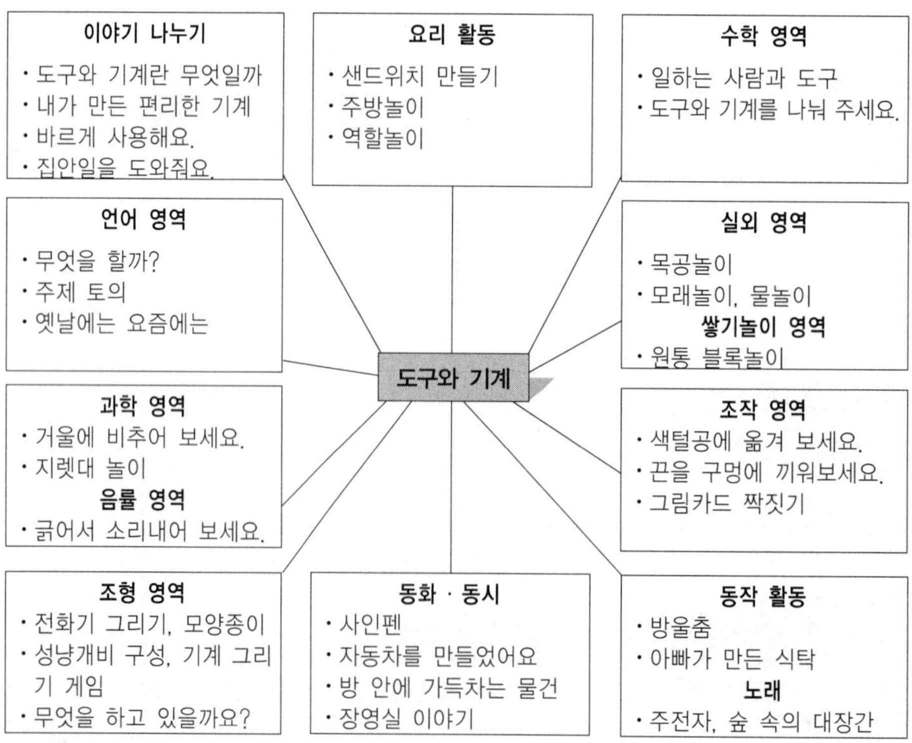

이러한 형식은 주제와 관련된 활동이 통합적으로 운영되도록 대소집단 활동과 자유선택활동의 영역과 활동내용을 선정하여 제시한다. 따라서 주제에 따라 선택되는 활동단위와 활동내용이 다르게 예시될 수 있다.

이와 같은 주제중심의 교육과정을 계획할 때에는 주제선정의 이유, 주요 개념, 주제와 소주제, 환경구성을 위한 자료 등을 체계적으로 제시한다. '도구와 기계'라는 주제를 전개하기 위해 설정한 주요 개념과 소주제, 그리고 환경구성을 위한 자료를 소개하면 다음과 같다.

① 주제 선정의 이유

우리의 생활과 밀접한 관련이 있는 여러 가지 기계와 도구를 탐색하여 그 편리함과 위험성을 알고 바르게 사용할 수 있도록 한다. 또한 새롭게 발명되는 도구와 기계에 관심을 가지며 새로운 것을 만드는 경험을 통해 창의적으로 생각할 수 있는 기회를 주고자 한다.

② 주요 개념

· 도구와 기계의 종류는 다양하다.
· 도구와 기계는 힘들고 어려운 일을 도와 준다.
· 도구와 기계는 우리의 생활을 즐겁게 해 준다.
· 도구와 기계는 안전하게 사용해야 한다.
· 도구와 기계를 만든 사람이 있다.
· 우리도 기계와 도구를 만들 수 있다.

③ 소주제

· 나의 놀이를 도와 줘요.
· 깨끗한 생활을 도와 줘요.
· 음식 만드는 것을 도와 줘요.
· 여러 가지를 보관할 수 있어요.
· 생활을 즐겁게 해 줘요.

- 힘든 일을 도와 줘요.
- 옛날 사람들은 어떤 것을 사용했을까?
- 바르고 안전하게 사용해요.

④ 환경구성을 위한 자료

환경구성을 위한 자료로는 벽면구성, 쌓기놀이, 역할놀이, 언어, 조작, 예술, 수학, 과학, 음률, 모래놀이, 목공놀이, 물놀이 등이 있으며, 자세한 내용은 다음의 〈표 4-8〉과 같다.

표 4-8 환경구성을 위한 자료

벽면구성	• 가정에서 사용하는 여러 가지 전자제품, 주방기구 등의 그림 또는 사진(교구장에 부착) • 여러 가지 도구와 기계에 관한 모빌 • 여러 가지 도구와 기계에 관한 유아작품
쌓기놀이	• 여러 종류의 블록(원통블럭, 벽돌블럭)
역할놀이	• 청소도구(청소기, 빗자루, 쓰레받기 등) • 세탁소 놀이용품(다리미, 옷걸이, 분무기 등) • 제과점 놀이용품(토스터기, 믹서기, 프라이팬 등)
언 어	• 모양종이(주전자, 물뿌리개, 톱 모양 등), 여러 가지 도구의 그림 또는 사진, 어휘카드
조 작	• 색털공 옮기기(색털공, 유리그릇, 집게, 수저 등) • 구멍에 끼우기 자료(그림자료, 여러 가지 색의 끈)
미 술	• 단단한 상자, 수수깡, 빨대, 테이프, 펀치, 스테이플러, 각종 재활용품(요구르트병, 병뚜껑, 종이컵 등)
수 학	• 게임판(일하는 사람과 도구, 분류게임판) • 도구와 기계의 그림카드, 분류카드
과 학	• 비출 수 있는 물체(거울, 비닐, 물, 숟가락 등) • 거울에 비추어 볼 수 있는 작은 물체들(작은 인형, 구슬, 펜뚜껑 등) • 거울, 돋보기, 자석
음 률	• 다양한 악기류, 녹음기, 녹음 테이프
모래놀이	• 여러 가지 체, 다양한 크기의 그릇, 각종 모래 놀이 도구
목공놀이	• 나무 망치, 목공 놀이대, 나무
물놀이	• 여러 가지 물놀이 기구, 유아들이 만든 도구

(2) 일일 교육계획안

일일 교육계획안은 하루에 전개될 교육활동을 계획하여 작성하므로 구체적으로 기록되는 형식을 갖는다. 또한 일일 교육계획안은 수업 시간 동안의 일정을 계획하므로 유아교육기관의 수업과정에 따라 다르게 제시된다. 그런데 2013년부터 누리과정이 전면 시행됨에 따라,

유치원의 일일교육계획은 누리과정의 기본과정이 이루어지는 3~5시간 동안의 교육계획을 의미한다. 과거에는 유아교육기관에서 운영하는 수업과정에 따라 일일 교육계획안을 자유롭게 작성하는 경우가 많아, 작성 양식이 어느 정도 다양했다. 일일 교육계획안은 유아교육기관의 일과운영계획을 반영하여 활동절차 및 활동단위를 배정하여 계획된다. 일일 교육계획안은 주로 주간 교육계획안을 기초로 작성되므로, 일일 교육계획안의 주제는 주간 교육계획안의 소주제가 되며, 교육목표는 주간 계획의 목표와 동일하거나 소주제를 중심으로 다시 구체적으로 진술될 수 있다. 다음의 〈표 4-9〉는 누리과정의 지도서에 수록된 일일 교육계획안의 예이다.

표 4-9 일일 교육계획안의 예

반 이름	○○○반	시기	20○○년 ○월 ○일 ○요일	수업일수	○/○○○일
생활주제	세계 여러 나라	주제	세계 여러 나라의 문화유산	소주제	여러 나라의 예술 경험하기
목표	· 여러 나라의 예술에 관심을 갖는다. · 여러 나라의 예술을 감상한다. · 여러 나라의 춤을 다양한 방법으로 경험하며 공통점과 차이점을 찾아본다.				
일과 시간표	09:00 ~ 09:15 등원 및 인사나누기 09:15 ~ 09:30 계획하기 09:30 ~ 10:30 자유 선택 활동 10:30 ~ 10:40 정리정돈 및 화장실 다녀오기 10:40 ~ 11:00 오전간식 준비 및 오전간식 11:00 ~ 11:25 동시-모두 함께 춤추네				

<table>
<tr><td></td><td colspan="3">11:25 ~ 12:20 바깥놀이 활동
12:20 ~ 13:20 점심
13:20 ~ 13:50 게임 – 함께 춤을 추어요
13:50 ~ 14:00 평가 및 귀가</td></tr>
<tr><th>시간/
활동명</th><th>활동목표</th><th>활동내용</th><th>자료 및 유의점</th></tr>
<tr><td>9:00
~
9:15
등원 및
인사
나누기</td><td>• 인사 예절을 지킨다.</td><td>• 바르게 인사한다.
• 옷을 옷걸이에 잘 건다.
• 출석을 표시한다.
• 일과계획표를 살펴본다.</td><td>• 출석표시판
• 일과계획표</td></tr>
<tr><td>9:15
~
9:30
계획하기</td><td>• 자신의 생각을 적절하게 표현한다.

• 하루 일과의 흐름을 이해한다.</td><td>〈계획하기〉
• 달력을 보며 날짜를 알아본다.
• 어제 했던 조형 작품 '쿠킹호일로 만든 춤추는 사람'을 소개한다.
누구의 작품이니?
앞에 나와서 어떤 춤을 표현한 것인지 이야기해 줄 수 있겠니?
작품에 어떤 제목을 붙여볼 수 있을까?
어제 만들어 보지 못했던 사람은 오늘 쿠킹호일로 춤추는 사람을 만들어 보도록 하자.
• 일과계획표를 보며 하루 일과 안내한다.</td><td>• 달력
• 유아작품
쿠킹호일로 만든 춤추는 모습</td></tr>
<tr><td rowspan="2">9:30
~
10:30
자유
선택
활동</td><td>• 세계 여러 나라의 건축물에 관심을 가진다.
• 친구들과 함께 여러 가지 크기와 모양의 블록을 이용하여 구성물을 만든다.</td><td>【쌓기놀이 영역】 세계 여러 나라의 건축물을 지어요
• 친구들과 함께 건축물의 그림자나 윤곽선을 나타내는 자료에 맞게 여러 가지 크기와 모양의 블록을 활용하여 벽에 대고 쌓아 구성물을 만든다.
• 세계 여러 나라 건축물을 구성한 후 여러 가지 소품(세계 여러 나라 사람 모형 인형, 자동차 등)을 이용하여 놀이한다.</td><td>• 세계 여러 나라의 건축물 화보(숭례문, 에펠탑, 만리장성 등)
• 세계 여러 나라 건축물의 그림자 자료
• 건축물 윤곽선(벽면이나 장 뒤에 1cm 색테이프로 표시)
• 여러 가지 종류의 블록 및 소품</td></tr>
<tr><td>• 세계 여러 나라의 미술 작품에 관심을 갖는다.</td><td>【역할놀이 영역】 미술관 놀이
• 표 파는 사람, 관람하는 사람, 작품을 설명해주는 사람의 역할을 정한다.</td><td>• 세계 여러 나라의 미술 작품들, 잔잔한 음악, 미술관 놀이 소품</td></tr>
</table>

	・미술관 놀이 시 필요한 역할에 참여하며 극놀이를 한다.	・미술관 놀이를 한다.	
	・세계 여러 나라의 미술작품에 관심을 가진다. ・그림 속 인물을 세어 보고 그래프를 완성한다.	【수・조작 영역】 몇 명이 있을까? ・세계 여러 나라의 그림 병풍을 보면서 그림 속에 있는 사람의 숫자를 센다. ・그림에 있는 사람의 숫자만큼 그래프에 자석을 붙여 그래프를 완성한다.	・세계 여러 나라의 그림 병풍, 그래프, 자석
	・재료의 특징을 탐색하며 춤추는 모습을 만든다.	【미술 영역】 쿠킹호일로 춤추는 사람 만들기 ・머리, 팔, 배, 다리 부분으로 나누어진 쿠킹호일을 각 부분별로 뭉쳐 사람 모양을 만든다. ・사람 모양으로 만든 쿠킹호일을 구부려 춤추는 모습을 만든다.	・쿠킹호일
	・음악의 느낌을 살려 악기연주를 한다.	【음률 영역】 '어떻게 만들었을까' 노래 부르며 악기연주하기 ・노래 자료를 보며 노래 부르기 ・노래 부르며 악기연주하기	・노래 자료 ・여러 가지 리듬악기
10:30 ~ 10:40 정리 정돈 및 화장실 다녀오기	・놀이했던 장난감을 제자리에 정리한다.	・신호악기를 이용하여 정리시간을 알린다. ・자기가 놀이했던 것부터 정리한다.	・탬버린
10:40 ~ 11:00 간식 준비 및 간식	・바른 태도로 간식을 먹는다.	・손을 깨끗이 씻는다. ・바른 자세로 앉아 간식을 먹는다. ・간식을 먹은 후 물양치를 한다.	・치즈빵, 우유 ・행주
11:00 ~ 11:25 동시	・세계 여러 나라의 전통 춤을 감상한다. ・동시가 담고 있는 춤의 느낌을 살려 다양한 방법으로 읊는다.	〈모두 함께 춤추네〉 ・우리나라의 전통 춤인 '탈춤' 동영상을 시청하고, 다른 나라에도 전통 춤이 있음을 소개한다. ・동시 자료를 이용하여 동시를 들려준다.	・전통 춤 동영상(훌라춤, 플라멩코, 탄누라, 탈춤), 동시 PPT 자료

		· 동시를 들은 느낌과 생각을 이야기한다. · 춤의 특징을 표현하는 말을 찾아본다. · 동시를 다양한 방법으로 읊어 본다. · 유아가 동시를 충분히 읊어본 후, 춤의 특징을 표현하는 부분에서는 춤추는 모습을 흉내 내며 동시를 읊어볼 수 있다.	모두 함께 춤추네 박재진 친구들 모두 모여 너도 나도 춤 자랑 씰룩씰룩 쌜룩쌜룩 나는 나는 훌라춤 짝짝짝 탁탁쿵 나는 나는 플라멩코 빙글빙글 뱅글뱅글 나는 나는 탄누라 얼씨구 좋–다 나는 나는 탈춤 재밌네 신나네 모두 함께 춤추네
11:25 ~ 12:20 바깥 놀이 활동	· 놀이기구를 타며 규칙을 지킨다.	· 유치원 주변을 산책한다. · 놀이터에서 놀이기구를 탄다.	
12:20 ~ 13:20 점심 준비 및 점심/ 조용한 놀이	· 올바른 식습관을 기른다.	· 화장실에서 손을 깨끗이 씻는다. · 젓가락과 숟가락을 사용해 식사를 한다. · 식사 후 양치질을 한다. · 조용한 놀이를 한다(수 · 조작 영역 및 언어 영역 놀이).	· 점심: 흑미밥, 미역국, 불고기, 뱅어포 튀김, 시금치무침, 김치 · 행주 · 물걸레
13:20 ~ 13:50 게임	· 세계 여러 나라의 춤과 음악에 관심을 가지고 경험한다. · 음악에 맞추어 신체를 조절하며 몸을 움직인다.	〈함께 춤을 추어요〉 · 원 대형으로 모여 앉는다. · 춤의 특징적 장면만 편집한 동영상(약 20–30초)을 보여주며, 유아들이 춤을 따라해 보도록 한다. · 그림 막대를 보여주며 게임 방법을 알려준다. – 춤에 어울리는 음악을 듣는다(동영상에서 화면은 보이지 않고 음악만	· 세계 여러 나라의 민속춤 동영상, 그림 막대 자료(훌라춤, 탄누라, 플라멩코, 탈춤), 민속춤 노트북과 빔

		들리도록 한다). – 음악이 나오는 동안 그림막대를 옆의 친구에게 전달한다. – 음악이 멈추면 그림 막대를 들고 있는 친구는 원의 가운데로 나와 춤을 춘다. – 그림 막대와 음악을 바꾸어 같은 방법으로 진행한다.	
13:50 ~ 14:00 평가 및 귀가 지도	· 자신의 느낌과 생각을 표현한다.	· 하루 지낸 일을 회상해보며 평가한다. · 선생님, 친구들과 인사를 나눈 후 귀가한다.	
총평			

* 출처: 교과부(2013). 4세 누리지도서 9권 세계 여러 나라. 26~29.

일일 교육계획안은 유치원 교육과정의 연간, 월간, 주간, 일일의 체계에서 가장 구체적으로 작성된 형식을 갖춘다. 〈표 4-9〉를 보면, 일일계획은 소주제를 중심으로 기본과정의 운영시간 동안에 이루어지는 내용을 계획하는 것이다.

〈표 4-9〉의 일일 교육계획안을 설명하면 다음과 같다.

첫째, 일일의 주제는 소주제로 기록되며, 생활주제와 주제를 함께 제시하여 소주제가 다루어지는 과정에 대한 이해를 돕니다. 소주제의 '여러 나라의 예술 경험하기'는 주제 '세계 여러 나라의 문화유산' 과 생활 주제 '세계 여러 나라'에서 계획된 일일의 주제이다.

둘째, 일일교육계획의 목표는 당일 소주제의 교육활동을 통해 달성할 목표 내용을 진술 한 것이다. '여러 나라의 예술에 관심을 갖는다.', '여러 나라의 예술을 감상한다.'는 일일 주제의 목표가 된다.

셋째, 일과시간표는 등원에서 귀가까지 이루어지는 교육활동을 소개한 시간표이다. 즉, 유아가 유치원에 도착해서 귀가하기까지 활동하는 내용을 시간대별로 요약한 것으로, 어느 정도 일관성 있게 진행되는 시간표이다. 〈표 4-9〉에서 알 수 있듯이 정리정돈 및 화장실 다녀오기, 간식, 점심 등의 일상적인 활동은 날마다 일관적으로 이루어지는 활동으로 계획되며, 동시, 게임 등의 집단 활동은 당일의 소주제나 학급의 특성에 따라 변동적으로 계획된다.

넷째, 일일의 교육계획은 시간대별로 활동명을 작성하고, 각 활동에 대한 활동 목표, 활동내용, 자료 및 유의점을 기록한다. 시간대별 활동명은 일과시간표와 동일하며, 각 활동목표는 활동내용을 통해 달성될 수 있는 내용을 포함하며, 자료 및 유의점에는 각 활동에 사용되는 준비물을 소개하고 있다.

다섯째, 일일교육계획안의 마지막에는 총평란이 있다. 일일의 교육활동을 수행한 후에 계획했던 활동이 잘 수행되었는지 평가하여 가록하는 란이다. 이 평가 기록은 일일교육계획을 돌아보게 할 뿐 아니라 다음의 계획을 수립할 때 반영될 수 있다.

3) 일과 운영계획

일과운영은 교사가 일일활동을 계획하여 운영하는 전반적인 운영 내용을 말한다. 일일활동을 계획하고 운영하기 위해 적용할 기본원리는 다음과 같다(교육부, 1995).

첫째, 일관성이 있어야 한다. 일과를 일관성 있게 운영해야 유아들은 다음에 할 활동을 쉽게 예측할 수 있어 안정감을 갖고 활동할 수 있고, 이에 맞추어 자신의 행동을 조절할 수 있다. 일과 활동에 관한 순서판을 교실 입구에 걸어 놓아서, 유아들이 등원하는 즉시 그 날의 활동을 알 수 있게 한다.

둘째, 일과 계획을 할 때는 화장실 가기, 간식 먹기 등 유아의 신체적 욕구를 해결하는 시간을 배당해야 한다. 놀이에 열중하는 유아는 자신의 배설 욕구를 적절히 조절할 수 없어 쉽게 피곤해지거나 배가 고파서 짜증을 내기 쉽다. 따라서, 일과는 유아의 신체적 욕구를 조절할 수 있도록 계획하여야 한다.

셋째, 교사는 미리 짜 놓은 일과 계획에 유아들을 끼워 맞추려 하기보다는 먼저 아동의 흥미와 요구에 따라 의사 결정을 하고 적극적으로 참여하도록 도와야 한다.

넷째, 유치원 교육 활동 자료에 소개된 활동들을 참고하여 동적 활동(정적 활동,

실내 활동/실외 활동, 개별 활동/대 · 소집단 활동, 교사 주도 활동/유아 주도 활동을 골고루 안배하도록 한다. 특히 하루의 일과는 정적 활동(이야기나누기, 동화, 동시, 음악, 언어, 과학, 미술 등)과 동적인 활동(동작, 게임, 신체 등)을 교대로 계획해야 한다. 또한 실외활동(산책, 바깥놀이, 게임 등)을 계획하여 유아가 에너지를 발산할 수 있는 기회를 가지도록 한다.

유아들은 주의 집중 시간이 짧기 때문에 서로 대비되는 이러한 활동들을 번갈아 제공해 주어야 한다. 조용하게 이야기를 듣는 시간 다음에는 활발한 바깥 놀이나 음률 활동을 하는 것을 예로 들 수 있다.

다섯째, 일일 활동 계획은 여러 가지 유형의 상호작용이 일어날 수 있도록 계획한다. 즉, 교사와 개별 유아의 상호작용, 교사와 소집단 · 대집단 유아와의 상호작용, 유아와 유아간의 상호작용, 유아와 교구와의 상호작용 등의 기회가 골고루 제시될 수 있어야 한다.

여섯째, 일일 활동 계획은 융통성 있게 운영되어야 한다. 즉, 날씨가 변하거나 유아의 흥미가 지속되면, 이미 계획한 활동이라도 다른 것으로 대체하거나 활동 시간을 조정하여야 할 것이다. 예를 들면, 봄 동산에 가려고 계획했더라도 날씨가 흐릴 경우 다른 활동으로 대치해야 하므로, 실내에서 할 수 있는 활동을 미리 계획해 두는 것도 고려할 필요가 있다.

일곱째, 활동을 계획하고 실행한 후에는 반드시 평가를 한다.

하루 일과에서 계획-활동-평가 단계의 순환 과정이 계속 반복해서 이루어지도록 계획한다.

일과운영을 계획할 때는 유치원의 수업시간, 직원의 수(교사, 보조교사, 부모 자원자, 관리인 등), 환경요인(교실, 화장실, 운동장, 휴식시설, 놀잇감의 종류, 교재 · 교구 등), 운영시기(학년초, 학기 중간, 학기말), 지역의 실태 등을 고려해야 한다. 유아의 연령, 교사와 유아의 비율, 유치원의 물리적 여건 등을 고려해야 하며, 교육과정의 운영시기를 예측하여 수업시간을 융통성 있게 조절하여야 한다. 예를 들면, 학년 초의 일과운영은 수업시간의 단축과 활동단위의 특별한 편성이 요구된다.

(1) 학년 초의 일과 운영

학년 초는 유아들이 입학하거나 등반을 하여 새로운 집단에 적응을 해야 하는 시기이므로 처음부터 정규 수업과정을 진행한다면 유아들의 집단 활동에 무리를 줄 수 있다. 따라서 학년 초 및 학기 초에는 일과운영에 융통성을 두어 수업시간과 활동절차, 활동단위의 배정을 적절하게 결정하도록 한다.

표 4-10
학년 초의 일과운영

9:00 - 9:40	등원, 자유선택활동
9:40 - 9:50	정리정돈
9:50 - 10:10	이야기 나누기
10:10 - 10:30	간식 및 휴식
10:30 - 10:50	집단활동(동화, 음률활동)
10:50 -	귀가

(2) 기본과정의 일과운영

기본과정이란 하루에 3~5시간의 일과를 운영하는 것을 말한다. 누리과정의 기본과정으로 운영되는 일과시간표를 예시하면 〈표 4-11〉과 같다(교과부, 2012).

표 4-11
누리과정 기본과정의 일과시간표

09:00~09:10	등원
09:10~10:30	오전간식 및 자유선택활동
10:30~10:50	정리 및 아침모임
10:50~11:10	대 소집단 활동
11:10~11:50	신체활동
11:50~12:50	점심 및 휴식
12:50~13:30	바깥놀이 활동
13:30~13:50	대 소집단 활동
13:50~14:00	평가 및 귀가

일과시간표는 유아들이 등원하여 귀가하기까지의 활동 절차를 시간대별로 계획한 것이다. 〈표 4-11〉의 일과시간표는 5시간의 운영 계획으로, 대소집단 활동과 자유선택활동, 교사 주도 활동과 유아주도 활동, 실내 활동과 실외활동 간에 균형을 이루어야 한다는 원리를 지키고 있다. 일과시간표를 계획할 때, 간식, 휴식, 평가 등 매일 반복적으로 이루어지는 활동은 일관성 있게 계획하여 유아들이 일과 활동에 익숙하도록 지도하는 것이 좋다. 대소집단 활동은 그 주간의 주제나 일일 소주제에 따라 다양하게 계획될 수 있다. 예를 들면, 오전의 대 소집단 활동을 이야기나누기나 동화, 동시 등을 다룰 수 있으며 소집단 활동은 교사와 유아의 비율에 따라 3~4 집단으로 나누어서 실시할 수 있다. 또한 3, 4세 유아는 5세보다 자유 선택활동을 더 많이 주도록 하고, 대집단 활동보다는 개별 활동과 소집단 활동을 많이 하도록 계획한다.

(3) 방과후 반의 일과 운영

2012년 유아교육법이 개정되면서 유치원에서는 ‘종일제’라는 명칭을 ‘방과후과정’으로 바꾸어 사용하고 있으며, ‘방과후과정’의 학급구성은 동일 연령 집단과 혼합연령 학급으로 구성되어 있으며, 프로그램 운영 형태는 오전부터 오후까지 같은 유아들을 대상으로 운영하거나 기본교육과정 이후에 오후에 재편성되어 운영하고 있다. 또한 운영되고 있는 프로그램은 오전 누리과정의 심화활동과 돌봄, 영어, 체육, 미술 등의 특별활동이 시행되고 있는데, 이는 특별활동 운영으로 유아의 사교육 의존도를 낮추고 유아의 전인적 성장을 돕기 위한 것이다.
방과후 일과 운영 계획을 살펴보면 〈표 4-12〉와 같다.

표 4-12
일과 운영 계획

시간	활동 내용
14:00~14:40	자유선택활동
14:40~15:30	방과후 특성화 활동 및 수 · 언어활동

15:30~16:00	이야기 나누기
16:00~16:20	정리정돈 및 간식
16:20~16:50	바깥놀이
16:50~17:00	정리정돈
17:00~18:00	자유놀이 및 개별 귀가

2. 교육계획안의 작성

유치원의 교육계획안은 몇 가지 기본적인 자료를 중심으로 교사들에 의해 자율적으로 작성되고 있다. 즉, 유치원은 국가수준의 교육과정과 시·도의 유치원 교육과정 편성·운영지침, 그리고 지역 교육청의 유치원 교육과정 편성·운영에 관한 장학자료를 바탕으로 각 유치원의 실정에 알맞은 교육과정을 편성하도록 되어 있다(교육부, 1998). 또한 지역사회의 실정과 특수성, 학부모의 요구 등을 교육과정 편성에 반영하도록 하고 있으므로, 유아교육기관에서 작성하는 교육계획안은 교육과정의 편성·운영방식에 따라 다양한 형태로 예시되고 있다.

앞에서 소개된 바와 같이 교육계획안은 교육과정에 기초하여 연·월·주·일 교육계획에 따라 다르게 작성된다. 일반적으로 월간·주간 교육계획안을 작성할 때에는 주제, 전개시기, 예상목표를 설정하고 내용을 조직하여 예시한다. 우리나라는 2013년부터 국가중심의 누리과정이 적용되어 누리과정 지도서를 개발 보급하였다. 누리과정 지도서는 생활주제별로 관련 활동계획안과 활동자료(DVD 포함)가 수록되어 있다. 본서에서는 교육계획안 작성에 참고해야할 주제, 목표, 주제망, 내용, 평가를 다루었다.

1) 주제의 선정

유치원 교육과정에 '주제'가 도입된 것은 제5차 교육과정의 유치원 교육활동

자료집에 '생활주제'라는 용어가 처음으로 사용된 것으로 볼 수 있다. 그 전에는 교육계획안에 '단원'이라는 용어를 사용하여 교육활동을 전개하였었다. 단원(units)은 어린이에게 중요하다고 여겨지는 특정한 주제들(topics)에 관해 교사가 사전에 계획한 교과 및 활동들로 구성된다(Katz, 1994). 즉, 단원은 '계절'이나 '동물'과 같은 광범한 개념을 다룬다. 단원 중심일 경우에 교사는 어린이가 알아야 할 개념과 지식에 관해 분명한 계획을 갖는다. 단원은 교과전수를 학습내용으로 보고 이것을 논리적, 체계적으로 통일성 있게 조직하여 성인의 입장에서 학습자에게 전수하고자 하는 최저 학습단위라고 볼 수 있다.

생활주제란 유아들이 유치원에서 생활하면서 경험할 수 있는, 또한 경험해야 할 내용을 동질적인 특성을 중심으로 범주화하여 묶은 것이다(교육부, 1995). 생활주제는 다시 동질적인 특성이 더욱 두드러지고 내용도 구체화할 수 있는 단위의 내용으로 분류할 수 있는데 이것을 '주제'라고 할 수 있다. 예를 들면, '교통기관'이라는 생활주제는 배, 자동차, 비행기 ……등의 주제로 펼쳐질 수 있다. 이 주제는 다시 더 구체적인 내용인 소주제로 구분되며, 이 소주제의 내용들은 유아들이 유치원의 일일 활동을 통해 경험하게 된다. '생활주제'나 '주제'가 교사를 위한 범주체계라면, '소주제'는 구체적으로 유아를 위한 교육활동을 어떻게 전개해야 할지 그 구체적인 방향을 제시해 준다.

최근에 재조명된 주제접근법(project approach)에서는 광범한 주제를 포함하는 단원(units)보다는 특정 주제(topics)에 대해 깊이 탐구하는 활동을 강조한다. 즉, 유아의 흥미 및 생활과 관련되는지, 주제와 관련한 자원에 쉽게 접근할 수 있는지 등을 고려하여 선정하도록 한다. Chard(1994)에 의하면 프로젝트 주제는 대상 유아의 연령이 어릴수록 현재에 관한 것, 구체적인 것, 소규모적인 것이 되어야 한다.

주제접근법에서 소개하는 주제의 선정 기준을 제시하면 다음과 같다(Katz, 1994).

첫째, 주제는 유아들의 일상적인 경험과 밀접한 관련이 있으며 유아들에게 친숙한 것이어야 한다.

둘째, 주제는 기본적인 문학활동 및 수학적 기술을 포함해 여러 교과를 통합적으로 다룰 수 있어야 한다.

셋째, 주제는 최소한 1주일 정도 충분히 다룰 수 있는 것이어야 한다.

넷째, 주제는 가정에서보다는 유아교육기관에서 다루기에 적절해야 한다.

그 외에도 주제접근법은 유아들의 탐구와 조사활동을 유도하며 그리기, 만들기, 극화활동, 음률활동 등 다양한 표현활동으로 연결되는 주제를 선정하도록 권한다. 프로젝트 주제는 교사 혹은 유아들에 의해 선정된다. 프로젝트 접근으로 소개되었던 주제들로는 식당, 병원, 채소가게, 개미, 음식, 꽃, 캠핑, 바위 등이 있다(Chard, 1997).

NEA(National Educational Association, 1992)가 예시한 주제선정의 기준을 살펴보면 다음과 같다. 주제는 유아의 발달수준과 연령에 따른 적합성, 배울 가치에 따른 유용성, 생활과의 관련성, 지역사회 문화와 사회가치에 대한 고려, 다른 영역과의 관련성, 학습에 대한 가능성과 효율성 등을 고려하여야 한다.

생활주제라는 용어가 사용되면서 유치원 교육 활동자료에 수록된 생활주제들의 선정기준은 다음과 같다.

첫째, 3~5세 유아들이 흥미있어 활동하는 내용

둘째, 유아들의 발달수준에 적합한 내용

셋째, 유아들이 경험할 수 있는 기회가 많은 내용

넷째, 국가수준 유치원 교육과정의 5개 영역을 통합적으로 다룰 수 있는 내용

누리과정의 지도서가 도입되기 전의 유치원 교육활동지도 자료에 수록되어 있는 생활주제들은 위에서 제시한 선정기준에 의해 예시된 것이다. 그러나 그 내용들은 국가수준 유치원 교육과정의 내용들을 구체적인 활동들과 어떻게 통합시킬 수 있는지를 예시한 것이므로, 유치원의 교사들은 그 외에도 새로운 생활주제를 선정하여 구성할 수 있다. 단, 새로운 주제를 선정할 경우 국가수준 교육과정의 내용과 연결시키면서 적용할 수 있는 주제를 결선정할 수 있다. 생활주제, 주제, 소주제를 전개하는 방법은 다양하다. 교사가 생활주제, 주제, 소주제를 미리 정해 놓고 이를 단계별로 유아들에게 제시하는 방법이 있고, 유아들이 흥미를 느끼는 내용을 시발점으로 소주제를 정하고 이를 다시 주제, 생활주제로 범주화한

후 교육내용을 계획하거나 전개하는 방법도 있다. 두 가지 방법 모두 장 · 단점이 있으나 교사주도 교수방법과 유아주도 교수방법이 균형있게 적용되도록 하는 것이 좋다. 유아의 흥미와 교사의 신중한 활동계획을 반영하여 주제가 선정된다면 통합적이고 심화된 교육활동을 전개해 나갈 수 있다.

누리과정 지도서는 3세, 4세, 5세의 연령별로 구분되는데, 각 생활주제를 중심으로 주제와 소주제를 제시하고 있어 교사들이 유치원수준에서 생활주제를 선정하면 주제 및 소주제의 선정이 용이하도록 되어 있다. 〈표 4-13〉은 3-5세 누리과정 교사용 지도서의 생활주제별과 주제를 소개한 것이다.

표 4-13

누리과정 교사용 지도서의 생활주제와 주제

생활주제	3세 주제	4세 주제	5세 주제
1. 유치원과 친구	유치원/어린이집의 환경	유치원/어린이집의 환경	유치원에서의 환경
	유치원/어린이집에서의 하루	유치원/어린이집에서의 하루	유치원에서의 하루
	유치원/어린이집에서 만난 친구	유치원/어린이집에서 만난 친구	유치원에서의 친구
	함께 놀이하는 유치원/어린이집	함께 만드는 유치원/ 어린이집	함께 만드는 유치원
2. 나와 가족	나의 몸과 마음	나의 몸과 마음	나의 몸과 마음
	소중한 나	소중한 나	소중한 나
	소중한 가족	소중한 가족	소중한 가족
	행복한 우리집	가족의 생활과 문화	가족의 생활과 문화
3. 우리 동네	우리 동네 모습	우리 동네 모습	우리 동네 모습
	우리 동네 생활	우리 동네 생활	우리 동네 생활
	우리 동네 사람들	우리 동네 사람들	우리 동네 사람들
		우리 동네 전통과 문화	우리 동네 전통과 문화
4. 동식물과 자연	궁금한 동식물	궁금한 동식물	궁금한 동식물
	동물과 우리의 생활	동물과 우리의 생활	동물과 우리의 생활
	식물과 우리의 생활	식물과 우리의 생활	식물과 우리의 생활
	자연과 더불어 사는 우리	자연과 더불어 사는 우리	자연과 더불어 사는 우리

5. 건강과 안전	즐거운 운동과 휴식	즐거운 운동과 휴식	즐거운 운동과 휴식
	깨끗한 나	깨끗한 나와 환경	깨끗한 나와 환경
	맛있는 음식과 건강	맛있는 음식과 건강	맛있는 음식과 건강
	안전한 놀이	안전한 놀이	안전한 놀이와 생활
6. 생활도구	다양한 생활도구	다양한 생활도구	다양한 생활도구
	생활도구를 움직이는 힘	생활도구를 움직이는 힘	생활도구를 움직이는 힘
	생활도구로서의 미디어	생활도구로서의 미디어	생활도구로서의 미디어
	미래의 생활도구	미래의 생활도구	미래의 생활도구
7. 교통기관	육상교통기관 I	육상교통기관 I	교통기관의 종류
	육상교통기관 II	육상교통기관 II	고마운 교통기관
	항공/해상 교통기관	항공/해상 교통기관	교통기관의 변천과정과 구조
	즐거운 교통 생활	즐거운 교통 생활	교통통신과 교통생활
8. 우리나라	우리나라 사람들의 생활	우리나라 사람들의 생활	우리나라 사람들의 생활
	우리나라의 놀이와 예술	우리나라의 놀이와 예술	우리나라의 놀이와 예술
	우리나라의 역사	우리나라의 역사	우리나라의 역사
	우리나라의 자랑거리	우리나라의 자랑거리	우리나라의 자랑거리
9. 세계 여러 나라		세계 여러 나라 사람들의 생활	세계 여러 나라 사람들의 생활
		세계 여러 나라의 문화 유산	세계 여러 나라의 문화 유산
		세계 여러 나라와의 교류	세계 여러 나라와의 교류
		세계의 자연과 사회현상	세계의 자연과 사회현상
10. 환경과 생활	물과 우리 생활	물과 우리 생활	물과 우리 생활
	흙과 우리 생활	돌 · 흙과 우리 생활	돌 · 흙과 우리 생활
	바람 · 공기와 우리생활	바람 · 공기와 우리생활	바람 · 공기와 우리생활
	빛과 우리 생활	빛과 우리 생활	빛과 우리 생활
	소리와 우리 생활	소리와 우리 생활	소리와 우리 생활
11. 봄·여름·가을·겨울	봄	봄	봄
	여름	여름	여름
	가을	가을	가을
	겨울	겨울	겨울

위에서 알 수 있듯이 누리과정 교사용 지도서에 제시된 생활주제는 연령별로 동일하다. 4, 5세는 11개의 주제이며 3세는 세계 여러 나라를 제외한 10개의 생활주제로 구성되어 있다.

생활주제별로 주제는 각 4개이며, 연령별로 주제가 동일하거나 유사하여 각 생활주제 및 주제가 연령별로 연계되어 있음을 알 수 있다. 누리과정은 국가수준의 공교육과정으로 전국의 3~5세 유아가 경험해야야 할 교육내용을 국가수준에서 조직한 것으로 체계적이고 구조적이다. 지도서에서는 주제를 전개하는 시기를 정하지는 않았으나 교육과정 운영 시기 및 계절을 고려할 때 전국적으로 어느 정도 공통적인 교육과정이 운영될 것으로 예측된다.

2) 목표 진술

교육계획안을 작성할 때 교육목표를 진술하는 방법은 획일적이지 않다. 학자에 따라 목표의 분류기준이 다르며, 특정 분류기준을 적용한다고 하여도 학습자의 수준과 교수방법에 따라 진술내용의 범주와 방식이 달라질 수 있다. 유치원 교육은 3세부터 취학전 연령까지 이루어지므로, 유치원 교육과정에서는 난이도 수준이 높은 단계의 목표영역에 관한 진술이 사실상 어렵다. 또한 교육계획의 장·단기 계획에 따라 목표내용의 범주가 일반적인 것에서 구체적인 것까지 포함될 수 있으므로, 교육목표를 설정할 때에는 다양한 요인이 고려되어야 한다.

메이거(Mager, 1975)는 교수목표를 진술할 때에 애매 모호한 암시적인 동사를 쓸 것이 아니라 구체적 행위동사를 써서 관찰과 평가가 가능하도록 해야 한다고 주장하였다. 한편, 이러한 행동적 목표설정은 학습의 외현적 징후 또는 결과를 중시하므로 학습의 내면적인 징후 및 질적인 평가를 소홀히 여긴다는 문제를 갖는다. 따라서 교육목표의 진술은 행동적 목표뿐 아니라 양적 측정이 어렵더라도 질적이고 간접적인 목표로 진술되어야 한다는 점을 고려해야 한다(Oliver, 1973 : Combs, 1979).

목표의 설정과 그것의 진술방식에 관한 연구들을 기초하여 바람직한 목표설정의 몇 가지 주요한 기준을 요약하면 다음과 같다(이성호, 1986).

첫째, 목표설정은 교수·학습활동의 방향을 제시해 줄 수 있을 만큼 충분히 구체적이고 정확하며 포괄적인 것이어야 한다.

둘째, 목표설정은 교수·학습활동 이전에 사전계획으로 설정되어야 하며 교수 · 학습활동 과정에서 생기는 새로운 목표를 수용할 수 있을 만큼 융통성이 있어야 한다.

셋째, 목표설정은 외형적 · 내면적 두 가지 측면 모두의 행동변화를 충분히 고려하여야 하며, 관찰 및 측정이 가능한 양적인 수준과 내면적 특성에 관한 질적인 측면을 모두 고려하여야 하다.

넷째, 목표설정은 개인의 능력과 수준에 맞아야 하며 개인의 특성과 자유로운 탐색을 최대한 신장시킬 수 있도록 하여야 한다.

교수목표는 학자들에 따라 분류기준이 다르다. Bloom은 목표를 인지적(cognitive), 정의적(affective), 운동 기능적(psycho-motor) 영역의 세 가지로 분류했는데, 각 영역마다 성취되어야 할 교육목표가 있다.

인지적 목표는 지식(knowledge), 이해(comprehension), 적용(application), 분석(analysis), 종합(synthesis), 평가(evaluation)가 포함되며, 정의적 목표는 수용(awareness), 반응(responding), 가치화(valuating), 조직화(organization), 인격화(characteri-zing)가 포함된다. 또한 심리 운동적 목표는 반사운동(reflex movement), 기본운동(basic fundamental movements), 지각 능력(perceptual abilities), 신체능력(physical abilities), 숙련운동(skilled movements), 가시적 의사소통(non-discussive communication)이 포함된다. 여기서는 Bloom의 목표분류 체계를 중심으로 인지적 목표(지식), 정의적 목표(태도), 기술적 목표(기술)의 세 가지 범주로 구분하여 진술해 보기로 한다.

목표진술에 사용되는 동사의 예를 들면 다음과 같다. 질적인 측면을 평가하는 동사는 '알다', '이해하다', '감상하다', '인식하다', '의미를 파악하다'…… 등이며, 관찰과 측정이 가능한 동사는 '배열하다', '읽다', '측정하다', '(색을)칠하다', '작동하다', '달리다', '시범을 보이다', '적용하다', '구별하다', '선택하다'…… 등이 있다(Heinich & al., 1985).

인지적 목표(지식)는 원리, 개념, 사실, 용어, 정보 등에 관한 지적 활동을 다룬다. 예를 들면, '……을 안다', '……을 이해한다.', '……을 추론한다.' 등으로 서술될 수 있다.

정의적 목표(태도)는 정의적 행동과 관련된 것으로 가치관, 신념, 느낌(흥미) 등을 표현한다. 예를 들면, '……을 감사히 여긴다.', '……의(하는) 태도를 갖는다.', '……을 느낀다.' 등으로 서술될 수 있다.

기술적 목표(기술)는 정신운동수행(psychomotor performance)과 관련된 실천적인 행동의 범주를 다룬다. 예를 들면, '……을 조작한다.', '……을 찾아낸다.', '……을 지적한다.' 등으로 서술될 수 있다. 위와 같은 서술방법에서는 진술내용의 의미가 각 목표영역에 중복되어 혼동을 가져올 수도 있다. 양적, 질적 측면의 평가내용도 각 영역에서 다루어진다. 그러나 모든 진술내용이 엄밀하게 구분될 수 없다 하여도 각 영역의 목표를 골고루 설정하도록 하는 것이 좋겠다.

유치원 교육계획안의 교육목표를 진술할 때 종합적으로 고려해야 할 점을 정리해 보면 다음과 같다.

첫째, 목표는 단기 계획일수록 분명하고 구체적으로 진술되어야 한다. 연간교육계획 같은 장기계획은 광범하고 일반적인 목표를 설정할 수 있으나, 주간 및 일일 교육계획은 교육활동을 통해 달성될 수 있는 구체적인 목표를 설정해야 한다.

둘째, 목표는 간결하고 명료하게 진술되어야 한다. 지나친 수식어의 표현이나 중복적인 표현을 삼가토록 하며, 복문의 형식보다는 단문이나 중문의 형식으로 나누어 진술하는 것이 좋다.

셋째, 목표는 인지적, 정의적, 기술적 목표영역을 고르게 포함하도록 진술하는 것이 좋다. 교육주제의 성격에 따라 목표 영역의 범주가 제한적일 수도 있으나, 일반적으로 교육목표를 설정할 때 인지적 목표를 지나치게 강조하여 진술하는 경향이 있다. 따라서 목표를 진술할 때에는 목표분류 기준을 적용하여 목표영역이 고르게 설정될 수 있도록 한다.

넷째, 목표는 유아 주도적인 학습방법을 반영한 형태로 진술하도록 한다. 즉, 국가수준의 교육과정은 교사수준의 교육과정으로 재구성되고, 다시 학습자 수준의 교육과정으로 운영될 때 그 의미와 목적이 실현된다(교육부, 1998). 교사는 교육계획안을 작성할 때 학습자의 발달수준과 흥미, 경험에 적합한 내용을 선정해 계획하되, 교사 주도적인 교수방법을 반영하는 것이 아니라 유아 주도적인 교수방법을 계획해야 한다. 예를 들면, '……을 기르게 한다.', '……을 가지게 한다.'라는 표현보다는 '……을 기른다.', '……을 가진다.'의 표현이 적절하다. 이것은 제5차 유치원교육과정의 목표진술방식이 제6차 유치원교육과정에 수정되어 반영된 것이기도 하다.

다섯째, 목표는 교사가 유아에게 어떤 내용을 가르칠 것인가를 진술하는 것이 아니라 유아가 학습활동을 통해 어떤 변화를 가져오는지를 진술하도록 한다. 또한 목표 진술문의 주어는 대부분 '유아'이므로, 목표를 진술할 때에 '유아' 혹은 '어린이'라는 표현은 생략하도록 한다. 예를 들면, '예절바르게 행동하며, 아껴 쓰는 생활습관을 가진다'. '바르게 듣고 바르게 말하는 태도를 가진다. 등의 목표는 주어가 생략된 표현이다.

위와 같은 목표 진술에서 고려할 점을 적용하여 목표 진술문을 예시해 보면 다음 〈표 4-14〉와 같다.

표 4-14
주간 교육계획안의 주제와 목표

주제	목표
식물	• 여러 가지 식물의 종류와 성장과정을 이해한다(지식). • 꽃의 모양, 색깔, 향기에 관심과 흥미를 가진다(지식, 태도). • 식물을 보호하고 잘 가꾼다(기술).
즐거운 유치원	• 유치원은 놀이와 학습을 즐겁게 하는 곳임을 알며, 선생님과 친구들이 반기는 곳이라는 것을 느낀다(지식, 태도). • 안전하고 즐겁게 놀며 유치원 생활에 잘 적응한다(기술).
색깔	• 여러 가지 색의 이름을 알고 주변의 색깔에 관심을 가진다(지식). • 여러 색으로 표현된 작품을 감상함으로써 풍부한 감성과 심미감을 기른다(태도). • 색에 대한 느낌을 언어와 그림으로 표현해 본다(기술).

(1) 주간 교육계획안의 목표

주간 교육계획안의 목표는 주제가 전개되는 기간, 유아의 연령, 학급의 특성을 반영하여 기술되어야 한다. 주제의 전개 기간이 1주일 수도 있으나 2주 이상이 될 수 있으며, 유아의 연령이 몇 세인지 또는 혼합연령의 복식 학급인지, 또한 장애 통합 등의 학급 구성의 특성 등이 반영되어야 한다. 누리과정은 연령별 교육과정이므로 주간 교육계획의 목표는 연령별 누리과정의 내용을 기초하여 수립할 수 있다. 누리과정 교사용 지도서는 각 연령의 발달수준을 고려하여 개발한 것으로 이를 참고할 수 있다. <표 4-15>는 누리과정 교사용 지도서의 주간 교육계획안에 작성된 연령별 목표의 예이다.

표 4-15
주간 교육계획안의 연령별 목표(예)

주제		소중한 가족	생활주제	나와 가족
목표	3세	• 가족의 구성원을 알고, 가족이 하는 일에 관심을 갖는다. • 가족을 위해 할 수 있는 일에는 무엇이 있는지 알아보고, 직접해본다. • 가족의 소중함을 알고, 표현할 수 있다.		
	4세	• 가족의 의미와 소중함을 안다. • 가족 구성원의 역할을 알고, 서로 도우며 실천한다. • 가족 간의 지켜야 할 예절이 있음을 알고, 생활 속에서 가족 간의 예절을 실천한다.		
	5세	• 가족 구성원의 역할을 알고 구성원의 요구와 문제에 관심을 갖는다. • 가족 간에 지켜야 할 예절을 알고 대상과 상황에 맞게 예절을 지킨다. • 가족의 소중함을 알고 서로 협력하며 화목하게 지낸다.		

(2) 일일 교육계획안의 목표

일일 교육계획안은 생활주제 - 주제- 소주제의 계열에서 가장 구체적인 소주제를 중심으로 계획한 하루의 교육과정이다. 기본과정의 일일계획은 3~5시간동안의 계획으로, 일일계획안의 목표는 당일의 주제(소주제)를 통해 성취해야할 내용을 함축해서 기술한 것이다. 따라서

일일계획안의 목표는 주간 교육계획안의 목표와 연계되면서 보다 상세하게 진술된다. 일반적으로 일일계획은 주간계획에 포함되어 계획되므로 한 주 동안

진행되는 일일계획의 목표는 명료하면서 구체적으로 표현된다. 또한 월요일부터 금요일까지 한 주간의 내용이 연속적으로 계획되므로 각 요일의 목표 간에도 내용적으로 연계된다. 일일계획의 소주제는 날마다 달라지기도 하며 여러 날 동안 같은 내용이 될 수도 있으나, 단기적인 목표로 진술된다. 〈표 4-16〉은 생활주제-주제 - 소주제의 체계에서 일일교육계획안의 목표를 예시한 것이다.

표 4-16
일일 계획안의 목표(예)

소주제	내몸의 각 부분 명칭 알기	주제	나의 몸과 마음	생활주제	나와 가족
대상: 3세 · 신체 각 부분의 명칭과 기능에 대해 안다. · 내 몸을 이용하여 다양한 활동에 즐겁게 참여한다.					
소주제	우리나라의 음식 즐기기	주제	우리나라 사람들의 생활	생활주제	우리나라
대상: 4세 • 우리나라 전통음식을 경험한다. • 우리나라 전통음식을 즐긴다.					
소주제	육상교통기관 알아보기	주제	교통기관의 종류	생활주제	교통기관
대상 5세 · 다양한 육상교통기관에 관심을 가진다. · 육상교통기관과 관련된 자신의 생각, 경험, 느낌을 표현한다. · 육상교통기관의 종류와 역할에 대해 안다.					

(3) 단위활동계획안의 목표

단위활동계획안은 주간계획안 및 일일교육계획안에 대소집단 및 영역별 활동명으로 제시된 각 활동에 대한 계획서를 말한다. 즉, 이야기나누기, 동시, 동화, 음악, 미술, 게임 등의 활동을 계획한 것으로, 각 활동계획의 목표는 활동 내용의 경험을 통해 성취할 수 있도록 구체적으로 진술된다. 다음은 동시 '누가 누구를?'

의 활동 목표와 활동방법을 소개하였다.

📖 활동명: 누가 누구를?

- **목표**: ・동물의 생태와 먹이사슬에 관심을 가진다.
  ・동시를 읽으며 동물의 동작을 몸으로 표현한다.

- **활동방법**

① 동시를 들으며 감상한다.
– 동시 이야기에 어떤 것들이 나오나 들어보자. 메뚜기← 개구리← 오리← 여우

어느 숲속에서 일어난 이야기에요. 메뚜기 한 마리가 풀밭으로 샤~악하며 날아갔어요. 그러자 그 뒤에 개구리가 폴짝 뛰어가 메뚜기를 잡았어요. 그런데 그 뒤에 오리가 뒤뚱뒤뚱 달려가 개구리를 잡았어요. 저런, 그 뒤에 여우가 달려가 덥석 오리를 잡았어요. 숲속에 무슨 일이 일어난 것일까?

② 융판 자료를 차례로 붙여가며 먹이사슬 관계에 대하여 이야기 나눈다.
(풀부터 붙여가며 동화 들려주기 방법으로 동시를 소개한다.)
– 누가 누구(무엇)를 잡았는지 순서대로 말해보자.
– 여우는 누구를 잡은 것일까?(메뚜기, 개구리, 오리, 여우를 차례로 덮는다).
– 모두 몇 마리가 나왔니?
③ 들려준 동화(동시 이야기)를 회상하며 동시를 읽어 본다.
④ 다양한 방법으로 동시를 표현한다.
예) '간다간다'를 다른 말로 바꾸어서 읽어본다(달려간다, 뛰어간다, 헤엄친다, 다이빙한다, 날아간다 등).
– 메뚜기, 개구리, 오리, 여우의 움직임을 몸동작으로 표현한다.
⑤ 동시에 나온 동물들의 먹이 사슬에 대해 이야기 나눈다.
예) 개구리에게 메뚜기 같은 벌레들이 없다면 어떻게 될까?

출처: 유치원 운영지원을 위한 유아 녹색 성장 프로그램(교과부, 2012).

단위활동의 목표는 그 활동을 통해 성취할 수 있는 수준으로 기술되므로 목표 내용이 활동 자체에 포함되어 있다. 교사는 활동 자료를 소개하면서 계획한 활동 방법을 적용하여 수업을 한다. 그러면, 유아는 동시를 읽으면서 등장하는 동물의 이름과 각 동물의 먹이관계를 이해할 수 있으며, 동물의 특징을 살려 동작을 표현

할 수 있게 된다. 즉, 단위활동의 목표는 그 활동을 통해 의도한 목표를 성취할 수 있도록 구체적이고 상세하게 표현하도록 한다.

제목: 누가 누구를?

지은이 : 이희경

간다 간다 메뚜기, 풀-밭으로
샤 악~~
간다 간다 개구리, 메뚜기 잡으러 폴~짝
간다 간다 오-리, 개구리 잡으러
뒤뚱뒤뚱
간다 간다 여우, 오-리 잡으러
덥~썩

3) 주제망 짜기

(1) 주제망

주제와 관련된 개념을 조직하는 일은 학급 환경의 구성과 학습경험의 범주를 계획하는데 필요하다. 관련된 개념끼리 연결된 조직망, 그리고 조직망 간의 연관성 및 통합성은 어느 교육과정 접근방법에서든 중심적인 특징이 될 수 있다(Warkman & Anziano, 1993). '주제망(Topic Web)'이란 주제와 하위주제를 이루고 있는 주요 아이디어와 개념들을 하위 주제별로 분류하여 도식화한 것이다. 또한 최근에 효과적인 학습방법으로 각광받고 있는 마인드 맵(Mind Map)은 '중심체로부터 사방으로 뻗어 나간다'는 의미를 가지며 학습자의 방사사고(radiant thinking)를 강조한다. 마인드 맵은 마음 속의 지도를 그리듯이 글자와 기호와 그림을 사용하여 생각을 표현하는 학습방법으로서 주제의 관련 개념을 조직하는 주제망과 차이가 있지만 이 모두가 중심주제로부터 하위주제로 뻗어나가는 공통점이 있다. 프로젝트 접근법에서도 프로젝트 활동을 위해 교사가 주제에 대한 잠정적인 계획안으로 '주제망'을 구성한다. 이 주제망은 장차 이루어질 학습내용의 기본적인 윤곽이나 방향을 예상하도록 해 주므로, 전개될 교육과정의 설계도로서 교육내용의 범주를 설정해 준다.

(2) 주제망 짜기

교사는 평소에 유아들을 관찰한 결과를 토대로 그들에게 발달적으로 적합한 활동이 무엇인지를 가장 잘 알고 있으므로 교사가 작성하는 조직망은 교육과정 개발을 위한 계속적인 자원이 된다. 즉, 유아들의 흥미와 사고에 대한 관찰은 성공적이고 포괄적인 조직망을 만드는데 결정적인 요소이다. 이러한 조직망 접근법은 유아의 지적 기능의 확장과 정서, 태도, 감정의 자연스런 통합을 유도한다고 볼 수 있다(Warkman & Anziano, 1993). 교사들이 교육과정의 조직망을 편성할 때 고려해야 할 점을 들면 다음과 같다(Warkman & Anziano, 1993).

첫째, 유아의 흥미를 출발점으로 하여 과제를 다루기 쉽도록 작은 개념을 선택한다. 예를 들면, '계절'이라는 개념보다 '날씨'라는 개념이 좋은 개념이 될 수 있다.

둘째, 개념들은 서로 연관되도록 한다. 이러한 개념은 주기적으로 순환되어 되풀이 될 수 있으며, 이후에 다루어질 다른 주제와 관련된 개념으로 적용될 수 있다.

예를 들면, '봄'이란 주제는 되풀이되기 어렵지만 '집'이라는 개념은 언제든지 탐구될 수 있다.

셋째, 유아들의 아이디어 중에 보편적인 개념을 선택한다. 이런 개념들은 서로 관련되어 있으므로 다른 개념들을 통합하기가 쉽다.

주제중심의 조직망을 짜는 방법은 여러 가지가 있을 수 있다. 주제 · 소주제 · 관련개념(대표개념 · 하위 개념)으로 확대하여 작성하는 방법이 있으며, 주제 · 관련된 활동단위(예 : 활동영역) · 활동내용(예 : 활동제목)으로 작성하는 방법이 있다. 유아교육기관은 교육과정 운영방식에 따라 두 가지 방법을 선택적으로 활용할 수 있다.

전자는 주제와 관련된 개념의 범주를 미리 설정함으로써, 이후에 각각의 개념들과 관련된 활동내용을 구체적으로 계획할 수 있도록 해 준다. 후자는 주제와 관련된 개념의 범주를 묘사하지 않으면서 활동단위 혹은 활동영역, 그리고 그에 대한 활동내용들을 한꺼번에 제시하여 준다.

여기서는 개념의 범주를 도식화하는 조직망에 대하여 소개하도록 한다.

주제와 관련된 개념들은 주제가 무엇인지에 따라 달라지므로, 주제와 관련된 개념의 일반적인 범주를 설정한다는 것은 어렵다. 또한 주제망에서 다루어지는 개념의 범주는 장 · 단기 교육계획에 따라 다르게 설정된다. 주제망의 작성을 위해 다음과 같은 절차가 필요하다.

첫째, 주제와 관련된 개념의 범주를 계획하기 위해 관련 개념들의 유목화가 요구된다. 유목화는 주제와 관련된 단어들을 유아들의 경험수준에 적절하게 추출하여 동일하거나 유사한 특성으로 묶어 범주화하는 것이다. 예를 들어, 어떤 주제들을 관련된 개념들끼리 묶어 커다란 범주로 유목화한다면, 의미(뜻, 개념, 의의), 역사(유래, 기원, 변천과정), 유형(종류, 무엇), 역할(기능, 하는 일) 등으로 묶을 수 있을 것이다. 또 다른 주제들은 다른 범주로 분류될 수 있을 것이다. 여기서 커다란 범주들은 소주제가 되며, 다시 소주제별로 관련된 개념들을 유목화시키면 주제망의 윤곽을 잡을 수 있게 된다. 프로젝트 접근에서는 주제에 관한 연상, 떠오르는 생각 적기 등의 브레인스토밍 과정을 거쳐서 나온 단어들을 유사성에 따라 유목화하는 과정을 거친다. 즉, 교사가 특정 주제에 관한 지식, 개념, 아이디어 등을 모두 생각해 내어 조직망을 구성해 본다(이희경, 2002).

둘째, 주제를 중심으로 하여 소주제별 유목화가 이루어지면 조직망의 형태로 주제망을 그린다. 주제망의 그림은 중심부터 주제 · 소주제 · 개념으로 뻗어 나가는 방사형의 그림으로 나타낼 수 있다. 조직망의 그림은 원형 혹은 사각형으로 그릴 수 있으며, 주제 및 개념과 관련된 그림을 첨가할 수도 있다.

[그림 4-1]은 주제 '나'에 내포된 개념을 조직망으로 예시한 것이다(교육부, 1995). 주제 '나'는 그림의 중심에 있으며, 그 둘레에 가까이 역할, 자아개념, 성장, 감정, 관계, 건강 · 안전 · 영양, 차이점, 가족문제가 '나'와 선으로 연결되어 있다. 이것들

은 소주제가 된다. 또한 각 소주제와 선으로 연결된 곳에는 관련 개념들을 유목화하여 묶어 제시하였다. 즉, 주제를 중심으로 관련 개념을 조직망의 형태로 도식화한 것이다.

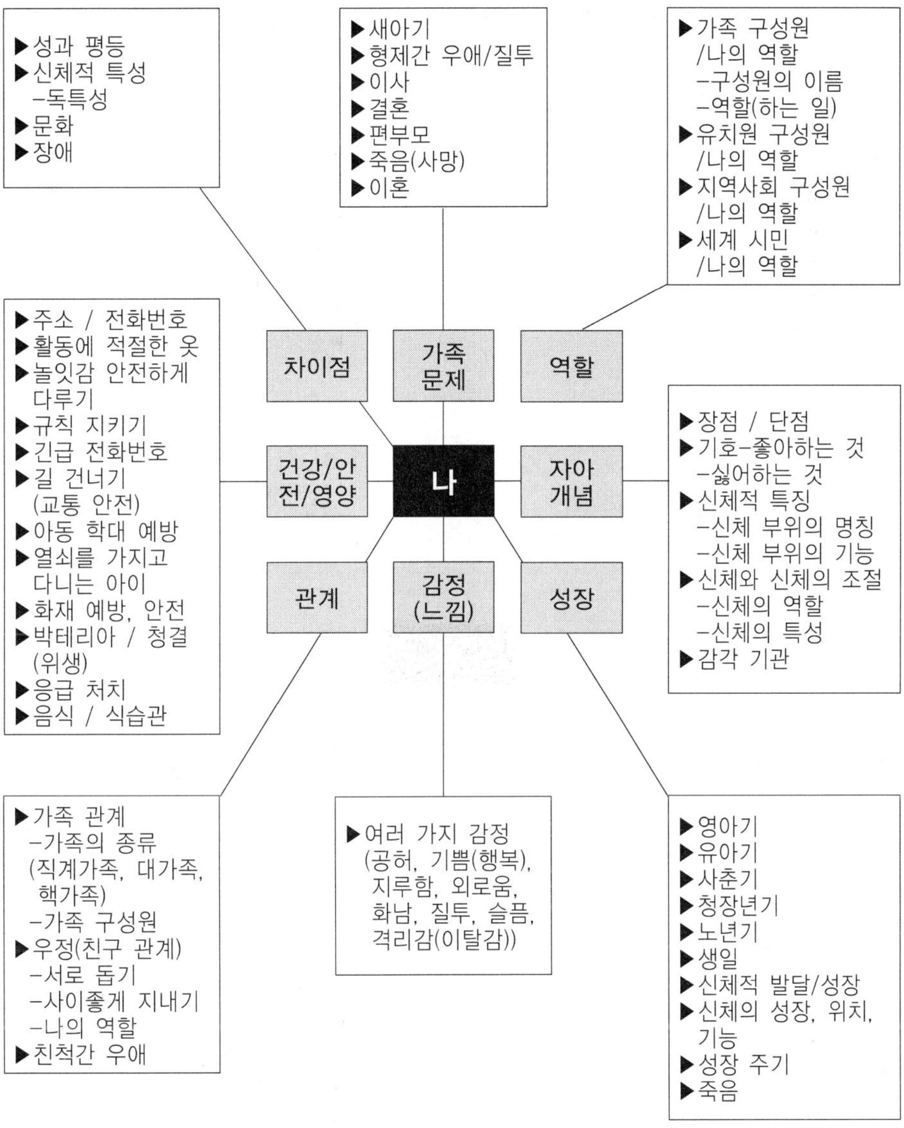

[그림 4-1] 주제 '나'에 내포된 개념

[그림 4-2]와 [그림 4-3]은 주제 '봄'과 '동물'에 내포된 개념을 조직망으로 예시한 것이다. 교사는 유아의 연령, 흥미 그리고 주제의 전개시기 및 실시 기간 등을 고려하여 개념의 범주를 계획해야 할 것이다. 주제와 관련된 개념의 범주는 교육내용의 범주를 결정해 주기 때문이다. 즉, 주제망은 대상 유아의 연령 및 인원수, 예상 전개기간 등에 따라 개념의 범주를 확대 및 축소하여 조직할 수 있다.

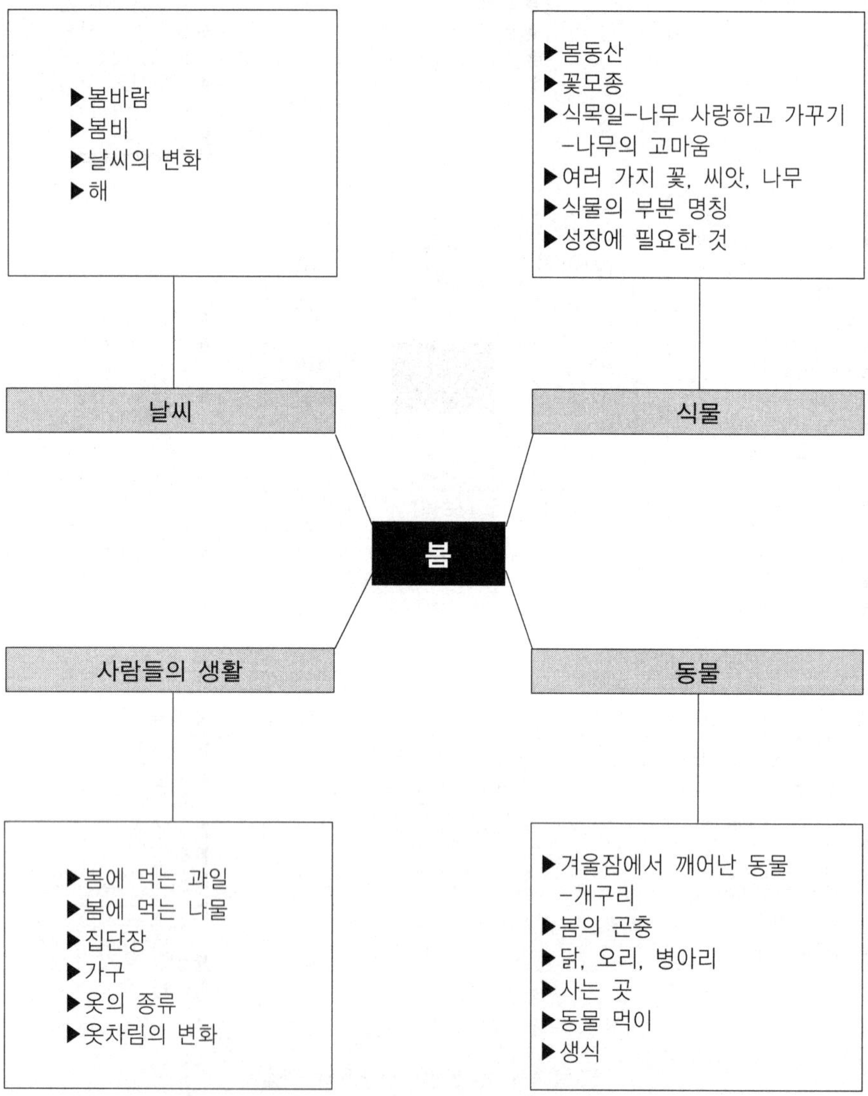

[그림 4-2] 주제 '봄'에 내포된 개념

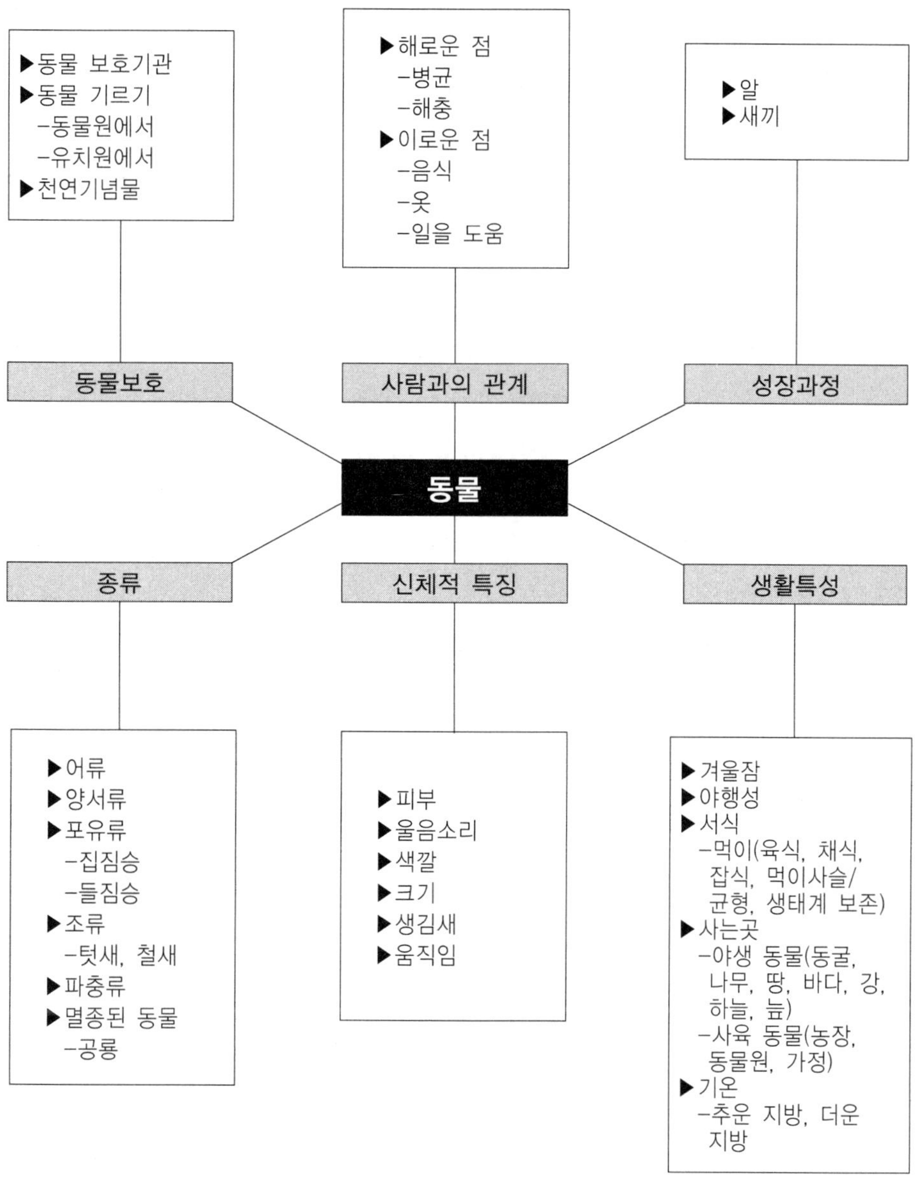

[그림 4-3] 주제 '동물'에 내포된 개념

통합적 교육과정을 운영하기에 적합한 주제망 구성에서 얻을 수 있는 잇점을 다음과 같이 요약해 볼 수 있다.

첫째, 교사는 주제 조직망을 구성함으로써 아이디어를 체계적으로 조직할 수 있으면서도 고정적인 순서로 활동을 전개하지 않아도 되는 잇점이 있다. 교사는 조직망으로 연결된 개념 및 활동내용의 범주에서 다양한 활동을 계획해 학습환경을 준비할 수 있다.

둘째, 유아들은 조직망의 형태로 학습해 나감으로써 개념들 간의 연관성을 깨닫게 된다. 각 조직망 내의 활동들은 주제와 관련된 활동경험으로 구성되므로, 유아들은 자연스럽게 개념들 간의 관련성을 발견하게 된다.

셋째, 교사와 유아는 함께 계획한 조직망 활동을 통해 서로의 관계를 알 수 있다. 교사는 유아들의 관찰을 통해 그들의 이해와 흥미를 확장하는 최선의 방법을 계획할 수 있으며(New, 1990), 그들의 생각을 듣고 정리하도록 도와줄 수 있다.

주제망은 전개될 교육내용의 범주를 개념으로 유목화하여 그림으로 나타내는 것이다. 주제망에 소개된 개념들은 교육내용을 의미하므로, 교육과정을 계획할 때에 교육내용의 구체적인 진술이 필요하다. 주제와 교육목표, 주제망이 완성되면 교육내용을 조직해야 한다.

4) 내용의 조직

주제망에 포함된 개념들은 교육내용을 의미한다. 따라서 이 개념들은 교육활동으로 전개될 수 있도록 구체적인 교육내용으로 조직되어야 한다. 교사들은 잘 조직된 교육내용을 기초로 하여 관련된 교육활동을 계획하고 전개할 수 있다. 즉, 주제 및 교육내용에 적합한 환경을 구성하고 교재 · 교구를 준비하며 교육내용에 적합한 집단활동과 소집단 및 개별 활동을 계획할 수 있다. 교육내용은 수업활동으로 전개되므로 다음과 같은 요인을 고려하여 계획하는 것이 좋다.

첫째, 교육내용은 유아들의 발달수준을 고려하여 구성한다.

유아들의 발달 수준은 생활연령과 경험수준을 고려하여 각 수준에 적합한 활동으로 전개될 수 있도록 교육내용을 계획한다. 3-5세 연령 간 연계를 위한 교육활동을 계획 할 때는 발달수준, 흥미, 요구들을 반영해야 하며, 연령별 교육활동 내용이 수직적 계속성과 발전 심화되는 계열성이 이루어질 수 있도록 해야 한다(교과부, 2013).

둘째, 교육내용은 교육과정의 5개 영역과 각 영역별 내용체계에 적합하도록 구성한다. 물론 계획된 주제의 특성에 따라 관련된 생활영역들이 다르게 편성될 수 있으나, 전체적으로 통합적인 교육과정을 운영할 수 있도록 교육과정의 영역별 내용체계를 고르게 구성하도록 한다.

셋째, 교육내용은 소주제 혹은 중심개념별로 구분하여 기술하도록 한다. 교육내용을 기술할 때에 각 문장에서 특정 내용이 중복되거나 생략되지 않도록 개념의 범주를 구분하여 체계적으로 기술되도록 한다.

넷째, 교육내용을 기술할 때에는 유아들이 친숙하게 접하고 있는 구체적인 것에서 점차 추상적인 개념으로 확대시켜 나간다. 처음에는 익숙하고 알고 있는 개념을 다루며 점차 개념수준이나 기능을 발전시켜 주는데 중점을 두어야 한다.

다섯째, 교육내용은 다양한 학습활동과 경험으로 전개될 수 있도록 조직되어야 한다. 교육내용이 추상적인 의미수준으로 계획된다면 유아들의 학습활동과 관련이 없는 문서로 남는다. 교육내용은 유아들의 경험, 활동이나 놀이를 통해 통합적으로 전개될 수 있도록 구체적인 활동내용으로 계획되어야 한다.

누리과정은 이전의 수준별 교육과정과 다르게 연령별 교육과정의 체계로 구성되어 있다. 누리과정은 각 연령마다 5개의 영역(신체운동 · 건강, 의사소통, 사회관계, 예술경험, 자연탐구)으로 구성되어 있으며, 각 영역은 연령별로 내용범주- 내용-세부내용으로 조직되어 있어 연령 간에 연계된 내용 체계를 갖추고 있다.

다음의 〈표 4-17〉은 사회관계 영역에 포함된 '나를 알고 소중히 여기기'(내용범주) - 나를 알고 소중히 여기기(내용)의 연령별 세부 내용을 나타낸 것이다.

표 4-17
누리과정의 연령별 세부내용(사회관계-나를 알고 소중히 여기기)

3세	4세	5세
나에 대해 관심을 갖는다.	나에 대해 알아본다.	

나와 다른 사람의 차이에 관심을 갖는다.	나와 다른 사람의 차이점을 알아본다.	나와 다른 사람의 신체적, 사회적, 문화적 차이를 존중한다.
나를 소중하게 여긴다.	나에 대해 긍정적으로 생각하고 나를 소중하게 여긴다.	

3세의 '나와 다른 사람의 차이에 관심을 갖는다'는 유아가 자신이 다른 사람과 다르다는 것에 관심을 가지고 타인을 이해하고 존중하는 태도를 기르기 위한 내용이다. 3세 유아는 다른 사람들과 만나면서 그들의 생김새, 생각 등의 차이에 관심을 가지면서 다른 사람들과 자신이 다르다는 것을 점차 인식해 간다. 4세의 '나와 다른 사람의 차이점을 알아본다'는 3세의 관심에서 확장하여 자신과 다른 사람의 차이점을 알아간다는 내용이다, 나이, 성별, 사는 곳, 생일, 좋아하는 놀이나 음식 등의 차이에 대해 알아보고 서로 다르지만 함께 살아가고 있음을 알게 되는 것이다. 5세의 '나와 다른 사람의 신체적, 사회적, 문화적 차이를 존중한다.'는 자신의 이해를 바탕으로 사람은 누구나 각기 생김새나 성격, 성별, 사고방식, 문화 등에 차이가 있는 서로 다른 존재임을 알고 그 차이를 존중하도록 하는 내용이다.

'나와 다른 사람의 차이점을 알아본다.'는 나와 다른 사람의 같은 점을 알아보는 것을 시작으로 차이점에 대해서도 알아보는 내용이다. 만 4세 유아는 나이, 성별, 사는 곳, 가족 형태, 생일, 좋아하는 음식이나 놀이, 잘하는 것 등을 이야기 나눔으로써 서로의 차이를 인정하고, 서로 다르지만 함께 살아가는 것이 중요함을 알게 된다.

'나와 다른 사람의 신체적, 사회적, 문화적 차이를 존중한다.'는 자신에 대한 이해를 바탕으로 사람은 누구나 각기 생김새나 성격, 성별, 사고방식, 문화 등에 차이가 있는 서로 다른 고유한 존재임을 알고 그 차이를 존중하도록 하는 내용이다. 만 5세 유아가 자신의 성에 대해 명확히 알 수 있도록 남·녀의 신체적 차이나 양성 평등에 대한 활동 및 사회적, 문화적 관점을 찾아보고 존중할 수 있는 다양한 활동경험을 하게 된다.

특히 누리과정은 연령별 교육과정이므로 교육내용은 유아의 연령을 연계하여 주제 별로 계획할 수 있다. 예를 들어, 주제 '봄'의 연령별 소주제와 주요 내용을 소개하면 다음과 같다.

주제 '봄'의 3~5세 연령별 소주제는 거의 유사하다. 3세의 '봄 날씨 느끼기'와 4, 5세의 '봄 날씨 알기'가 다르며, 다른 소주제는 동일하게 구성되어 있다. 주요 내용의 연령별 연계를 살펴보면 다음과 같다.

표 4-18
생활주제 '봄 여름 가을 겨울' 중 주제 '봄'의 연령별 소주제 및 주요내용

영역	3세	4세	5세
소주제	○ 봄 날씨 느끼기 ○ 봄 풍경 즐기기 ○ 따뜻한 봄 지내기	○ 봄 날씨 알기 ○ 봄 풍경 즐기기 ○ 따뜻한 봄 지내기	○ 봄 날씨 알기 ○ 봄 풍경 즐기기 ○ 따뜻한 봄 지내기
주요 내용	○ 봄 날씨 느끼기 – 봄이 되면 날씨가 따뜻해짐을 느낀다. – 봄 날씨의 특징에 관심을 갖는다.	○ 봄 날씨 알기 – 봄 날씨의 변화를 느낀다. – 황사나 봄비와 같은 봄날씨의 특징에 관심을 갖고 알아본다.	○ 봄 날씨 알기 – 봄 날씨의 변화를 느낀다. – 황사나 봄비와 같은 봄의 특징적인 기후현상을 안다.
	○ 봄 풍경 즐기기 – 봄에 피는 꽃에 대해 관심을 가진다. – 봄에 새싹, 새잎이 돋는 것에 관심을 갖는다. – 아름다운 봄 풍경을 느끼고 즐긴다.	○ 봄 풍경 즐기기 – 봄에 흔히 볼 수 있는 곤충들과 동물들에 관심을 갖는다. – 봄에 새싹, 새잎이 돋는 것에 관심을 갖고 살펴본다. – 아름다운 봄 풍경을 느끼고 즐긴다.	○ 봄 풍경 즐기기 – 봄이 되면 땅이 녹고 부드러워지는 현상에 관심을 갖고 주변을 탐색한다. – 봄에 피는 꽃, 곤충과 새싹, 새잎이 돋는 것에 관심을 갖고 살펴본다. – 아름다운 봄 풍경을 느끼고 즐긴다.
	○ 따뜻한 봄 지내기 – 봄철에 알맞은 옷차림을 한다. – 씨앗을 심고 가꾸는데 관심을 갖는다.	○ 따뜻한 봄 지내기 – 봄철에 알맞은 옷차림을 한다. – 봄철에 즐겨먹는 음식에 관심을 갖고 알아본다.	○ 따뜻한 봄 지내기 – 봄철에 알맞은 옷차림을 한다. – 봄철에 즐겨먹는 음식을 안다.

	– 따뜻한 날씨에 할 수 있는 산책과 실외놀이를 즐긴다.	– 씨앗을 심고 가꾸어 본다. – 따뜻한 날씨에 할 수 있는 산책과 실외놀이를 즐긴다.	– 씨앗을 심고 가꾸어 본다. – 봄을 건강하고 안전하게 지낼 수 있는 방법을 알고 실천한다.

지금까지 교육계획안을 작성하기 위해 주제의 선정, 목표의 진술, 주제망 그리기, 교육내용의 조직을 순서대로 다루었다. 교육과정은 교육목표를 달성하기 위한 수단으로서 교육의 핵심적인 역할을 한다. 교육과정의 운영은 교육과정의 실천으로 해석될 수 있으므로, 교육과정은 교육활동으로 전개될 수 있도록 조직되어야 한다. 교육계획안은 전체적인 교육과정을 중심으로 다양한 방식으로 작성될 수 있다. 유아교육기관의 교사는 기관과 학급의 특성에 적합한 교육계획을 세우고 교육활동을 하도록 해야겠다.

제5장

교수 · 학습방법의 이해

1. 교수 · 학습방법의 원리
2. 교수 · 학습 방법의 유형
3. 교수 · 학습 운영에 따른 교사의 교수전략
4. 일과운영과 교사의 역할

교육현장의 교사들은 좋은 교육방법을 끊임없이 추구한다. 여기서 좋은 교육방법이란 효과적이고 효율적이며 매력적이고 안전한 것을 추구하는 것을 의미한다(변영계 · 김영환, 1996). 효과적이란 목표로 하는 학습이 발생했느냐를 보는 것이고, 효율적이란 얼마나 경제적으로 그 목표가 달성되었느냐를 보는 것이다. 매력적이란 학습자와 교수자가 얼마나 그 과정을 즐길 수 있으며 좋아하느냐에 대한 고려이고, 안전하다는 것은 교육방법이 실천과 수행이 도덕적으로 문제가 없다는 것을 말한다. 유아교사들은 유아의 연령, 집단의 크기, 주어진 상황에 따라 보다 적절한 교육방법을 활용하기 위해 다양한 교수 · 학습방법을 강구한다. 예상되는 목표를 달성하기 위해 필요한 교육과정을 계획해야 하며 집단의 특성과 상황에 적합한 효율적인 지도방법을 선택해야 하며, 또한 유아들이 충분히 흥미와 관심을 가질 수 있는 교육매체를 사용하여 인간적이고 건전한 상호작용과정이 되어야 한다.

1. 교수 · 학습방법의 원리

교육의 장에서는 교사와 학습자가 교육내용을 가지고 서로 작용한다. 우리는 이것을 가르치는 일(teaching)과 배우는 일(learning), 즉 교수와 학습이라고 부른다. 교사의 입장에서는 교수가, 학습자의 입장에서는 학습이 강조되는 개념이다. 교수와 수업은 개념적으로 혼용되어 사용되기도 하지만, 교수가 수업보다는 포괄적인 의미로 해석되는 경우가 많다수업은 주로 교사의 적용과 실행에 중점을 두지만 교수는 수업의 설계, 개발, 적용, 관리, 평가를 포함한 것으로, 교사의 의도적인 교육활동 뿐 아니라 각종 교재, 컴퓨터, 방송, 우연한 경험 등을 통한 학습활동도 포함하는 개념으로 사용되므로 교수는 수업보다 상위 개념으로 인식된다(김호권, 1980; 변영계외, 1996).

학습은 주어진 환경 속에서 계속경험으로 일어나는 행동의 변화를 의미하며, 개인이 사회의 일원으로 여러 가지 능력을 기르게 되는 복합적이고 다면적인 과정이라고 할 수 있다. 근래의 인지론적 관점에서는 유아가 환경과의 능동적 상호작용에 의해 자신의 인지구조를 변형시키고 정교화시켜 가는 과정으로 설명한다. 여기서 교육방법상의 교수와 학습의 차이를 보면 교수는 교사의 의도적 활동이 강조되며 학습은 학습자 중심의 교육방법이 강조된다고 볼 수 있다. 교수 · 학습의 관계를 엄밀히 설명하면 교수 및 수업이 모두 학습으로 나타나는 것이다. 한편, 교육에서의 방법이란 학습자들이 목표를 달성하거나 내용을 내면화할 수 있도록 선택된 수업의 절차를 의미한다(Heinich et al., 1996). 즉, 교육방법은 교수방법 뿐 아니라 교육과정, 교육평가까지 포함하는 보다 포괄적인 의미를 가진다. 따라서 구체적인 의미의 교수 · 학습방법이란 설정된 교육목표를 성공적으로 달성하기 위해 선정된 교육내용을 학습자에게 효과적으로 전달하기 위한 수단이라고 할 수 있다.

2. 교수 · 학습방법의 유형

교수 · 학습방법은 그 분류기준에 따라 다양하다. 대표적으로 학습주체에 따른 분류, 집단의 크기에 따른 분류, 학습형태에 따른 분류를 기준으로 살펴보면 다음과 같다.

1) 학습주체에 따른 분류

교수 · 학습은 교사와 학습자가 상호작용하여 이루어지는데, 여기서 가르치는 자가 중심이 되느냐 배우는 사람이 중심이 되느냐에 따라 교수방법에 차이가 난다. 이것은 유아발달이론과 교육과정을 배경으로 설명한다면 교사중심, 유아중심, 상호작용 형태로 분류된다.

교사중심의 교수 · 학습방법은 경험과 환경을 강조하는 행동주의를 배경으로 한 프로그램에서 강조된다. 교사의 주도아래 계획된 교육내용, 방법으로 유아에게 학습경험을 제공하며 미리 짜여진 형식으로 수업을 진행하므로, 유아는 주로 교사의 요구에 반응하는 학습을 하게 된다. 이런 교수 학습방법은 학습자가 어릴 경우 효과적인 학습방법이 될 수 있다(박숙희외, 1997). 그러나 학급에서 유아의 개인차를 인정하는 데 어려움이 있으며, 유아의 능동적인 학습을 키워주지 못할 수 있으며 수업의 성공은 교사에게 달려있다고 볼 수 있다.

유아중심의 교수 · 학습방법은 성숙과 발달을 강조하는 유전성숙주의를 배경으로 한 프로그램에서 강조된다. 이 프로그램에서는 유아의 성숙과 내면적인 발달을 존중하므로 교사는 유아의 발달수준, 흥미, 학습준비도에 따라 반응한다. 따라서 교사는 유아에게 많은 선택의 기회를 주며 발달수준에 적합한 풍부한 자료를 제공하고 유아의 요구를 수용하고 안내하는 역할을 한다. 이 방법은 교사의 적극적 지시나 행동수정 등을 배제하므로 교사의 입장에서는 소극적인 교육방법으로 여겨질 수 있으나, 유아의 선택적, 능동적 활동을 증진시키는 유아중심 교육과정을 실천할 수 있다.

상호작용의 교수 · 학습방법은 유아가 능동적으로 환경과 접촉하고 상호 작용한다는 인지발달이론을 배경으로 한 프로그램에서 강조된다. 앞에서 소개된 교수 · 학습방법처럼 교사가 혹은 유아가 중심이 되어 주도하는 형태가 아니라, 교사와 유아가 모두 주도하는 교수 · 학습방법이라고 할 수 있다. 즉, 교사는 유아를 지식의 구성자, 능동적 존재로 여겨 상호작용적인 반응을 한다. 상호작용적 교수 · 학습방법을 사용하는 교사는 지도하고 모델이 되기도 하며 자극을 하고 다양한 경험을 제공한다.

2) 집단의 크기에 따른 분류

교수 · 학습방법은 학습자의 수에 따라 대집단 교수방법, 소집단 교수방법, 개별 교수방법으로 나눌 수 있다. 유아교육기관의 교실수업은 이 세 가지 형태의 교수 · 학습방법이 다 적용되는데, 학급의 전체 유아가 같은 활동에 참여하는 수업의 형태를 대집단 교수 · 학습방법, 교실의 영역별 활동이나 그룹별 활동을 소집단 교수 · 학습방법, 한 명의 유아가 활동하는 형태를 개별 교수 · 학습방법이라 할 수 있다.

대집단 교수 · 학습은 주로 교사가 전체학급의 유아를 대상으로 수업을 하는 형태이다. 이야기나누기, 문학활동, 음악활동 등 정해진 시간동안 전체 유아를 대상으로 동시에 사실적 정보나 개념을 효과적으로 전달할 수 있으므로 경제성 면에서 유리한 교수 · 학습의 형태이다. 교사가 수업을 이끌어 가므로 교사의 능력에 전적으로 의존하는 교수 · 학습방법이다. 교사가 이끌어 가는 대집단 교수 · 학습에서는 유아의 학습동기 유발 및 능동적 참여가 제한을 받거나 유아의 수동적 학습이 예상되나, 교사가 지시적이고 강의위주의 수업을 하는 것이 아니라 다양한 매체를 활용해 교육내용을 흥미롭게 전개하는 여러 방법을 병행한다면 수업효과를 올릴 수 있다.

소집단 교수 · 학습은 교실의 자유선택 활동영역별로 이루어지거나 모둠별로 이루어지는 형태가 있다. 이 형태는 유아의 선택적이고 협동적인 활동기회를 제공하며 유아들의 상호작용을 효과적으로 촉진시켜 최근 들어 여러 기법의 개발에 관심을 기울이고 있다. 소집단 활동은 개방적인 형태에서 높은 조직적 구조를 가진 형태까지 다양한데, 교사는 교수활동의 계획하고 구성하는 조직적인 능력을 발휘해야하며 고도의 기술과 적응능력이 있어야 학습성과를 거둘 수 있다. 이것은 교사가 중심이 되는 교사중심 소집단 교수 · 학습과 학습자가 중심이 되는 유아중심 소집단 교수 · 학습형태가 있는데, 유아의 연령이나 구성원의 수에 따라 교사 개입의 강도가 달라질 수 있다. 어린 연령의 유아일수록 소집단의 조직과 실행이 어렵고 토의기술 및 규칙의 적용에 한계가 있으나 교사가 적절한 개입으로 인지학습이나 창의적 활동 및 협동학습의 성과를 거두는데 효과적이다.

개별 교수 · 학습은 교사가 개별 유아의 요구와 특성을 최대로 수용하여 특별히 고안된 학습활동에 참여하도록 구조화시킨 교수방법이다. 이것은 각 유아의 사고 및 인식, 능력의 다양성 등 개인차를 적용한 변별적인 교수방법이다. 이 방법은 유아가 학습의 주도권을 가지며 교사와 끊임없는 상호작용으로 학습목표를 효과적으로 달성시킬 수 있는 최적의 교수방법이나, 학습이 개별적으로 이루어져야 하므로 많은 시간과 노력이 필요하고 또한 또래 유아들과의 상호작용이 경시될 수 있으며 현실적으로 교육현장에서 실현되기 어려운 점이 많다. 유아교육기관에서는 교사와 유아가 1 : 1 면 대 면의 일관적 수업형태를 유지하기보다는 유아가 개별적으로 활동을 선택하도록 열린 학습체제의 과제를 제공하거나 자기 주도적으로 학습을 할 수 있는 교구 및 컴퓨터 등 다양한 매체의 활용을 통해 개별학습을 하도록 할 수 있다.

3) 학습형태에 따른 분류

교수 · 학습방법은 학습의 형태에 따라 경쟁학습, 개별학습, 협력학습으로 나누어볼 수 있다.

경쟁학습은 학습자들을 서로 대립적으로 활동하도록 조장하여 집단의 소수만이 목표에 도달할 수 있는 교수 · 학습방법이다. 개인의 성과를 상대평가하여 서열화하거나 점수화하여 목표를 달성하도록 하는 방법이다. 이 방법은 학습자들끼리 경쟁하게 함으로써 개인의 성취도 욕구를 높일 수 있으나 성취도가 낮은 유아들에게는 별 효과가 없다. 그러나 개별적인 경쟁보다 소집단별로 협력적인 학습을 장려한다면 유아들의 참여도나 협동심을 키울 수 있으며, 경쟁에 의한 학습효과를 어느 정도 기대할 수 있다.

개별 학습은 개인을 중심으로 수업이 진행되는 방법으로 유아들간의 상호작용이 제한되는 교수 · 학습방법이다. 집단의 크기에 따른 분류에서는 구성원의 수에 초점을 두어 교사와 유아의 밀도 있는 상호작용형태를 강조한다. 개별학습의 형태는 개인을 중심으로 학습이 이루어지므로 개인에게 필요한 학습이 최대한 이루어질 수 있으나, 현실적으로 학급 내에서 모든 유아가 경험하기는 어렵다.

협력학습은 주로 소집단으로 구성된 구성원들이 주어진 학습과제나 학습목표를 공동으로 노력하여 성취하는 방법이다. 협력학습은 개인적 혹은 경쟁적 학습보다 학습의 전이효과가 크며 공동의 목적을 성취할 때 특히 효과적이다(이연섭, 2000). 최근에 학교교육에서 지향하는 경쟁학습이나 개별학습보다 협력학습이 갖는 장점은 다음과 같다.

첫째, 구성원들의 협력을 하면 과제에 보다 많은 시간을 보내며 성취 및 생산성이 증진된다. 특히 다양한 사고와 창의성이 요구되는 전략과 비판적 사고가 요구될 때 효과적이다.

둘째, 협력학습을 통해 구성원들간의 친밀감을 높이고 소속감, 수용감, 사회적 지원 및 관심을 증진시킨다. 또한 또래간의 상호작용을 통해 사회적 기술과 역할을 배운다.

셋째, 협력학습은 긍정적인 개인 상호간의 관계, 자아존중감, 정서적 성숙, 타인의 신뢰, 집단의 적응력 등을 증진시킨다.

이상에서 교수 · 학습방법을 분류기준에 따라 세 가지 유형으로 소개했다. 이 중에 어떤 교수 · 학습방법이 가장 좋은 방법이라고 지적할 수는 없다. 그 이유는 교육기관의 운영철학이나 교사의 교육관, 학습자의 특성, 학급의 크기 및 상황 등에 따라 교수 · 학습방법이 선택되어야하기 때문이다. 따라서 교사는 교육과정을 계획하고 실천하는 과정에서 상황에 따른 효과적인 교수 · 학습방법을 전략적으로 활용할 수 있도록 철저한 준비를 해야한다. 다음의 〈표 5-1〉은 위에서 제시한 교수 · 학습방법의 관련성을 설명한 것이다.

표 5-1
교수 · 학습방법의 유형

교수 · 학습방법			특징
학습주체	집단의 크기	학습형태	
교사중심 교수 · 학습	대집단 교수 · 학습	경쟁 교수 · 학습	· 행동주의 배경 프로그램 · 교사가 전체 유아를 대상으로 주도적으로 이끌어감. · 이야기 나누기 등의 집단적 교과활동에 적용
유아중심 교수 · 학습	개별 교수 · 학습	개별 교수 · 학습	· 유전 성숙주의 배경 · 유아가 주도적으로 선택활동하도록 지원해 줌 · 1대 1 수업

상호작용 교수 · 학습	소집단 교수 · 학습	협력 교수 · 학습	· 인지(상호작용)주의 배경 · 교사와 유아의 능동적 활동, 협력과제 제공 · 영역별, 그룹별 활동

3. 교수 · 학습 운영에 따른 교사의 교수전략

교육의 세 가지 구성 요소는 교사와 유아, 그리고 교육내용이다. 이 세가지 요소가 상호관련된 기능을 가지고 서로 영향을 주면서 작용한다. 교육은 교사와 학습자가 투입하는 힘에 의해 작용되는 데, 교사는 교육의 주체로서 목표에 도달할 수 있는 기능을 수행하고 유아는 동기유발에 의해 활동과제를 수행하는 과정에서 교사와 학습자는 교육내용을 가지고 교수 · 학습방법에 의해 작용한다. 이들 간의 관계는 다음과 같다(그림 5-1).

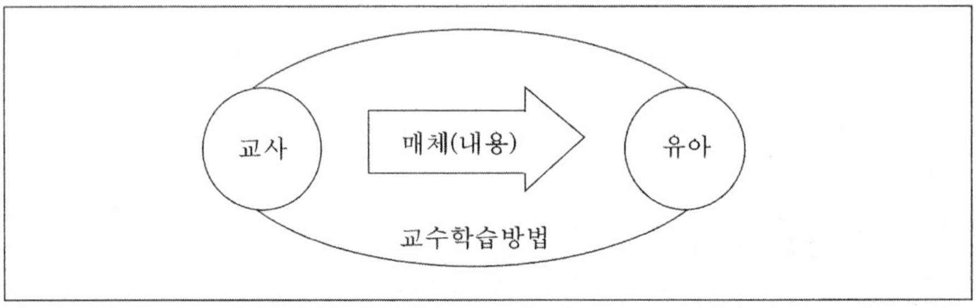

[그림 5-1] 교육의 작용

교사는 교육목표의 달성을 위해 적절한 교수전략을 모색한다. 유아교사는 유아들과 상호 작용할 때 교사의 개입정도에 따라 지시적이거나 비지시적인 방법을 사용하기도 하며, 집단 활동이나 소집단 혹은 개별 활동지도에서 다양한 교수전략을 사용할 수 있다. 유아의 발달적 특징이나 개인차, 그리고 여러 가지 상황을 고려할 때 적절한 교수방법을 선택해 사용하도록 계획해야 한다. 여기서는 교사의 중재정도에 따른 교수전략을 비교해보며, 학급의 대 · 소집단활동과 개별 활동에서 기대되는 일반적인 교사의 교수전략을 소개해 본다.

1) 교사의 중재방법

교사의 중재방법은 비지시적 유형에서 지시적 유형에 이르기까지 8가지로 구분될 수 있다(Bredekamp & Rosegran, 1995 ; 교육부, 2000). 가장 비지시적 유형으로 인정하기(acknowledge), 그 다음으로 모범 보이기(model), 조성하기(facilitate), 지지하기(support), 비계설정하기(scaffold), 함께 구성하기(co-construct), 시범 보이기(demonstration)의 순서로 점차 지시의 정도가 증가되어 가장 지시적 유형으로는 지시하기(direct)를 들 수 있다. 이와 같이 상호작용의 중재정도에 따른 교사의 교수전략을 그림으로 나타내면 다음과 같다(그림 5-2).

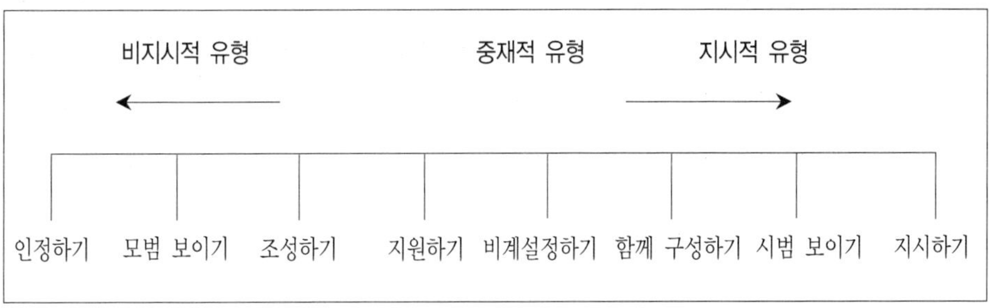

[그림 5-2] 교사의 중재정도에 따른 교수전략(이영자 외, 1999)

(1) 인정하기

어떤 활동에서 유아의 참여가 지속되도록 주의를 기울이거나 긍정적 격려를 하는 것이다. 유아를 인정한다는 것은 유아로 하여금 즐겁게 활동에 참여하도록 격려해 주거나 유아의 활동을 존중해 주고 칭찬하는 것이다. 그러나 칭찬이 지나치면 활동과제에 대한 동기를 약화시킬 수도 있다. 따라서 적절한 수준의 인정이 중요하다. 예를 들면, "가지고 놀던 장난감을 제 자리에 잘 정리하였구나!", "빨간색 꽃 그림이 살아있는 꽃처럼 선명하구나!" 등과 같이 활동상황에 근거해 긍정적으로 격려해 주는 것이 좋다.

(2) 모범 보이기

모범 보이기는 암시적인 측면과 명시적인 측면으로 나누어 볼 수 있다. 암시적인 모범 보이기는 지시적 성격을 띠지 않는데 비해, 명시적인 모범 보이기는 다소 지시적일 수 있다. 예를 들어, 교실에서 시끄럽게 떠들지 말아야 한다면 교사는 스스로 조용히 말하는 모습을 보일 것이고, 공손하게 말하는 태도가 중요하게 여겨진다면 교사가 아이들에게 친절하고 다정하게 말할 때에 암시적으로 모범행동을 보이는 것이다. 교사의 모델 보이기는 잠재적 교육효과를 가져온다.

(3) 조성하기

조성하기는 유아가 다음 수준의 기능이나 과제를 할 수 있도록 교사가 일시적으로 개입하여 도와주는 것이다. 유아의 활동을 격려하며 유아가 스스로 문제해결을 할 수 있도록 다리를 놓아주는 역할을 하는 것이다. 예를 들어, 유아가 두 발 자전거를 탈 때 균형감각을 가지도록 하기 위하여 잠깐 두 발 자전거의 뒤를 잡아주는 것 같은 도움을 말한다.

(4) 지원하기

조성하기와 유사하나 교사의 참여 정도가 높다. 조성하기는 유아가 주도하며 도움을 받는 형태이며 지원하기는 교사가 보다 능동적으로 관여하여 피드백을 제공하는 방법이다. 예를 들어, 자전거에 보조바퀴를 달아주고 자전거 타기에 익숙해지면 보조 바퀴를 떼어 내는 것 같이 유아가 도움이 더 이상 필요하지 않다고 할 때까지 지원해주는 행동을 말한다.

(5) 지지하기(비계설정하기)

교사가 능동적으로 활동을 준비하여 유아가 현재의 능력에 따라 활동할 수 있도록 도움을 주는 교수형태이다. 유아가 기대되는 능력에 도달하도록 적합한 학습방법을 사용하여 도움을 주거나, 도전의 기회를 마련하여 주는 행동을 말한다. 교사는 각 유아가 스스로 하고싶지만 도움이 없으면 하기 어려운 활동과제를 알아 내어 이를 이해하도록 도움을 준다. 이때, 교사는 유아의 주인의식이나 동기를 약화시키는 일이 없이 유아가 새로운 수준의 능력이나 이해로 나아갈 수 있도록 상호작용을 한다. 지지하기는 유아의 현재 발달수준을 높이기 위해 도움을 주는 교수전략이다.

(6) 함께 구성하기

교사와 유아가 모두 학습자이면서 교사가 되어 적극적으로 함께 활동하는 형태이다. 비계설정하기보다 좀더 지시적 교수유형으로 프로젝트 활동의 예를 들 수 있다. 교사가 유아와 함께 쌓기 놀이를 한다든지 역할놀이 영역에서 각자 역할을 맡아 소꿉놀이를 하는 예를 들 수 있다.

(7) 시범 보이기

교사가 능동적 역할로 유아에게 시범을 보이고 유아는 그 결과를 관찰하는 학습방법이다. 교사의 의도적인 시범 보이기는 유아가 빠르고 쉽게 학습할 수 있도록 해준다. 교사의 시범은 유아가 행한 활동이 분명히 잘못된 방법으로 이루어졌을 때, 이를 고쳐주기 위한 한 방안이 될 수 있다.

(8) 지시하기

교사가 어떤 활동을 일정한 방법으로 하도록 전달하는 형태이다. 가능한 한 시행착오가 없는 학습이 이루어지도록 지시하므로, 활동순서나 활동방법의 획일성을 강요하는 형태이다.

위에서 제시한 8가지 교수전략은 교사의 중재정도에 따라 지시적 형태에서 비지시적 형태의 성격을 갖는다. 교사의 교수법은 학급의 여러 상황에 따라 달라질 수 있으므로 여러 유형 중에 어떤 방법이 가장 이상적이라고 보기는 어렵다. 그러나 이들 중 어느 한 유형에만 의존하는 전략은 비효과적이며, 적절한 지시적 및 비지시적 교수방법을 적용하는 능력을 발휘해야 한다.

2) 개별 · 집단 활동에 따른 교수방법

유아교사는 교육현장에서 교육과정을 효율적으로 운영하기 위해 적절한 교수 · 학습방법을 사용한다. 다음은 학급의 교사가 보다 체계적으로 수업을 이끌어 가기 위해 대집단 활동, 개별활동, 소집단 활동에 적용할 수 있는 교수방법이다.

(1) 대집단 활동

① 교사는 예정된 시간에 준비된 활동을 체계적으로 주도하기 위한 수업전략을 사용한다. 주어진 시간 안에 계획된 교과내용을 효과적으로 전달하기 위해 주의집중시키기, 수업속도 조절, 흥미유발 등 교사의 적극적인 역할이 요구된다. 교사가 준비한 활동방법, 학습내용, 진도 등이 잘 전개되도록 시간을 효율적으로 이용해야 한다. 또한 교사 주도의 수업에서는 지시하기, 시범 보이기 등의 준비된 전략이 효과적으로 사용되도록 하되 지나친 강요나 명령에 의해 수동적으로 반응하는 수업이 되지 않도록 유의해야 한다.

② 동시에 같은 활동을 하는 과제 뿐 아니라 다양한 활동을 할 수 있는 과제를 제공한다. 한 가지 주제를 가지고 수업을 할 때에도 소집단 활동에 전이될 수 있는 활동과제를 제공하여 자연스럽게 소집단활동과 연결되도록 과제를 다양하게 제시하도록 한다. 특히 주제와 관련된 교과활동을 할 때, 교사는 전체적인 방향을 제시하며 유아들은 다양한 재료 및 방법으로 창의적인 활동을 할 수 있도

록 준비해 주도록 한다.

③ 각 활동에 필요한 교수매체를 적절하게 활용한다. 교사가 언어에만 의존하여서는 학습효과를 기대하기 어렵다. 미리 고안된 그림자료나 실물, 모형, 그리고 교사가 쉽게 제작할 수 있는 교구들, 게시판, 칠판 등을 효과적으로 사용해 유아들의 학습에 대한 이해를 도우며 비디오나 컴퓨터 프리젠테이션 자료 등도 활용하는 것이 좋다.

④ 유아가 주도하거나 개별적으로 참여할 수 있는 기회를 제공하도록 한다. 교사와 전체 유아가 상호작용 하는데 어느 정도 제한이 따르기는 하지만 교사의 준비된 수업계획에 유아가 개별적으로도 참여할 수 있는 기회를 충분히 제공하도록 한다.

교사의 지도아래 유아가 교사처럼 주도적 역할을 하거나 개별적 발표 및 활동을 하도록 한다면 유아들 간의 상호작용을 증가시키며 유아들의 관심수준을 이해할 수 있다.

⑤ 다양한 집단활동 프로그램을 적용한다. 이야기나누기, 문학활동, 음악활동, 신체 표현 활동, 여러 가지 시청각 활동, 야외학습, 견학활동 등을 운영할 수 있다.

(2) 개별 활동

① 교사는 개별 유아와의 상호작용을 통해 유아의 흥미와 활동수준을 파악한다. 한 학급의 유아들이어도 적성과 흥미, 관심이 다르므로 각 유아에게 요구되는 활동과제를 다양하게 제시해 주는 것이 좋다.

② 교사는 유아가 스스로 탐구하고 발견할 수 있는 교수법을 사용한다. 유아의 연구와 발견의 과정을 통한 학습을 위해 교사는 귀납적인 교수방법을 사용하며 흥미를 강화시키며 절대적인 답변을 주지 않는다.

③ 교사는 유아의 선택적이고 자발적인 활동을 유발시키기 위해 교실의 각 영역에 충분한 자료를 준비해준다. 유아가 능동적으로 교재를 가지고 교사 및 또래와 상호작용을 할 수 있도록 다양한 교재가 제공되어야 한다.

④ 교사는 유아들이 컴퓨터 및 시청각 기기를 자유롭고 쉽게 활용할 수 있도록 준비해 준다. 유아의 개별적인 시청각 활동을 위해 컴퓨터의 사용환경이나 소프트웨어가 적절해야 하며 안전해야 한다.

⑤ 교사는 개별 유아의 활동상황을 충분히 파악하여 다음 활동의 계획에 반영해야 한다. 유아의 특기나 강점은 충분히 발휘될 수 있도록 할 수 있으며 보강되어야 할 면을 파악하여 다음의 교육계획에 반영할 수 있다.

(3) 소집단 활동

① 교사는 다양한 형태의 소집단 활동을 계획한다. 그룹토의 및 그룹발표, 협동과제, 영역활동, 주제활동 등 수업상황에 따라 적절한 소집단 활동을 실행할 수 있다.

② 교사는 소집단으로 이루어진 유아들과 상호작용의 기회를 충분히 가져 준다. 한 학급이 몇 개의 소집단으로 나뉘어 활동을 할 때에도 교사는 이동하며 각 집단의 구성원들과 상호작용을 한다.

③ 교사는 주도하거나 지시하는 역할보다는 안내하며 피드백을 제공하는 역할을 한다. 교사는 문제해결자가 아니라 유아들이 문제해결을 할 수 있도록 도움을 주는 역할을 해야 한다.

④ 유아들의 활발한 협력활동을 위해 충분한 사전활동을 하며 유아들의 협의기술과 참여를 증진시킬 수 있도록 돕는다. 유아들이 또래관계에서 소속감, 수용감, 자신감을 갖고 협력관계를 가질 수 있도록 한다.

⑤ 유아들이 협의 및 협력을 통해 풍부한 경험을 할 수 있도록 충분한 자료와 시간을 제공해 준다. 재료나 시간의 제약으로 인해 유아들의 흥미가 감소되거나 심화학습의 기회를 갖지 못할 수도 있다.

3) 교사의 발문

수업실연 평가에서는 학생들이 성취감을 느낄 수 있도록 학습목표를 제시하는지, 새로운 학습내용을 제시할 때 사전 지식과 학습내용을 매끄럽게 연결하는지, 단순 지식 전수보다는 깊은 이해와 사고를 신장시키기에 적합한 수업전략을 선정하여 활용하는지, 교사의 설명이 정확하고 학생들에게 명료하게 전달되는지, 수업자료 또는 매체를 효과적으로 활용하는지, 교사의 언어 특성(크기, 어조, 속도 등)이 학습에 적절하고 신체 움직임이 활발하며 생기가 있는지, 수업의 전개 속도가 적절하고 원활히 진행되는지, 교사의 자신감 있는 태도 및 학생들과 공감대를 형성하기 위한 노력이 보이는지, 이해와 사고를 촉진하는 질문을 하고 학생이 응답할 시간을 충분히 주는지, 언어뿐만 아니라 신체 언어(눈 맞춤, 손짓 등)를 사용하여 학생활동을 주의 깊게 점검하며 적절한 피드백을 제공하는지 등에 주안점을 두고 평가한다.

◘ 역량있는 유아교사의 모습은 다음과 같다.

- 반성적 사고 성향을 지니고 있다.
- 교직에 대한 열정과 긍정의 마음을 가지고 있다.
- 책임감과 윤리의식을 지니며 개방적 사고를 소유하고 있다.
- 유아발달에 대한 이해와 교과내용에 대한 지식을 지니고 있다.
- 교수학습과정에 대한 이해와 이의 실행이 효율적이다.
- 대인관계가 원만하고 의사소통의 방법이 효과적이다.
- 새로운 지식 및 정보화 기술에 대해 관심을 보이고 학습한다.
- 유아들과 긍정적인 관계를 맺으며 가정과 연계하여 지도한다.
- 유아를 위해 학부모 및 외부 전문가와 협력한다.
- 이처럼 우수하고 역량있는 유아교사는 유아교육에 대한 전문성을 지닌 유아교사(Saracho & Spodek, 2007)이며 유아교사의 역량을 높이면서 전문성 향상을 꾀하여 유아교육의 질적 향상을 도모하는 것이 바람직하다.

4. 일과운영과 교사의 역할

1) 등원

유치원의 하루 일과는 유아가 유치원에 도착하면서부터 자연스럽게 시작된다. 유아가 유치원에 도착하면 선생님과 친구들이 반갑게 맞이해 주며, 잘 정돈된 환경과 준비된 교재는 유아들의 유치원 생활을 편안하고 즐겁게 해준다. 따라서 유치원은 유아들이 즐거운 마음으로 유치원 생활을 시작할 수 있도록 준비된 물리적 · 심리적 환경을 조성해 주어야 한다. 유아들이 유치원에 들어서면 하루를 시작하는 즐거운 마음을 가질 수 있도록 유치원의 환경이 유아들에게 편안하고 매력적인 것이 좋으며, 유아를 반기는 교사의 밝은 미소는 유아에게 자신감과 애정을 느끼게 할 수 있다.

유치원의 등원시간은 유치원마다 정해져 있으나 지역의 특성 및 유아 개인의 사정에 따라 어느 정도 융통성 있게 운영된다. 유아들의 등원시간은 부모의 직장 출근 시간이나 유치원의 차량이용시간 등에 따라 다를 수 있으므로, 학급의 유아들이 모두 도착하는 데는 어느 정도 시간이 걸린다. 따라서 유아들의 일과는 유치원에 도착하면서 주로 개별활동이나 소집단활동으로 시작된다. 예를 들면, 개별적으로 전날의 활동을 연장하여 하거나 준비된 자유선택활동에 참여할 수 있다. 대집단활동을 시작하는 시간은 대부분의 유아들이 도착한 후가 되므로 교사의 등원지도는 개별 및 소집단으로 이루어진다.

유아들이 유치원에 도착하는 시각에 차이가 많이 나는 경우에는 시차제 수업을 운영할 수도 있다. 예를 들어, 오전 9시까지 등원하는 유아들과 오전 9시 30분까지 등원하는 유아들이 있다면 먼저 도착한 유아들을 대상으로 집단 활동을 시작할 수 있으며, 나중에 도착한 유아들은 먼저 도착한 유아들이 귀가한 후에 집단활동을 하도록 계획할 수 있다. 그러나 한쪽에서 교사가 중심이 되어 집단활동을 진행하는 동안 나머지의 유아들이 제각기 도착한다면 나중에 도착한 유아들에 대한 등원지도에 소홀해지기 쉬우므로 이에 유의해야 한다.

교사의 역할

유치원은 유아들이 유치원 생활을 즐겁게 시작할 수 있도록 등원지도계획을 세워 실천해야 한다.

유치원 전체의 유아들이 비슷한 시간에 등원하므로 교사들은 등원지도에 대한 협의를 통해 자기 학급의 유아들 뿐 아니라 전체 유아들의 안전한 등원을 도와야 한다. 구체적인 교사의 역할은 다음과 같다.

① 교사는 유아들이 등원하기 전에 실내·외의 모든 시설과 설비의 안전상태를 점검하고 교육환경을 준비해야 한다. 특히 놀이시설의 안전상태나 교재·교구를 점검하여 유아들이 안전하고 즐겁게 활동할 수 있도록 준비해야한다.

② 교사는 유아들이 등원하기 전에 교실전체의 활동을 한눈에 볼 수 있도록 활동 계획판을 준비한다. 그 날의 활동을 쉽게 파악하고 계획할 수 있도록 새로 첨가되는 활동에 대한 그림이나 사진을 붙이고 특별히 준비하는 활동일 경우 책상에 미리 꺼내어 놓음으로써 유아가 스스로 선택하여 능동적인 학습이 이루어질 수 있도록 한다.

③ 교사는 유아들이 정해진 시간 안에 유치원에 도착하는 습관을 갖도록 지도한다. 유아의 건강이나 특수한 상황의 경우를 제외하고는 규칙적으로 등원하는 생활습관을 길러주어야 한다. 이것은 가정에서의 규칙적인 생활과 연결되므로 부모의 협조를 받아 기본생활습관의 형성을 돕도록 해야 한다.

④ 교사는 등원하는 유아를 반갑게 맞이하며 심신의 건강에 관심을 갖는다. 유아와 인사를 나누면서 유아의 얼굴과 심리상태 등을 살피고 자연스럽게 상호작용을 한다. 필요한 경우에는 유아를 데리고 온 보호자와 유아의 건강상태나 아침식사 여부, 전날 집에서 있었던 일 등에 대한 간단한 의견을 교환하여 유아의 상태를 파악하도록 한다. 또한 등원한 유아의 건강상태에 이상이 있을 경우에는 전화를 이용해 부모와 유아의 상태에 대하여 대화를 나누는 것이 좋다.

⑤ 교사는 부모와 떨어지기 어려워하는 유아에게 친절한 관심을 보여 이별불안감을 줄여주도록 한다. 유치원의 입학 초기나 새 학기가 시작될 때 어린 유아들을 중심으로 부모와 떨어지기 싫어하는 경우가 있다. 이러한 경우에는 교사가 유아에게 개인적인 관심이나 애정을 보여줌으로써 부모와 떨어지기를 강요하기보다 어느 정도 부모가 유치원에 함께 머무르면서 유아들이 새로운 환경에 적응할 수 있도록 부모와 협력하여 도와주는 것이 좋다.

⑥ 교사는 현관이나 교실입구에 메모판을 두어 필요에 따라 부모와 의견을 교환할 수 있게 준비한다. 또한 게시판을 이용해 안내문이나 공지사항 등을 전달 할 수 있다.

⑦ 교사는 유아들이 신발을 정리하고 실내화를 갈아 신도록 하며 웃옷이나 도시락, 가방 등 소지품을 개인 보관장에 정리하게 한다. 이러한 반복적인 행동이 단정하며 바른 생활습관이 되도록 학기초에 잘 지도해야 한다. 어린 유아들은 학기초에 자신의 신발장이나 보관장을

찾는 데 다소 어려움이 있으므로, 신발장이나 보관장 앞에 이름표 대신 유아들이 좋아하는 그림이나 사진을 부착해 주어 쉽게 찾을 수 있도록 도와줄 수 있다.

⑧ 유아가 교실에 들어오면서 친구들과 인사를 나누고 스스로 출석표시를 하도록 준비해둔다. 예를 들면, 자신의 사진이나 그림이 부착된 이름표를 찾아 출석 표시판에 붙이게 할 수 있다. 또한 이어서 교실의 자유선택활동을 시작할 때에도 스스로 이름표를 부착하게 할 수 있다. 교사는 모든 유아들이 등원한 후 제일 먼저 유아들의 출석상황을 파악하여 결석자를 확인하도록 한다.

2) 자유선택활동

자유선택활동은 유아가 유치원 실내 · 외에서 경험할 수 있는 다양한 종류의 영역활동 중에서 자신의 요구와 흥미에 따라 선택하여 활동을 계획하고 수행하며 평가해보는 활동이다(교육부, 2000). 자유선택활동 시간은 유아들이 자유롭게 개별적으로 참여하는 시간이므로, 교사는 유아의 흥미와 능력에 적합한 개별교육을 할 수 있다. 자유선택활동 영역은 활동단위로 구분할 때 다양하게 구별되는데, 유아의 수, 유아의 연령, 학급의 면적, 활동주제 등에 따라 다르게 구성된다. 또한 자유선택활동은 주로 개별 및 소집단이 중심이 되어 활동이 이루어지며 각 영역마다 활동내용이 다르므로 교사의 역할이 매우 중요하다. 유아가 각 영역에서 충분한 학습활동을 할 수 있도록 교사는 철저하게 준비된 환경을 마련해 주어야 한다. 영역의 구분이 모호하거나 활동주제에 적합한 교구가 부족하거나 교사의 적절한 개입이 없다면 자유선택활동은 그 본질의 의미가 흐려지게 된다.

일반적으로 자유선택활동시간은 하루 일과의 1/3이상으로 운영되므로 이 시간이 차지하는 비중이 크다. 반일제 프로그램에서는 유아가 도착하는 시간부터 40-50분 정도의 시간을 배정하여 자유선택활동을 하는 경우가 많으며, 이어지는 대집단 활동이 끝나면 다시 자유선택활동 시간을 갖는다. 또한 시간연장제 수업이나 종일반 수업에서는 개별활동시간의 배정이 많아지므로 자유선택활동시간이 보다 많아진다. 따라서 자유선택활동이 지루하게 이어지거나 반복되는 활동이 되지 않도록 영역의 배정이나 시간의 조절을 효율적으로 하여야 하며, 유아들이 영역활동에 골고루 참여할 수 있도록 계획하고 충분한 교재 · 교구를 제공해 주어야 한다.

자유선택활동의 교육적 가치를 요약하면 다음과 같다(교육부, 2000).

① 스스로 선택한 활동을 계획하고 수행함으로써 학습자로서의 올바른 태도를 형성한다.

② 한 가지 이상의 방법으로 문제를 해결할 수 있는 창의적이고 독립적인 사고를 할 수 있다.

③ 일에 대한 계획과 결정을 할 수 있는 능력을 기르며 책임감을 형성한다.

④ 자신이나 다른 사람을 위하여 현명한 선택을 할 수 있다.

⑤ 규칙 있는 놀이를 통하여 자신의 행동을 조절하는 능력을 기른다.

⑥ 자신의 권리를 주장하는 동시에 다른 사름의 권리를 인정할 수 있다.

⑦ 사회극놀이 활동을 통하여 상상력을 발달시키고 창조적 활동의 기쁨을 느낀다.

⑧ 자신이 느끼고 경험한 것을 언어나 조형활동 등의 다양한 방법으로 표현하거나 다른 사람과 나눌 수 있는 능력을 기른다.

⑨ 주변의 자연현상이나 동식물의 생태를 관찰하고 탐구할 수 있는 기회를 가진다.

⑩ 실외활동을 통하여 대소근육발달과 민첩성, 순발력 등의 신체운동능력을 기른다.

교사의 역할

자유선택활동을 위하여 교사는 진행 중인 교육주제나 교육목표, 유아의 흥미와 발달정도를 고려해 다양한 활동과 교재·교구를 준비해야 한다. 특히, 계절이나 교육 주제와 관련된 교재·교구를 마련하고 주제의 변화에 따라 교재 · 교구를 수시로 교체하여 유아의 흥미를 지속시켜 주도록 한다.

학기 초 또는 어린 유아들의 경우에는 스스로 놀이를 선택하거나 활동을 계획하기 어려울 수 있으므로 교사의 적절한 안내와 도움이 필요하다. 이 때, 교사는 유아와 함께 교실에 준비된 활동을 둘러 본 후 어느 영역에서 무슨 활동을 하고 싶은가를 말로 표현하여 보게 하는 것이 좋다. 학기가 진행되어 유치원 생활에 익숙해지면서 유아들은 점차 자기가 하고싶은 놀이를 스스로 말로 표현하거나 놀이계획표에 표시할 수 있다. 만일 항상 같은 영역에서만 활동하거나 다양한 놀이를 계획하지 못하는 유아들이 있다면 교사는 간단한 질문이나 제안을 함으로써 유아들의 놀이계획을 도와 줄 수 있다.

자유선택활동 시간의 원활한 운영을 위하여 교사는 유아들과 함께 흥미 영역에서 놀잇감, 자료, 교구 등을 다루는 데 필요한 규칙을 정해서 기록하여 붙여 놓고 지키도록 할 수 있다. 흥미 영역별로 활동이나 교구의 특징, 장소의 크기 등을 고려하여 한꺼번에 놀이를 할 수 있는 적정인원수가 제한되어야 할 경우에는 인원수의 제한도 규칙을 만들 때 포함시키도록 한다. 다음은 자유선택 활동계획표의 예이다(표 5-2).

표 5-2
자유선택 활동계획표의 예

자유선택 활동계획표의 예

월 주 반 이름:

요일 / 영역	월( )	화( )	수( )	목( )	금( )
언어 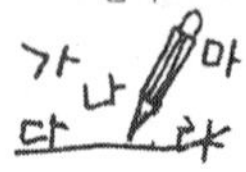					
수학 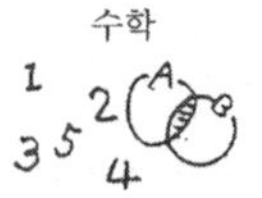					
조작 					
과학 					

미술 					
컴퓨터 					
쌓기 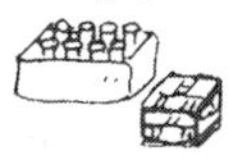					
음률 					

자유선택활동은 영역별로 이루어지므로 교사의 역할은 영역의 특성에 따라 다양해진다. 다음은 교실의 각 영역에서 기대되는 교사의 역할이다(교육부, 2000).

(1) 언어 영역

언어 영역은 '듣기', '말하기', '읽기 · 쓰기에 관심 가지기' 등과 같은 여러 가지 언어활동을 하는 공간이므로, 교사는 유아들이 언어 영역에서 충분한 언어활동을 하도록 계획해야 한다. '듣기' 활동은 언어발달의 기초가 되는 과정으로 유아들이 다른 사람의 말이나 동화 · 동시 등을 잘 듣고 바르게 이해하는 능력과 태도를 길러주기 위한 것이다. '말하기'에 관련된 활동은 유아가 대상이나 상황에 따라 자신의 경험이나 생각을 바르게 말로 표현할 수 있는 능력과 태도를 길러 주기 위한 것이다. '읽기 · 쓰기에 관심 가지기'를 위한 활동은 유아가 주변의 글자나 말과 글의 관계 및 책이나 읽어주는 글에 관심을 가질 수 있게 하는 것이다. '듣기', '말하기', '읽기', '쓰기'의 기초와 관련된 언어능력은 각기 독특한 특성을 가지고 있지만, 유아의 발달과정에 상호 관련성을 맺으면서 통합적으로 발달하여 간다.

'듣기'를 위한 활동을 계획할 때, 초기에는 주변에서 흔히 경험할 수 있는 사물의 소리나 자연, 동물의 소리 등을 변별할 수 있는 활동을 준비한다. 그 후 점차 말하는 소리를 변별하거나, 차이가 뚜렷하지 않은 소리나 유사한 소리를 듣고 구별하게 함으로써 청각 변별 능력을 증진시킨다. 이야기는 사람이 직접 들려줄 때 더 잘 이해될 수 있으므로, 초기에는 교사가 직접 이야기를 들려주고 어느 정도 듣기에 익숙해졌을 때 녹음 테이프 등을 통한 듣기 활동을 준비하는 것이 좋다. 또 음악이나 동요, 동시를 녹음하여 감상적인 듣기 활동을 할 때에는 이어폰을 끼고 듣게 하여 다른 유아의 활동을 방해하지 않도록 한다.

'말하기'란 자신의 생각이나 느낌을 음성이나 언어로 표현하는 것으로, 말을 잘 하기 위해서는 소리를 효과적으로 조절하고 명확하게 발음할 수 있어야 한다. 말 할 때에는 자신이 이야기하는 대상이 누구인지, 무엇을 이야기할 것인지 등을 고려하여 적절한 어휘와 문장을 사용하여 정확한 발음과 알맞은 크기의 목소리로 말 할 수 있게 한다. 특히 음성의 조절이나 발음지도는 직접적인 교정이나 지시보다 간접적인 방법으로 하는 것이 더 효과적이다. 예를 들어, 평소에 교사가 적절한 크기의 음성과 발음으로 말함으로써 올바른 '말하기'의 모델을 제시하여 주고, 필요시 유아의 목소리를 녹음하여 들려주고 스스로 자신의 음성 및 발음을 평가하여 보도록 한다. 또한 유아들끼리 개별 또는 소집단으로 대화할 수 있는 기회를 많이 제공하는 것이 좋다. 이 때에는 유아가 쉽게 대화에 참여할 수 있도록 허용적이고 개방적인 분위기를 조성하고, 친근한 주제에 대하여 이야기를 나눌 수 있게 한다. 예를 들어, 일상생활의 경험이나 동화를 듣고 난 후 그에 대한 느낌을 이야기하거나, 동화의 일부분을 듣고 그 후를 상상하여 말해보는 활동을 계획할 수 있다. 특히, 유아의 말을 진지하고 열의 있게 들어 주는 교사의 태도는 유아의 표현욕구를 증진시킨다는 점을 고려하여, 유아와 개별적으로 대화하거나 집단으로 토의할 때 교사는 항상 유아의 말을 적극적으로 듣는 태도를 보여주어야 한다.

유아는 일상생활을 통하여 매일 다양한 문자를 접하고 있으며 그 속에서 자연스럽게 읽고 쓸 수 있는 능력을 학습해 나간다. 따라서 언어 영역에서 유아의 발달수준에 적절한 그림책을 준비하여 주거나 다양한 종류의 쓰기 도구나 종이를 준비하여 주는 등 풍부한 문해 환경을 구성해 주고, 적절한 상호작용을 하는 것이 필요하다. 유아가 말과 글의 관계를 알게 하기 위해서는 유아들이 만든 규칙이나 완성한 조형작품의 내용을 받아 써 준다든지, 유아들이 지어내는 동시를 받아 적은 후 읽어 주는 등 말이 글로 상징화되는 과정을 시각적으로 관찰할 수 있는 기회를 제공하여 주는 것이 좋다.

또한 교사는 유아의 '읽기' 발달단계를 고려하여 책을 읽어 주도록 한다. 예를 들어, 글자를 눈으로 천천히 따라 읽기 시작한 유아에게는 유아의 읽기 속도에 맞추어 읽어 주되, 반복되는 부분에서는 손가락으로 단어를 짚어 가면서 천천히 읽어 줄 수 있다.

유아기의 '쓰기'는 정서적 긴장 없이 쓰고 싶은 것을 자발적으로 쓰게 하는 것이 중요하다. 따라서, 글씨나 철자법보다는 유아들이 표현하고자 하는 내용에 초점을 맞추어 다양한 종류의 쓰기 도구를 사용하여 그림을 그리거나 긁적거리기로 자신의 생각을 표현하여보는 과정에 흥미를 가지게 한다. 이러한 과정에서 교사는 유아가 쓴 것에 관심을 보이고 칭찬함으로써 지속적으로 쓰기에 흥미를 가지도록 격려하여 준다.

(2) 수학 영역

수학 영역은 구체적인 사물이나 교재를 활용하여 수세기, 서열화, 분류, 측정, 시간, 공간 등에 관한 수학활동을 충분히 하도록 하는 공간이다. 유아들은 놀이와 게임을 통해 사물의 수나 양을 경험하고 사물이 가진 속성을 준거에 따라 분류하여 보거나 배열하는 등의 다양한 수학 활동을 경험해 볼 수 있다. 전조작기 유아들은 수에 대한 개념이 충분히 발달하지 못했으므로 수 개념 형성 이전의 논리적 사고나 판단을 도와 줄 수 있는 경험을 제공하도록 한다. 따라서 기계적으로 수를 암기하는 것보다 유아에게 친숙한 물체를 구체적 상황에서 세어볼 수 있게 하는 경험이 필요하다.

교사가 구체적인 사물이나 상황을 관련시켜 지도한다면 유아들이 일상생활에서 경험하는 수학을 보다 쉽게 이해하도록 도움을 줄 수 있다. 또한 교사는 영역에 모인 유아들이 함께 수학활동을 할 수 있도록 어느 정도 개입하여 중재역할을 할 수 있다. 개별적인 수학활동뿐 아니라 2명 이상의 유아가 협력하거나 상호작용을 하면서 활동하게 할 수 있다. 유아들은 수학활동을 전체집단으로 할 때보다 소집단으로 할 때 열심히 참여하고 다른 유아들과의 상호작용도 활발하게 일어난다(Mulryan, 1992). 두 명 이상의 유아가 함께 한 가지 활동을 하게 되면 서로 협의하면서 문제해결을 하게 되므로 상호보완적인 역할을 하며 협력하게 된다.

게임을 통한 수학학습은 유아의 수학적 이해를 돕고 유아들의 활발한 상호작용에 의한 의견교환을 하도록 하며 흥미와 즐거움을 준다. 따라서 교사는 다양한 게임방법을 접목한 수학활동자료를 충분히 제공하여 유아들이 게임을 통해 수학적 개념을 이해하고, 구체적인 활동을 통해 수학 경험을 할 수 있도록 한다. 분류과제를 제시할 때에도 게임방식을 적용하여 구체적인 사물을 크기나 모양, 색, 용도 등에 따라 분류해보게 하며, 점차 분류기준을 늘려가면서 사물의 속성에 따라 분류하는 경험을 하게 한다. 수학영역의 교재는 다양한 상품을 활용할 수도 있으며, 주제에 관련된 교재를 제작해서 활용하도록 하며 교실의 다른 영역활동과도 통합된 활동이 되도록 지도하는 것이 좋다. 예를 들면, 수학동화는 문학활동과 통합되며 수놀이 퍼즐은 조작영역, 기하도형 그리기 등은 조형영역과 통합해서 지도할 수 있다. 교실에서 영역을 통합하여 운영하는 경우, 수학활동은 조작활동과 통합하여 수·조작 영역으로 배치되는 예가 많다.

(3) 과학 영역

과학 영역에서는 주변의 여러 가지 물체나 형상을 보고, 듣고, 만지고, 맛을 보는 등 감각경험을 통하여 사물의 속성을 탐색하고 원인과 결과를 연결해보는 경험을 제공한다. 유아가 과학적인 경험에 능동적으로 참여하고 탐구과정의 즐거움을 맛봄으로써 과학적 사실에 호기심을 가지고 탐구하게 되므로 과학영역에서는 물체의 속성을 탐색할 수 있는 다양한 자료를 제공하여 주고 소집단 또는 개별활동을 통해 조사, 관찰, 기록, 비교, 분석하여 볼 수 있게 한다.

과학영역은 유아들의 관찰력과 탐구력, 객관적 사고력을 모두 길러 주기 위한 곳이므로, 생활주변에서 흔히 볼 수 있는 자료 중에서 직접 만져보고 실험하여 볼 수 있는 자료를 충분히 준비해 주어야 한다. 예를 들면, 당근이나 양파, 고구마 등의 식물 기르기나 물고기나 개구리의 알 기르기, 그밖에 공기에 대한 이해나 물의 성질, 도구의 작동원리 등을 실험하여 볼 수 있는 활동을 유치원의 학습주제나 계절, 유아의 흥미 등을 고려하여 계획한다. 교사는 유아들이 문제를 탐구하는 과정에서 활동을 자극할 수 있는 개방적인 질문을 하고, 유아가 보고 느낀 것, 생각한 것을 말로 표현하도록 다양한 측면에서 격려한다. 유아의 과학활동은 관찰하기, 비교하기, 수량화하기, 조직하기, 분류하기, 관계짓기, 추론하기, 적용하기, 의사소통하기 등 다양한 과정으로 전개될 수 있다.

교사는 일상생활에서 유아들이 하는 비형식적인 과학경험을 관찰하여 이를 체계적인 과학활동으로 연결해 주도록 한다. 예를 들면, 물놀이를 통해 물에 뜨는 것과 가라앉는 것을 비교하여 보거나 물에 젖은 손수건이 마르는 현상을 과학활동으로 연결하여 지도할 수 있다. 과학영역에서 탐색이나 관찰, 조사 등의 과정이 요구되는 활동들은 비교적 장기간에 걸쳐 활동이 지속되기도 한다. 이런 경우에는 관찰일지를 준비해 두어 관찰대상, 관찰일, 관찰자, 관찰내용을 유아들이 스스로 기록할 수 있도록 해 준다. 관찰내용은 글로 남길 수도 있으나 그림으로도 나타낼 수 있도록 상황에 적합한 관찰일지를 준비해 제공해 주는 것이 좋다.

(4) 조작 영역

조작 영역은 주로 손으로 사물을 조작하는 활동을 하는 곳으로, 소근육의 사용과 시지각 활동을 통해 인지적 과제를 해결하는 경험이 제공되는 공간이다. 조작 영역의 교재는 유아의 연령에 따라 다르게 준비되어야 한다. 3, 4세의 유아들은 공간 감각이 아직 둔하며, 손과 눈의 협응 동작이 섬세하지 못하므로 이들에게는 복잡한 조각 맞추기나 작은 조각 끼우기 활동 등은 부담스럽다. 따라서 3, 4세 유아를 위해서는 단순한 조각 그림 맞추기나 큰 조각 끼우기 등의 자료를 제공하고 유아의 연령이 증가하고 발달이 향상되면서 점차 복잡하고 작은 크기의 자료를 첨가하여 나간다.

조작 영역의 교재는 굴러가는 구슬이나 가늘고 뾰족한 재료들, 그리고 작은 조각들이 많으므로 유아들이 사용한 자료들을 스스로 잘 정리할 수 있도록 지도해야 한다. 각 자료들을 쉽게 분류하여 정리할 수 있도록 교구상자를 준비해 주고, 학기초부터 유아들이 바르게 정리하는 습관을 갖도록 지도해야 한다.

일반적으로 조작영역에는 조각그림 맞추기, 구슬 끼우기, 바느질하기, 조작적 게임 등과 같은 교재를 제공하는데, 이외에도 일상생활훈련 교구(몬테소리 교구), 카드 뒤집기, 배열하기, 집게 걸기, 젓가락 이용하기 등 다양한 재료와 방법을 적용한 교구를 소개할 수 있다. 특히 전개되는 주제와 관련된 충분한 자료를 제공해 주어 흥미로운 조작적 활동을 통해 통합적인 학습활동이 되도록 한다. 조작교재는 주로 게임을 하거나 놀이를 하는 매체로 여겨지므로, 조작이라는 놀이방법에다 의도된 학습내용이 잘 조직되어 제공되면 유아들에게 흥미 있는 학습게임이 될 수 있다.

(5) 조형 영역

조형 영역은 그리기 뿐 아니라 만들기, 꾸미기 등과 같이 평면 및 입체 조형을 통한 창의적 표현활동이 이루어지는 공간이다. 따라서 이 영역은 2차원적인 평면 조형 활동과 3차원적인 입체 조형활동을 할 수 있도록 준비되어야 한다. 평면 조형활동에는 그림 그리기, 붙이기, 자르기와 찢기, 도장찍기 등의 활동이 있으며 입체조형활동에는 모형 빚기, 모빌, 바느질, 구성하여 보기, 목공활동 등이 포함된다.

조형 영역에서는 유아들이 한 두가지 활동만을 계속 반복하기보다는 풍부한 자료가 구비되고 심리적으로 편안한 분위기 속에서 다양한 종류의 조형활동을 경험하고 접하여보는 기회를 가지게 하는 것이 좋다. 이와 함께 유아들이 다양한 작품에 대한 느낌이나 생각을 자유롭게 표현할 수 있는 기회를 가질 수 있게 함으로써 창작에 대한 개념과 심미적 판단능력을 형성할 수 있도록 한다.

조형활동에 사용되는 자료의 종류나 다양성은 유아의 활동에 직접적인 영향을 미치므로 가능하면 유아가 좋아하고 원하는 것을 다양하게 선택할 수 있게 준비하여 준다. 자료의 종류가 단조로우면 창의적 조형활동을 제한하게 되며 반면에 지나치게 다양하게 제공되어도 유아의 선택을 어렵게 하거나 혼란을 초래할 수 있다. 따라서 조형활동 자료의 종류나 양을 결정할 때에는 유아의 요구나 발달수준, 흥미는 물론 자료가 제시되는 시기도 고려해야 한다. 이러한 자료는 자료 정리장에 잘 구분하여 보관되어야 유아가 손쉽게 활용할 수 있다.

조형활동은 예술적 차원에서의 창작활동이 아니므로 섬세한 기술을 요하는 작품을 완성하는 데 중점을 두기보다 유아가 다양한 자료를 다루어 보고 표현하여 보는 과정 그 자체를 즐길 수 있게 하는 것이 좋다. 이러한 과정을 통하여 유아들은 자신의 내면적 생각이나 느낌을 표현할 수 있으며 성취감과 심미감을 발달시키게 된다.

유아가 완성한 작품을 전시할 때에는 장소와 상황에 맞게 전시하되, 유아들이 이해하게 한 후 몇 번에 나누어 번갈아 전시해 준다. 교사는 유아가 만든 작품의 결과보다는 작품을 완성하기까지의 과정을 잘 관찰하고 각 유아에게 적절한 인정과 격려, 도움을 줌으로써 유아의 자신감을 발달시킨다. 또한 작품에 대한 평가를 할 때에도 다른 유아의 작품과 단순히 비교하거나 성인의 기준이나 특별한 기술 등에 치중하여 평가하지 않도록 한다. 작품의 결과보다 표현하려는 유아의 의도나 노력 등의 과정에 초점을 맞추어 긍정적인 측면에서 평가하여 주도록 한다.

(6) 역할놀이 영역

역할놀이 영역은 유아들이 일상생활에서 흥미롭게 느꼈던 사건이나 경험했던 내용을 재현해 보거나, 자신의 상상이나 생각 등을 행동으로 표현해 보는 다양한 활동을 할 수 있는 공간이다. 유아는 역할놀이를 하면서 엄마나 아빠도 되어보고, 의사나 선생님이 되기도 하며 우주인이나 공룡이 될 수도 있다. 이 영역은 소꿉놀이, 사회극놀이 등이 자유롭게 전개되는 공간으로 유아는 역할놀이를 통하여 다른 유아들과 상호작용을 하면서 사회적 기술을 배우고 자기중심성에서 벗어날 수도 있다. 유아는 실제 사건이나 인물의 모방뿐 아니라 가상적인 상황과 역할을 경험하여 봄으로써 상상력이나 문제해결력을 발달시키고 긴장을 이완하고 정서적 안정을 찾을 수 있다.

교사는 유아들이 역할놀이에 자발적으로 참여할 수 있도록 영역에 다양한 종류의 의상과 소품을 마련하고 필요한 도구를 준비해 준다. 특히 전체적으로 전개되는 교육주제와 연관시켜 유아들의 흥미와 관심을 유발하는 자료들을 준비해 둔다면 보다 확장된 극놀이가 활발하게 전개될 수 있다. 예를 들어, 소꿉놀이, 병원놀이, 교통놀이, 우체국놀이, 가게놀이, 미장원놀이, 음식점놀이, 방송국놀이, 소방서놀이, 은행놀이, 우체국놀이, 학교놀이 등 주제와 관련된 놀이를 할 수 있도록 다양한 자료를 제공해 주고 다른 영역의 활동과도 통합되도록 해 주는 것이 좋다.

소꿉놀이를 위해서는 유아의 신체 크기에 적합한 가구와 주방용품, 가전 제품, 다양한 옷, 인형, 거울 등과 같은 기본적인 자료 뿐 아니라 칸막이, 스크린 등 새로운 자료를 첨가하여 영역에 변화를 준다. 이러한 자료들은 상품화된 것보다 가정에서 사용했던 폐품을 이용하거나 식품모형 등과 같이 교사나 유아가 직접 만든 것을 활용하는 것이 좋다. 또한 유아의 흥미나 관심, 활동주제와의 관련성 등을 고려하여 새로운 자료나 도구들을 첨가하거나 확대한다. 역할놀이영역에 준비된 다양한 종류의 자료나 도구들은 정기적으로 수선하고 세탁함으로써 청결하게 관리한다.

교사는 놀이가 잘 진행될 수 있도록 적절한 질문을 하거나 의견을 제시할 수 있으며, 때로는 놀이의 한 구성원으로 참여하여 놀이에 참여하지 못하거나 소극적인 유아를 적절히 도와 줄 수 있다. 또한 교사는 놀이의 주제가 될 수 있는 새로운 사건이나 인물에 대하여 이야기나누기나 그림책 제시하기, 견학이나 자원인사 활용 등의 방법으로 소개할 수 있다.

교사는 유아들이 역할놀이에 참여하는 과정에서 많이 활용하는 놀잇감은 무엇이며 유아들의 상호작용은 어떻게 일어나고 가장 좋아하는 놀이주제는 무엇인가에 관심을 가져야 한다. 어떤 유아들이 참여하며, 어떤 역할을 하는가를 관찰하고, 놀이를 확장하기 위하여 필요한 도움이나 자료는 어떤 것이가를 관찰하여 적절한 소품을 준비해 주도록 한다. 진행되는 교육주제와 관련된 역할놀이를 할 수 있도록 영역을 재구성하거나 소품을 충분히 제공하면 놀이의 내용을 풍부하게 해준다.

(7) 쌓기놀이 영역

쌓기놀이 영역은 다양한 종류의 모양, 색, 크기, 형태의 블록을 이용하여 일상생활에서 볼 수 있거나 상상하는 것을 구성해 볼 수 있는 공간이다. 유아들은 쌓기놀이를 통하여 다양한 사물의 형태와 크기, 공간 구성력이나 분류 능력 등을 형성하게 된다. 또한 몇 명씩 협동하여 함께 블록을 구성해 가면서 서로 돕고 양보하며 정해진 규칙을 지키고 다른 사람의 입장을 존중하여주는 등의 사회적 기술을 발달시킨다. 그뿐만 아니라 유아는 스스로 완성한 작품을 자랑스럽게 느끼고 자신감을 가지게 됨으로써 긍정적인 자아개념을 형성하며 자신이 만든 구조물을 부수면서 공격 욕구나 불안감, 정서적 긴장 등을 자연스럽게 해소하여 안정된 정서 상태를 유지할 수 있게 된다. 그밖에도 블록을 나르고 쌓는 과정을 통하여 유아의 대 · 소근육, 눈과 손의 협응력 등이 발달된다. 또한 자신이 계획하는 형태나 작품을 설명하고 완성된 구성물을 발표하는 과정을 통하여 논리적 사고력과 언어능력을 증진시킬 수 있다.

교사는 유아의 쌓기놀이를 활성화시켜주기 위해 키가 낮은 장을 이용하여 다른 영역과 구분해 주고, 바닥에도 카펫을 깔거나 종이 테이프를 붙여 구획을 지어주는 것이 좋다. 또한, 블록의 종류와 수량도 유아의 발달 수준에 맞추어 적절히 준비하여 주도록 하며, 다양한 종류의 동물이나 자동차 모형 등과 같이 유치원의 활동주제나 유아의 흥미에 적절한 소품을 준비하여 놀이를 확장시켜 주는 것이 좋다.

쌓기놀이 영역에서는 특히 안전관리를 철저히 해야 한다. 나무 블록의 경우에는 유아의 키 이상으로 쌓지 않도록 하고, 블록을 옮길 때에도 두 손으로 잡고 한 두개씩만 옮기게 한다. 크고 무거운 블록은 교구장의 아래 칸에 보관함으로써 사용도 편리하고 안전하게 관리되도록 한다. 유아들이 놀이과정에서 블록을 던지지 않게 하며, 블록을 쌓은 후 치울 때에는 위에서부터 차례로 내림으로써 옆에 있는 유아들이 다치는 일이 없도록 한다. 또한 놀이가 끝나고 난 후 정리할 수 있는 시간을 충분히 주어 정리정돈의 책임을 소홀히 하지 않게 한다.

(8) 음률 영역

음률 영역은 유아들이 노래부르고 음악을 감상하며 여러 가지 악기를 자유롭게 다루고 실험하여보고 음악이나 악기연주에 맞추어 율동을 경험해 볼 수 있는 공간이다. 음률 영역에서는 유아의 음악적 능력을 계발하여 음악이나 율동을 통해 자신의 느낌을 표현하여 볼 수 있는 기회를 제공해 주도록 한다. 이 영역에는 노래부르기나 악기 다루기, 동작해보기 이외에도 다양한 종류의 음을 듣고 구분하고 다양한 종류의 음에 대한 느낌을 다른 종류의 활동이나 상황에도 적용할 수 있게 한다. 특히, 동요, 고전 음악, 민요, 왈츠, 종교음악, 록 음악, 전자음악에 이르기까지 유아들이 다양한 종류의 음악을 듣고 감상하여 보는 기회도 가질 수 있게 한다.

창의적인 동작표현을 자극하기 위하여 적절한 음악이나 여러 가지 도구를 활용하는 것도 효과적이다. 또한 교사는 유아의 사고를 확장하기 위하여 자유롭게 이야기해 보거나 생각해 볼 수 있는 기회를 제공해야 한다. 예를 들어, "내가 팝콘이라면 어떤 모양이 될까?", "비가 온 후의 진흙길을 걸어간다면 어떤 모습일까?", "풍선이 되어 날아가다가 갑자기 불어 온 바람에 나뭇가지에 걸려 구멍이 났다면 어떻게 될까?", 등의 질문을 통하여 다양한 상황과 행동을 상상해 보고 말로 표현하거나 신체 움직임으로 나타내어 볼 수 있게 한다. 이 때 유아의 표현활동을 증진시키기 위하여 교사는 유아가 다양한 실험과 탐색을 해 볼 수 있도록 허용하여 주고 그 표현을 수용해 주어야 한다.

(9) 컴퓨터 영역

컴퓨터 영역은 유아들이 컴퓨터를 이용하여 온라인 및 오프라인 컴퓨터 활동을 하며, 활동결과를 출력하거나 출력물을 그림 그리기 등의 활동으로 연장해보는 공간이다. 유아교육의 통합적 접근을 위해 컴퓨터 영역은 별도의 공간이 아닌 교실의 흥미 영역으로 설치되는 것이 좋다. 또한 컴퓨터 영역에 컴퓨터와 그 주변기기, 스캐너, 프린터 등을 함께 설치해 주면 유아들이 컴퓨터를 이용해 다양한 활동을 할 수 있다. 이 영역은 전원이 연결되어야 하며, 동적이거나 소음이 많은 곳, 혹은 물을 사용하는 곳에서 떨어져 설치되어야 하므로 영역의 위치를 잘 결정해야 한다. 컴퓨터에 연결된 전선이 엉키거나 밟히지 않도록 전선을 안전하게 장치해야 하며, 전원을 켜고 끄는 동작부터 컴퓨터를 다루는 과정이 잘 지도되어야 한다. 학기초에 유아들이 컴퓨터를 다루는 능력에 차이가 나는 경우는 유아들의 경험수준에 맞게 교사가 지도계획을 세울 필요가 있다. 즉, 컴퓨터에 대한 사전 경험이 전혀 없는 유아들의 경우에는 개별적으로 컴퓨터의 기본 사용법에 대하여 이해하도록 도와주고 컴퓨터에 어느 정도 익숙해지면 2 -3명의 유아가 함께 활동해 볼 수 있게 계획한다.

교사는 컴퓨터 활동이 다른 영역의 활동과 통합되도록 컨텐츠를 선별해 제공해주도록 한다. 컨텐츠는 CD-Rom 타이틀의 오프라인과 인터넷의 온라인으로 제공할 수 있다. CD-Rom 타이틀은 게임용 학습교재로 구성된 것이 많아 유아들이 흥미를 갖는다. 교사는 통합적 교육과정의 운영을 위해 주제와 관련된 타이틀을 선별해 적절한 시기에 제공해주며, 활동방법, 사용법에 대해 안내해준다. 최근에 사이버 유아교육의 성격을 지닌 유아교육사이트들이 많이 소개되고 있다. 인터넷을 통한 온라인 교육은 정보사회의 새로운 학습방법으로 대중화되어가고 있다. 교사는 유아교육관련 사이트를 조사하여 그 리스트를 작성해 두고, 즐겨 찾기에 구성해 놓으면 유아들의 컴퓨터 학습을 위한 사용환경이 용이해질 수 있다. 여기서 교사는 유아용 사이트의 적절성을 평가하여 안정적인 사이트에 접속해 활용하도록 해야한다.

교사는 학급의 유아들이 컴퓨터 영역을 편리하게 이용하도록 지도해야 한다. 컴퓨터 영역에서 지켜야할 규칙을 유아들이 함께 정하도록 하여 차례 지키기, 안전하고 바르게 사용하기, 협력하기 등이 잘 지켜질 수 있도록 한다.

(10) 목공놀이 영역

목공놀이 영역은 유아들이 많은 관심과 흥미를 가지고 있는 영역이면서도 비교적 유치원에서 소홀히 하기 쉬운 영역이다. 목공영역은 다른 영역에서 교구와 자료를 충분히 활용할 수 있는 능력이 생긴 후에 새로운 영역으로 첨가하는 것이 좋다. 따라서 학기 초부터 고정적인 영역으로 배치하기보다 유아들이 유치원 생활에 적응하고 도구를 다루는 능력이 발달된 후에 마련하여 주도록 한다. 유아들이 나무를 직접 다루는 것이 힘든 초기에는 스티로폼 조각에 못을 박아 보거나 원으로 오려 낸 고무 조각을 스티로폼에 부착하여 자동차 등의 모형을 만들어 볼 수 있게 한다. 또는 요구르트 병으로 만든 망치나 작은 고무 망치로 스티로폼 판에 나무 젓가락을 잘라 만든 나무못을 박아보거나 톱 대신 케이크 자르는 플라스틱 칼로 스티로폼을 잘라 보게 할 수 있다.

점차 유아들이 근육조정능력이나 눈 · 손의 협응력이 발달하여 감에 따라 부드러운 나무에 망치질을 하거나 톱으로 잘라 보기 등을 시도할 수 있다. 목공 놀이를 할 때에는 서투르지만 유아가 못박기나 톱질을 해볼 수 있는 충분한 시간적 여유를 주어 완성하여 볼 수 있게 함으로써 자신이 시작한 일을 마무리하는 습관을 기르고 성취감과 자신감을 느낄 수 있게 한다.

유아들이 목공놀이영역에서 활동할 때에는 반드시 보안용 안경을 써서 눈을 보호하게 한다. 또한 목공영역에서 놀이하는 유아의 수를 제한하고 교사나 보조교사가 항상 감독하여 기구를 올바르고 안전하게 사용할 수 있게 한다. 목공놀이영역은 항상 고정적으로 설치하여 운영하기보다는 유아의 흥미나 활동주제에 따라 필요할 때 일시적으로 설치하여 운영될 수 있는 영역이다.

(11) 물 · 모래놀이 영역

물 · 모래 놀이 영역은 계절이나 상황에 따라 실내외에 모두 설치하여 줄 수 있는 영역이다. 물놀이 영역은 물이 떨어지거나 젖어도 괜찮은 곳에 설치하고 실내에 설치할 경우에는 커다란 양동이나 플라스틱 통을 이용할 수도 있다. 모래놀이 영역을 실외에 설치할 경우에는 모래를 평지보다 낮게 설치하여 유아가 모래상자의 가장자리에 앉거나 모래 영역 내에 들어가서 놀 수 있도록 한다. 모래놀이를 실내에 설치할 때에는 모래 대신 톱밥이나 옥수수가루, 마카로니, 곡식, 자갈 등을 사용할 수 있다.

유아들이 물과 모래로 활동을 하면서 그 특성을 파악하고 물과 모래를 혼합하면 형태 뿐 아니라 성질이나 촉감도 변화됨을 경험한다. 또한, 모래를 채로 치고 물과 섞어 폭포나 굴, 집을 만들고 물을 다양한 모양이나 크기의 용기에 붓고 옮기는 과정을 통하여 수학적 형태나 양에 대한 경험을 하며 눈과 손의 협응력을 기른다. 또한 어떤 물체가 뜨고 가라앉는지 구분하고 그 이유를 탐구함으로써 사고 능력도 발달된다. 그밖에도 모래놀이나 물놀이는 유아의 긴장감을 해소시키는 좋은 놀이이다.

물 · 모래 놀이를 위한 교구로서는 처음에는 간단한 기구를 주고 점차 물에 뜨거나 가라앉는 물체, 계량컵, 깔대기, 호스 등과 같은 다양한 기구를 준비한다. 실내에서 모래대신 톱밥이나 곡식을 이용할 때에는 저울이나 다양한 용기를 제공하여 무게를 재어보고 만져 보거나 옮겨 보게 한다. 물 · 모래 놀이에 사용한 기구들을 정리할 수 있는 상자를 준비하여 주어, 유아들이 놀이가 끝난 후에는 반드시 사용한 기구들을 정리정돈하는 습관을 가지도록 지도한다. 또한 물 · 모래 놀이 영역에서 지켜야 할 규칙도 유아 스스로 정하여 지키도록 한다.

(12) 실외놀이 영역

실외놀이 영역은 유아의 신체 운동발달을 위해서뿐만 아니라 실내에서 계속적인 주의집중으로 인하여 생긴 긴장과 억압으로부터 해방감을 느끼게 하는 데에 도움을 주는 영역이다. 또한 실외놀이영역을 이용하면서 유아들은 차례를 지키고 서로 양보하는 행동들을 학습하게 되므로 사회성 발달도 증진된다. 실외놀이영역에서 놀이 할 때, 교사는 특정집단의 유아들과 상호작용하면서도 항상 실외영역 전체를 감독할 수 있어야 한다. 전체 놀이 영역에서 어떤 활동이 이루어지고 있는가를 파악하여 위험한 상황이 일어나기 이전에 모든 사고가 예방될 수 있도록 한다.

실외 자유선택활동도 생동감이 있는 학습의 장이 되도록 세심한 준비를 하도록 한다. 실외에서 유아들이 마음껏 뛰어 놀면서 대근육 및 신체운동능력을 발달시킬 수 있는 동적인 활동영역을, 그리고 동식물의 사육과 재배, 자연현상의 관찰과 탐색이 가능한 정적인 활동영역을 마련하다. 종일제나 시간연장제 프로그램을 운영하는 경우에는 실외활동의 기회를 충분히 제공하도록 한다.

실외 자유선택활동 시간은 계절이나 날씨, 유아의 특성이나 흥미 등에 따라 다르나, 대개 30-40분 정도의 시간이면 알맞다. 자전거나 그네처럼 여러 유아가 동시에 이용하고 싶어하는 시설물이나 기구는 사전에 유아들과 함께 기구나 시설물을 이용할 수 있는 시간이나 횟수를 정하여 모든 유아들이 순서대로 골고루 이용할 수 있게 한다.

실외 자유선택활동 시간에 이용하게 되는 놀이기구와 시설물은 안전해야 하므로 교사는 매일 실외기구나 시설물의 안전한 상태를 점검하고 만일 문제가 있을 때에는 즉시 보수하도록 한다. 특히, 놀이 시설물의 매설상태나 견고성, 시설물의 페인트 도색 상태, 놀이터 바닥의 안전성 등을 정기적으로 점검해야 한다. 실외자유선택활동시간에 교사는 유아들의 활동을 관찰하고 유아들이 놀이기구나 시설물을 안전하게 이용할 수 있도록 도와 준다. 날씨가 포근하고 맑은 날에는 다양한 종류의 조형활동을 할 수 있으며 동식물이나 날씨 변화 등의 관찰, 동화 동시 듣기 등을 실외활동으로 계획함으로써 활동의 종류를 다양하게 해주는 동시에 변화를 주도록 한다. 이와 함께 이동 가능한 놀이기구를 적절히 배열하거나 첨가하여 유아들의 활동 종류나 범위를 확대하고 환경도 변화시켜 주도록 한다.

3) 정리정돈

정리정돈은 자유선택활동을 마무리하면서 또는 일과활동을 정리하면서 반드시 이루어져야 하는 부분으로 유아는 놀이가 끝난 다음에 자신이 사용한 교구나 자료를 제자리에 정돈할 수 있어야 한다. 정리정돈은 개별적인 것과 전체적인 것으로 나누어 볼 수 있다. 개별적인 정리정돈은 누구의 지시나 권고에 의한 것이 아니라 자신이 하던 놀이를 끝내고 다른 놀이로 전이하려 할 때 먼저 했던 놀이의 교구나 자리를 정돈하는 것이다. 전체적인 정리정돈 시간은 모든 유아가 동시에 참여하는 것으로 실내·외 자유선택활동이 끝난 후에 시간을 정하여 가지게 된다. 정리정돈시간은 교구나 자료를 제자리에 정리하는 것 외에 많은 교육적 의미를 가진다. 즉, 유아는 정리정돈을 하는 과정에서 같은 종류나 모양의 교구를 분류할 수 있으며, 사물의 이름이나 모양이 표시된 장소에 정리함으로써 언어 및 수학적 개념형성에도 도움을 받게 된다. 또한 서로 돕고 협동하는 사회적 기술을 배울 수 있게 한다.

교사의 역할

교사는 유아들이 평소에 사용한 교구나 자료를 제자리에 정리하는 습관을 갖도록 지도하여 다른 활동으로 옮기기 전에는 반드시 스스로 정리정돈을 하도록 안내한다. 유아들은 놀이활동에 몰두하다보면 정리정돈 시간을 예측할 수 없으므로, 교사는 정리정돈 시간을 알리는 음악을 들려주거나 신호를 주어서 유아들이 다같이 정리정돈을 할 수 있도록 도움을 줄 수 있다.

정리정돈 시간을 효과적으로 활용하기 위해 교사는 유아들과 함께 모여 앉아 정리정돈의 필요성과 방법, 순서에 대하여 토의하고 규칙을 정한다. 쌓기놀이 영역이나 물·모래놀이 및 역할놀이 영역 등과 같이 치울 것이 많은 영역에 대해서는 활동을 마무리하기 5분전쯤에 미리 정리 정돈할 것임을 알려주어 새로운 놀이나 구성을 시작하지 않도록 하고, 진행 중인 과제를 마무리하도록 한다. 또한 교사는 유아들의 정리정돈 상황을 관찰한 다음, 개별 또는 집단으로 정리정돈이 약속대로 시행되었는지 평가하는 시간을 가지고 적절히 지도한다. 그러나 정리정돈을 지나치게 강조하며 정리정돈에 아예 관심을 가지지 않거나 놀이를 시작하지 않으려는 경우도 있으므로 유아가 노력한 만큼의 과정과 의도를 인정하고 칭찬하여줌으로써 정리정돈하는 습관을 형성할 수 있게 지도한다.

교사는 교실의 각 영역에 놓여질 교구의 자리에 경계표시를 하거나 색깔로 구분해주어 유아들이 쉽게 교구를 정리할 수 있도록 도와줄 수 있다. 또한 영역별로 교구보관상자를 구분해 준비해줌으로 각 영역의 교구를 제자리에 놓을 수 있도록 배려해 준다.

4) 이야기 나누기

이야기 나누기는 교사와 유아가 함께 모여 앉아 하루의 생활계획과 평가, 날씨와 계절의 변화, 주변 사물이나 사회현상, 사람들의 활동 등 특별한 단원이나 주제에 대하여 자유롭게 의견을 교환하는 시간이다. 이와 같은 활동을 통하여 주변 사물이나 현상 등에 대한 유아의 지식과 흥미의 범위를 넓혀 주고, 호기심을 가지고 탐색해 보는 과정에서 유아의 탐구능력과 태도를 길러 준다. 또한 유아들이 새로운 소식이나 자신이 경험한 것을 다른 친구들과 이야기 나누는 과정에서 다른 사람의 이야기를 경청하는 태도를 기르며 자신의 생각이나 느낌, 경험 등을 언어를 통하여 표현할 수 있게 된다. 이야기 나누기 활동은 전체적인 정리정돈이 끝난 후 집단활동으로 이루어지는 경우가 많다. 따라서 전체 유아가 모이는 시간이 어느 정도 걸리므로 다소 산만한 분위기에서 시작될 수 있다. 교사는 유아들이 이야기의 주제를 중심으로 적극적으로 활동에 참여할 수 있도록 모이는 장소, 앉는 대형에도 관심을 갖고 이야기 나누기를 진행하여야 한다,

교사의 역할

이야기 나누기는 주제에 따라 소집단 또는 대집단으로 집단을 구성하여 유아와 교사, 유아와 유아가 서로 마주 볼 수 있는 원이나 반원 형태로 앉아 진행할 수 있다. 이야기 나누기 시간에 교사는 일정한 주제에 대한 정보를 제공함으로써 유아를 가르쳐야 한다는 고정관념에서 탈피해야 한다. 이 시간에 교사가 예정된 주제를 제안할 수 있으나, 유아들이 주변환경이나 문제상황을 인식함으로써 제안할 수도 있고 예상하지 못했던 상황이 발생하여 그와 관련된 주제가 선정될 수도 있다. 이 시간을 통하여 교사는 유아들과 자유롭게 대화할 수 있는 분위기를 조성함으로써 유아들의 다양한 질문과 대답이나 의견제시를 장려하고 활발한 언어적 상호작용이 이루어지게 할 수 있게 한다. 이야기 나누기를 전개할 때 유아의 관심이나 흥미를 잘 포착하여 처음에는 모든 유아들이 공통으로 관심을 가지는 것부터 시작한다. 또한 교사는 유아들이 다루고 있는 주제에 대하여 보다 흥미를 가지며 이해할 수 있도록 슬라이드, 비디오, OHP, 컴퓨터, 사진, 인형 등 각종 시청각 자료를 활용하도록 한다. 주제의 성격에 따라 사용되는 매체는 다양하겠으나, 때로는 유아들이 관련자료를 집에서 가져와 발표를 하거나 이야기를 나누는 시간을 가지도록 할 수 있다.

교사는 수렴적 질문과 확산적 질문을 적절히 활용하여 대화를 촉진하고 유아들이 생각하여 볼 수 있는 충분한 시간과 여유를 주도록 한다. 질문에 대하여 유아가 반응하지 못하거나 잘못 대답했을 때에는 다시 질문하거나 반복하기보다 다른 말로 질문하거나 다시 말해 준다. 왜냐하면, 질문에 대하여 잘못된 답을 하는 경우, 유아가 주의를 기울이지 않았거나 잘못된 판단에 의한 것일 수도 있으나 때로는 질문이 제대로 전달되지 못했기 때문일 수도 있기 때문이다. 이야기 나누기 시간은 주제교육이 집단으로 이루어지는 만큼 교사는 전체 유아의 반응에 민감해야 하며, 활동과정에서 교육내용이 충분히 이해되었는지, 의도한 목표가 달성되었는지 등 평가하여 다음 활동을 계획하고 전개하는데 참고하도록 한다.

5) 신체활동

신체활동은 크게 기본 운동활동과 창의적 신체표현으로 구성된다. 기본 운동활동은 주로 신체와 정신의 조화로운 발달을 도모하기 위한 기본 동작으로 신체인식과 이동, 비이동, 조작 운동으로 구성된다. 창의적 신체표현활동은 어떤 사물의 상태나 움직임을 모방하거나 또는 상상을 통하여 유아의 창의적인 표현을 도모하는 것이다.

운동능력의 발달면에서 볼 때, 유아기는 정확하고 기술적인 동작을 자유 자재로 구사할 수 있는 수준에 이르지 못한다. 다만, 신체를 안정된 자세로 유지하고 이동하거나 여러 가지 사물을 조작하는 데 필요한 기능이 주로 발달된다. 따라서 특정 동작을 그대로 모방하거나 정교한 기술이 필요한 활동은 이 시기의 유아에게는 적합하지 않다. 반면에, 신체 운동의 기초가 되는 기본 동작에 대한 교육이 이루어지고 이를 바탕으로 보다 다양하고 창의적인 신체표현 활동을 계획할 수 있어야 한다.

교사는 유아들에게 충분히 몸을 움직일 수 있는 기회와 공간을 마련해 주고, 신체운동이나 표현활동을 통해 신체 운동의 기본 능력을 형성하며 긍정적인 신체 자아개념을 가질 수 있도록 지도해야 한다. 유아들은 이러한 경험을 통해 신체 각 부분의 명칭과 기능, 특성, 움직임의 범위 등을 알고 신체에 대한 긍정적인 인식 뿐 아니라 공간 탐색, 문제해결 능력, 만족감, 성취감, 원만한 대인 관계를 형성할 수 있게 된다. 신체 활동을 위한 집단 구성은 소집단이 적절하며 연령이 낮을수록 집단의 규모를 작게 구성하는 것이 효과적이다.

6) 게임

게임은 유아들의 운동능력을 발달시키고 자제력이나 자신감을 기르고 올바른 운동 정신을 가지게 한다. 또한, 생활 속에서 생기는 억압이나 갈등을 해소하고 정서적으로 만족감을 가질 수 있게 하며 단체의 일원으로 규율을 지키고 공통된 목적을 달성하기 위하여 구성원과 함께 협력하는 기회도 가진다.

게임의 유형에는 편 게임과 원 게임이 있다. 편 게임은 유아들이 두 집단으로 나뉘어서 하는 것으로 게임의 결과가 있는 반면, 원 게임은 유아들이 둥글게 앉아서 하는 것으로 주로 이기고 지는 결과가 없는 것이 특징이다. 학기초에는 단순한 내용이나 규칙, 지시가 적은 원 게임을 계획하고 유아가 게임의 규칙을 이해하고 이를 지킬 수 있는 능력이 발달하여감에 따라 점차 편 게임을 계획한다. 게임의 방법이나 규칙은 교사가 설명하여 줄 수 있으나, 유아와 함께 정할 수도 있다. 게임의 규칙을 유아와 함께 정할 때에는 되도록 유아들의 다양한 의견을 반영하고 정해진 규칙의 불합리성은 게임이 끝난 후 유아들이 스스로 발견하고 수정하여 나갈 수 있도록 한다.

게임이 끝난 후에는 반드시 평가 시간을 가져 게임의 결과보다 과정에 관심을 가지도록 함으로써 유아들이 협동하고 규칙을 잘 지킬 수 있는 능력을 기르게 한다. 즉, 어느 팀이 규칙을 잘 지켰으며 응원을 열심히 했는지 생각하여보고 어떻게 해서 이길 수 있었는지, 왜 졌는지, 게임을 마친 후의 기분은 어떠한지 등에 관해서도 이야기해 본다.

7) 동화 · 동시 · 동극

동화와 동시는 유아를 대상으로 한 서정적이거나 환상적 또는 사실적 이야기로서, 유아에게 예술적인 심미감을 길러 주며, 모국어의 아름다움을 느낄 수 있게 해 주고 상상력을 길러 주어 언어발달을 도모한다. 유아에게 들려줄 동화나 동시의 내용은 주제가 간단하면서도 뚜렷하며, 대화체가 풍부하여 친숙한 사건이 전개되는 것이 좋다. 또한 반복과 운율이 있어 쉽게 기억할 수 있으며, 진행하고 있는 생활주제와 일치하는 것이 좋다.

동화를 선택하여 유아에게 들려줄 때에는 동화의 내용을 가장 효과적으로 전달할 수 있는 전달매체를 선정하여 유아가 동화를 이해하도록 돕는 것은 물론 흥미도 지속시킬 수 있도록 한다. 또한 동화를 전달하는 방법은 다양해야 한다. 구연이나 그림동화, 인형극, 그 외에 다양한 자료를 활용하는 방법이 있는데, 동화의 성격이나 유아의 연령 등을 고려하여 동화의 내용을 효과적으로 표현할 수 있는 다양한 방법을 활용하는 것이 좋다. 그리고 유아들이 동화를 꾸며서 발표하거나 동시 및 수수께께 등을 함께 짓거나 풀어 보는 시간을 가져 즐거운 경험이 되도록 한다.

동시는 생활주변이나 자연현상에 관한 내용, 신비롭고 환상적인 내용, 유머가 담겨져 있는 것 등으로 다양하게 선정하되, 리듬과 운율이 있는 것으로 한다. 교사가 동시를 읽어 줄 때 적절한 배경으로 들려주어 시가 지니고 있는 느낌을 더욱 부각시킬 수 있게 하는 것이 좋다.

동시를 듣고 난 후 그 내용과 관련된 유아의 경험이나 동시에 대한 느낌 등을 자유롭게 이야기할 수 있는 시간을 가진다. 동시는 듣는 것 뿐 만 아니라 지어보는 기회를 갖도록 하기 위해 실제의 경험에서 느낀 점에 대해 이야기하여 보는 기회를 가져 보도록 한다. 예를 들어, 동물의 움직임을 관찰하거나 풀밭에서 뒹굴기, 낙엽 밟기, 비 오는 소리 듣기 등을 경험한 후 유아의 느낌을 말하게 하고, 교사가 받아 적어 줌으로써 동시 짓기에 친숙해지도록 할 수 있다.

동극은 교사가 들려 준 동화의 내용을 중심으로 극화해 보는 활동으로 지도한다. 동극에 적절한 동화는 장면이 반복되면서 대화가 짧고 전체내용이 길지 않아야 한다. 또한 등장인물이 다양하여 많은 어린이가 참여할 수 있어야 하며, 배역은 유아들이 선택하여 정하도록 하고 특별히 연습 없이 즉흥적으로 교실의 물건을 활용하거나 유아들이 만든 의상이나 소품을 이용해 동극이 가능하도록 해야 한다. 동극을 마치면 유아들과 평가하는 시간을 가져 재미있었던 점이나 주의할 점 등에 관해 이야기하도록 한다. 유아는 동극을 통해 자신의 생각이나 느낌, 상상 등을 충분히 표현할 뿐 아니라 동화의 내용이나 상황을 재현함으로써 조직적인 사고력과 표현 능력 및 지도력을 키우게 된다.

8) 현장학습

현장학습은 사회 및 과학 교육에서 관찰이나 자료수집, 추론, 결론 내리기를 위한 직접적인 학습 기회를 제공한다. 현장학습이 효과를 얻기 위해서는 학습의 필요성이 분명하고 방문하고자 하는 학습장소의 선택이나 준비가 철저히 이루어져야 한다. 우선 현장학습을 가는 것이 학습의 효과를 높이기 위하여 최선의 방법인지 검토하고 계획된 장소까지 갈 수 있는 방법이나 교통편, 거리, 소요시간 등을 검토한다.

만일 현장학습을 나가기로 결정했다면 교사는 학습의 전체과정을 위한 계획과 준비를 철저히 해야 한다. 예를 들면, 현장 학습에서 도움을 줄 사람을 교섭하고 이동 방법이나 교통편, 부모에게 현장학습의 목적이나 내용 및 장소 알리기, 날씨 변화 등에 대한 대비책을 마련한다. 현장학습을 가기 전에 먼저 유아들과 학습의 목적이나 장소, 관찰해야할 사항, 유의점 등에 대하여 자세히 이야기하고 현장학습을 다녀온 후에도 평가와 사후활동을 계획한다. 이와 함께 교사는 현장학습의 전체과정에 대한 평가를 하고 다음학습에 도움이 될 수 있는 내용을 반드시 기록으로 남기도록 한다. 주제중심의 교육과정을 계획적으로 운영하거나, 유아들의 흥미에 적합한 교육과정을 탄력적으로 운영할 때에도 현장학습은 교육과정의 연관된 활동으로 전개되는 것이 바람직하다. 예를 들어 '주변지역에 관심 갖기'의 교육활동이 계획된다면, 지역사회를 중심으로 교육내용에 적합한 견학지를 선택하는 것이 좋다. 지도를 관찰한 후 우리 동네 돌아보기, 지역에 소재한 각종 관공서 방문하기, 우리 지역의 특성 찾아보기, 우리동네 지도 그리기 및 꾸미기 등은 유아들이 실제 경험과 접하면서 다양한 정보를 익히며 지역사회를 이해하는 데 도움이 될 수 있다. 나아가 교육과정과의 연관성이 높을수록 견학의 목적이 뚜렷해지며 관련된 경험을 제공할 수 있어 학습의 흥미와 다양성을 추구할 수 있을 뿐 아니라 견학경험과 관련된 추후활동을 전개할 수 있으므로 교육과정의 실현에 충실을 기할 수 있다.

유치원 교육에서 유아의 흥미, 필요 및 유아의 활동과 동떨어진 내용을 제공할 경우, 유아들은 학습 그 자체를 기피할 수 있다(교육부, 1993). 유아들은 현장 답사 및 견학 경험을 통해 현실적인 사건에 관심을 증가시키며 보다 심화된 학습활동을 추구할 수 있는 기회를 갖는다. 어떤 상황이나 사건을 단순히 구경하는 것이 아니라 적극적인 관찰과 탐색할 기회를 갖는다면 연장된 추후활동으로 다양한 표현활동을 할 수 있다. 소집단 및 대집단 토의, 이전 경험의 회상, 탐색 및 관찰활동은 유아들의 표상활동을 촉진시켜 언어적 설명이나 발표하기, 그림 그리기, 만들기 등의 표현활동으로 전개될 수 있다.

9) 간식과 점심

간식이나 점심시간은 성장발육기에 있는 유아에게 심신의 발달에 필요한 영양을 공급하며 합리적인 식생활에 관한 지식과 태도를 길러줄 수 있는 시간이다. 유아기는 신체나 정신의 발달이 급속히 이루어지는 시기로, 신체 정상 체위와 체격, 건강한 체질과 올바른 식생활 습관을 형성하는 기초단계이다. 따라서 양적이나 질적으로 충분하고 균형집힌 식사를 공급해야 한다. 유치원에서의 간식이나 점심은 단순히 유아에게 필요한 영양을 공급한다는 의미 외에도 식사를 하면서 다른 사람들과의 사회적 관계를 형성하는 능력을 기르며, 식사에 대한 올바른 이해와 습관을 기르고 편식을 교정하여 신체의 균형적 발육을 도모하는 의미를 가진다. 또한 유아들이 올바른 식생활습관을 형성하는 것은 유아뿐 아니라 그 부모나 가족, 나아가 사회의 식생활 개선에 이바지할 수 있다는 측면에서 그 의의가 크다. 간식은 유아의 정신 생활에 휴식과 안정을 주며 식사와 식사 사이의 시간 간격이 길어짐으로 인한 공복 감에서 오는 정신적 불안을 없애 주기도 한다. 특히 활동 량이 큰 성장기 유아들로서는 간식을 먹지 못하면 쉬 피곤해지고 허탈감까지 가져오기 때문에 육체적 활동을 원활히 하고 즐거운 하루 하루의 생활을 위해서는 계획적인 간식 제공이 요구된다(문수재외, 1994). 또한 유아에게 간식을 먹을 수 있는 쾌적하고 정리된 환경을 조성하여 보다 좋은 성격형성과 식 습관을 몸에 익히도록 해 주어야 할 것이다.

간식시간의 운영방법은 유아의 연령이나 프로그램 운영시간, 시기 등에 따라 다소 차이가 있다. 운영 방식은 10시부터 11시 사이에 유아가 원하는 시간에 개별적으로 먹고 정리하는 자유 운영 방식과 매일 10시 30분을 전후하여 한 반의 원아가 모두 같은 시간에 먹는 방법도 있다. 그러나 유치원에도 종일반이 운영됨에 따라 부모의 출근시간으로 인해 등원시간이 빨라지거나 생활습관의 변화 등으로 아침을 먹지 못하고 유치원에 등원하는 유아들이 증가되고 있다. 따라서 유치원에서도 간식 시간을 고정적으로 배정하여 유아들이 동시에 먹게 하기보다는 각 유아의 요구에 따라 개별적으로 먹게 하거나 유아들의 전반적인 상황을 고려하여 교사가 융통성 있게 간식 시간을 운영할 필요가 있다(정미라 외, 1999).

간식 또는 점심을 먹기 전에 지켜야할 사항을 유아들과 함께 이야기하고 지킬 수 있도록 한다. 즉, 간식이나 점심을 먹기 전에 손을 씻으며, 책상을 청결히 하는 등의 습관을 가지도록 한다. 간식의 양은 유아의 연령과 개인차에 따라 융통성 있게 조절할 수 있도록 하고 학기가 지남에 따라 간식의 준비나 정리도 유아들이 자발적으로 할 수 있게 계획한다.

간식 및 급식을 통해 행해질 수 있는 교육은 식사예절, 편식지도, 비만지도 등이 있다. 식사시간에 유아들이 식품을 소중히 여기고 식사 전후에 감사하는 마음을 갖도록 한다. 종교와 연관지어 기도해야 한다는 것이 아니라 맛있는 음식을 먹게 된 것에 대하여 주위의 모든 사람에게 감사를 표함으로써 음식의 소중함을 알고 타인의 노력에 대하여 감사하는 마음을 가지게 하는 것이다. 식사태도로 바른 자세로 먹기, 천천히 씹어먹기, 식사시간 중에 장난하며 먹지 않기 등을 지도할 수 있으며, 보건위생 면에서 식사 전후에 손 씻기, 식사도중 흘리거나 떨어진 것은 먹지 않기, 식사 후 입 주위를 깨끗이 하기, 식후의 물 양치질이나 이 닦기, 화장실 다녀온 후 손 씻기 등을 지도할 수 있다. 또한 식탁의 정리 및 배식 돕기, 식후의 뒷정리 돕기 등을 지도한다.

어린이가 싫어하는 음식을 강제로 먹이려 하는 것은 오히려 편식을 조장할 수 있다. 음식의 모양, 빛깔, 맛, 조리법을 달리하도록 하고 친근한 사람들과 어울려 먹을 수 있도록 하며 어쩌다가 그 음식을 먹으면 적절한 칭찬으로 보상을 해주는 것도 좋다(이용일 외, 1984).

10) 휴식과 낮잠

휴식과 수면은 일상생활이나 활동을 통한 심신의 피로를 회복시켜주며 몸과 마음을 이완시켜 새로운 활동을 할 수 있게 한다. 유아들은 위생적이고 청결한 환경에서 규칙적인 생활습관을 형성하고 충분한 영양섭취 뿐 아니라 적절한 휴식과 충분한 수면이 필요하다. 유아들은 일과 시간동안에는 활동량이 많아 피곤해지기 쉽다. 특히, 종일제 프로그램을 운영하는 경우나 일정 시간동안 실외놀이를 한 후, 그 외에도 여름에 날씨가 더울 때에는 휴식이나 낮잠 시간을 가짐으로써 유아들이 피로와 긴장을 풀고 다음에 이어지는 활동에 새로운 힘과 여유를 가지도록 해야 한다. 게다가 유아들은 스스로 쉬는 것을 알지 못하거나 잊어버리므로 항상 유아의 상태를 관찰하여 활동이 비능률적이거나 휴식이 필요하다고 판단되면 긴장을 이완하고 쉴 수 있도록 한다.

반일제 프로그램의 경우에도 평상시에는 동적인 활동과 정적인 활동의 안배로 휴식시간을 대신할 수 있지만, 더운 여름철이나 과격한 활동을 한 뒤에는 15-20분 정도 휴식시간을 가지는 것이 좋다. 종일제 프로그림에서는 유아의 연령이나 활동량에 따라 적절히 낮잠시간을 계획하는 것이 좋다. 낮잠시간의 길이는 각 유아의 요구나 특성, 유치원의 사정에 따라 달라질 수 있으나, 일반적으로 3세 유아의 경우에는 점심 식사 후 1-2시간 정도, 4, 5세 유아는 30분-1시간 정도가 적당하다.

교사의 역할

낮잠이나 휴식 시간에는 조용한 음악을 들려주고 조명도 너무 밝지 않게 해 주며 날씨가 더울 때에는 방안의 온도에도 유의하여 유아들이 편안히 휴식할 수 있게 한다. 낮잠 자는 시간을 효과적으로 운영하기 위한 교사의 역할은 다음과 같다(정미라 외, 1999).

① 부모와의 긴밀한 연락을 통해 개개 유아의 생활리듬이나 수면습관, 수면과 관계된 유아의 생활경험을 파악한다.

② 낮잠 자는 방을 준비하고 유아들이 쉽게 잠들 수 있는 환경을 준비한다. 방을 따로 마련하기가 곤란한 경우는 교실에 낮잠자는 공간을 만들어 주되 소음의 방해를 받지 않도록 교구장이나 칸막이로 가리고 잠을 이룰 수 있도록 공간을

꾸며준다. 또한 실내의 조명, 온도, 환기, 소음 등을 조절해 줄 수 있어야 한다.

③ 낮잠을 쉽게 잘 수 있도록 일과를 계획해야 한다. 교사는 유아들이 정신적으로나 신체적으로 다양한 활동에 적극적으로 참여할 수 있도록 일과를 계획한다.

④ 낮잠 자려는 유아를 쉽게 잠들 수 있도록 도와주고 낮잠을 자지 않으려는 유아에게 잠잘 것을 강요하지 않는다.

⑤ 유아들이 낮잠을 자는 동안 한 명의 교사는 반드시 유아들이 낮잠 자는 방을 지킨다. 잠이 잘 들지 않는 유아, 꿈을 꾸다 놀라는 유아, 일찍 잠에서 깨는 유아를 위한 배려를 해야 한다.

⑥ 잠잔 자리를 정리하고 다음 활동을 할 수 있도록 도와준다. 유아들이 깨어난 순서대로 잠잔 자리를 정리하게 하고 화장실에 다녀오거나 다른 방 및 영역에서 조용한 활동을 하게 한다. 또한 이 시간에 조명을 점차 밝게 해주고 경쾌한 음악을 낮게 틀어주어 깨는 것을 도와준다.

11) 평가 및 귀가

하루의 일과가 끝나는 시간에 되면 교사는 반 전체의 유아를 모이게 하여 그 날의 활동을 돌아보며 평가하는 시간을 가지면서 귀가지도를 한다. 하루 일과에 대한 평가는 반드시 귀가 전에 해야하는 것은 아니며 각 활동 시간마다 필요한 때에 언제든지 평가할 수 있다. 이 때에는 하루 일과를 되풀이하여 보는 시간에 되도록 한다.

놀이계획을 세웠던 유아는 자신이 세운 계획대로 놀이했는지 평가지에 표시해 보게 한다. 평가시간은 필요에 따라 5-10분 정도 가질 수 있으며, 이 시간에 교사는 유아들과 함께 하루를 지내면서 가장 재미있었던 일이나 힘들었던 일들을 회상하여보고 그 이유와 대안을 이야기 해본다.

교사는 귀가 지도를 하면서 특별한 전달 사항이나 유의사항을 알리고 귀가할 때의 안전 등에 대하여 이야기 나눈다. 또한 다음 날의 활동을 미리 소개하는 시간을 가져 유아들이 관심을 갖게 하거나 준비할 내용에 대해 이야기 나눌 수 있다. 또한 유아들이 귀가할 때에는 가정통신문이나 작품, 도시락 등의 소지품을 빠뜨리지 않고 가져갈 수 있도록 지도한다.

참고 문헌

교육부(2000). 유치원 교육활동 지도자료 1. 교육부.

대한 영양 사회 학교 분과 위원회 편 (1986). 아동의 식생활 지도 : 그림에 따른 지도의 실제.

문수재(1987). 유아교육기관의 간식운영실태와 운영교육프로그램 개발에 관한 연구. 중앙대학교 석사논문.

_____(1991). 영양과 건강-현대의 생활영양. 서울: 신광출판사.

문수재 · 안홍석 · 이영미(1994). 어린이 영양과 건강. 서울: 지학사.

박숙희 · 염명숙 · 이경희(1997). 교육방법 및 교육공학. 서울: 학지사.

변영계 · 김영환(1996). 교육방법 및 교육공학. 서울: 학지사.

이봉자(1985). 유치원의 간식운영에 관한 현황 연구. 이화여자대학교 석사학위 논문

이연섭(1996). 유아교육개론. 경기: 양서원.

_____(2000). 협력과 학습. 한국교육문제연구소 논문집 제 15권. 297-310

이영자 · 이기숙 · 이정욱(1999). 유아교수 · 학습방법. 서울: 창지사.

이용일 · 현중순(1984). 유아를 위한 건강지도. 서울: 창지사.

이정환(1997). 유아교육의 교수학습방법. 경기: 교문사.

이희경(2001). 유아교육의 이해. 서울: 동문사.

임재택(1995). 유아교육기관 운영관리. 경기: 양서원.

정미라 · 배소연 · 이영미(1999). 유아건강교육. 경기: 양서원.

한국인구보건연구원 편(1989). 한국인의 영양권장량. 경기: 고문사.

Heinich, R., Molenda, M., Russell,J., & Smaldino, S.(1996). Instructional media and technologies for learning(5th ed.). Columbus, OH : Merrill.

Bredekamp, S. & Rosegran. T.(1995). Reaching Potentials Through Transforming Curriculum, Assessment and Teaching. In S. Bredekamp & T. Rosegrant(eds.) Reaching Potentials : Transforming Early Childhood Curriculum and Assessment, Vol. 2. NAEYC. pp. 15-22.

Mulryan. C. M.(1992). Student passivity during small groups in mathematics. Journal of Educational Research, 85, 261-273.

제3부

유아 교수 · 학습방법의 실제

제6장

이야기 나누기의 실제

영유아들의 발달에 적합한 교수활동을 운영할 수 있도록 활동유형별 교수학습 방법에 대해서 기술하였다. 어린이집에서는 주제를 중심으로 보육과정을 운영하면서 정적인 활동과 동적인 활동, 개별활동과 집단활동을 조직하여 보육목표를 달성하기 위한 일과를 계획한다. 이를 위해서 활동의 유형을 이야기 나누기, 동화, 동시, 동극, 음악, 미술, 게임, 신체표현, 요리로 구분하여 각 활동이 가지는 특성, 효과적으로 지도하기 위한 계획 및 준비 과정, 교수학습 방법, 활동계획안의 실제를 제시하였다.

이야기 나누기 시간은 교사와 영유아가 개별적 혹은 대 · 소집단으로 함께 모여 특정한 주제에 대하여 이야기를 나누는 시간을 말한다. 이야기 나누기는 여러 가지 형태로 진행하게 되는데 교사와 유아가 함께 하루의 일과를 계획하고 평가하는 것에서부터 오늘의 날짜와 요일 알아보기, 출결사항, 주말지낸 이야기, 계절의 변화, 보육실의 규칙 등 광의의 의미와 그날의 주제와 관련된 내용을 언어적 상호작용을 통해 자신의 지식과 생각을 전달하고 다른 사람의 이야기를 듣고 이해하며 새로운 정보를 얻게 되는 협의의 의미로 나누어 사용하고 있다.

1. 계획 및 준비하기

이야기 나누기 시간을 효과적으로 운영하기 위해서는 집단의 크기, 앉는 위치, 주제 선정에 따른 활동내용 등을 고려해야 한다.

1) 영유아의 발달과 흥미를 고려하여 주제를 선정한다.

영유아의 경험, 계절적 특성과 어린이집 행사와 관련된 내용 등을 고려하여 이야기 나누기의 주제를 선정한다. 주제는 교사가 제안할 수도 있고, 영유아가 주변 환경에서의 흥미나 문제 상황을 인식하고 주제를 제안할 수도 있다. 또한 예상하지 못했던 상황이 발생하여 그와 관련된 내용을 주제로 선정할 수도 있다.

2) 전이활동을 계획한다.

이야기 나누기의 전과 후에 다른 활동과의 자연스러운 흐름을 고려하여 전이활동을 계획한다. 전이활동을 통해 이전활동과 다음활동의 관심이 이행될 뿐만 아니라 집중력과 주제와 관련된 활동을 원활하게 운영할 수 있다.

3) 영유아의 집중시간과 흥미를 고려하여 계획 및 운영한다.

이야기 나누기를 위해 적절한 시간의 길이와 일과 중의 시간배치를 고려하여야 한다. 만 2세 이하의 영아반에서는 개별적으로 이야기를 나누는 것이 바람직하고, 만 3세는 주의집중 시간이 짧고 언어적 표현 능력이 부족함을 고려하여 10분 이내로 실시한다. 만 4세와 만 5세는 주의집중시간이 늘어나면서 다른 사람의 이야기를 듣고 자신의 생각도 표현하는 능력도 발달하므로 만 4세는 15분, 만 5세는 20분 정도는 충분히 집중할 수 있으나 30분을 넘기지 않는다. 또한 이야기 나누기는 정적인 활동이므로 동적인 활동들의 사이에 배치하는 것이 활동 간의 균형을 유지하고 영유아들의 집중력을 높일 수 있다. 그러나 교사는 전체 영유아의 수, 주제에 대한 영유아들의 흥미 정도에 따라 시간을 조절하는 것이 효과적이다.

4) 영유아의 연령과 주제에 따라 집단을 구성한다.

만 2세 이하의 영아는 직접 경험을 통해 학습하는 시기이므로 주제와 관련된 이야기 나누기 시간은 갖지 않는 것이 바람직하며, 만 3세의 경우 학기 초에는 주제와 관련된 이야기 나누기는 대집단보다는 소집단으로 운영하는 것이 바람직하다.

이야기 나누기의 종류나 주제에 따라 소집단, 중집단, 대집단으로 구성하게 되는 데, 하루일과 계획을 위한 이야기 나누기라면 학급 전체의 원아가 대집단으로 구성하여 이야기를 나누는 것이 바람직하고, 주말 지낸 이야기 나누기를 진행할 때에는 모든 유아에게 발표의 기회를 주어야 하므로 소집단으로 구성하는 것이 다른 사람의 이야기에 더 집중할 수 있다.

5) 이야기 나누기 진행은 도입, 전개, 마무리 과정으로 계획한다.

교사는 이야기 나누기를 진행하기 전에 전체 내용에 대한 흐름을 체계적으로 계획한다. 원활한 진행을 하려면 도입, 전개, 마무리의 과정을 체계적으로 계획하나 유아들의 요구와 흥미 정도에 따라 융통성 있게 진행할 수 있다.

도 입

도입부분은 전개과정의 유연한 흐름을 위하여 짧게 진행되어야 하며, 유아가 자발적으로 참여할 수 있도록 흥미와 관심을 가질 수 있는 노래나 이전 경험 회상하기, 학습목표 알아보기 등을 제시한다.

전 개

활동을 전개할 때에는 유아가 낙엽을 관찰하고 발견한 사실로부터 나뭇잎들의 크기 or 색깔 차이, 나무의 서식지 등 학습개념을 점차 심화 되도록 계획을 한다. 교사는 학습내용이 심화 될 수 있도록 유아들의 이해 정도에 따라 발문과 학습 자료의 제시방법을 융통성 있게 적용하는 등을 계획한다.

마무리

이야기 나누기의 마무리 부분에서는 함께 나누었던 내용을 회상하고, 다음활동과의 관련성 등을 알려주고 실제 생활과의 관련성을 정리해 본다.

6) 이야기 나누기를 진행하기에 적합한 장소를 결정한다.

이야기 나누기를 진행할 때에는 교사와 유아, 유아와 유아가 서로 마주보는 원형이나 반원형, 두 줄 반원형의 형태로 앉아 진행한다. 장소는 너무 어두운 곳이나 햇볕이 강해 눈이 부시는 장소는 피하여 조용하고 안정된 곳을 선택한다. 유아들이 앉은 위치는 주의집중을 고려하여 창문이나 출입문으로 향하지 않도록 한다.

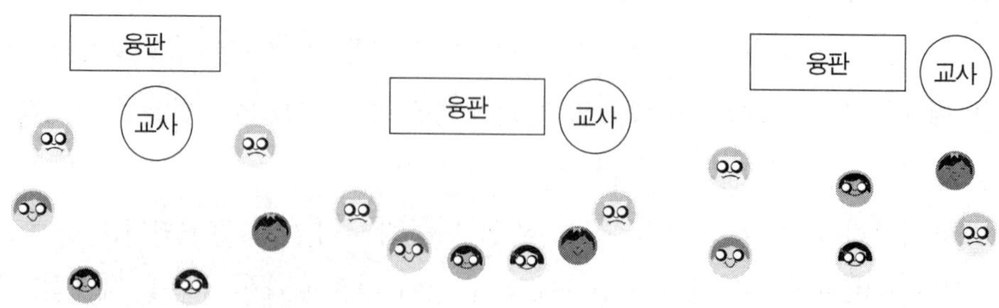

7) 유아들이 이야기 나누기를 진행할 때 주의집중에 방해요인이 있는지 살펴본다.

이야기 나누기를 진행하기 전 유아들이 앉아 있는 형태를 사전에 살펴보고 조정하고 배려해 줌으로써 이야기 나누기에 더 집중할 수 있다. 앞자리에 키가 큰 유아가 앉았을 경우 뒷자리 유아는 시야가 가려져 잘 보이지 않을 수 있다. 이때 교사는 자리를 바꿔 앉을 수 있도록 하거나 뒷자리 유아는 의자에 앉아 시야를 가리지 않도록 한다. 또한 두 유아가 너무 가까이 앉아 있다면 비좁은 공간으로 인하여 다툼으로 이어져 이야기의 흐름을 끊을 수 있으므로 두 유아가 적당한 공간을 확보하고 앉을 수 있도록 사전에 배려한다.

8) 유아가 이야기 나누기에 흥미를 유발하고 주위 집중할 수 있도록 여러 방법을 준비한다.

유아의 주위를 집중시키기 위해서는 노래 부르기, 손유희, 소란스러울 때 목소리 작게 하기, 노래 점점 작게 부르기 등의 방법을 사용한다.

9) 효과적인 학습을 위해 자료를 준비한다.

교사는 유아들이 주제와 관련된 흥미와 이해를 돕기 위하여 다양한 시청각자료(실물, 그림, 모형, 카드, 영상자료) 등을 준비한다. 이때 자료들은 유아들이 모두 볼 수 있는 크기로 준비한다.

10) 교사가 바르고 정확한 언어를 사용한다.

교사가 사용하는 언어가 영유아에게 좋은 모델이 되도록 발달 수준에 적합한 단어와 문장을 사용해야 한다. 이 때 분명한 발음, 말의 속도, 크기, 어휘의 사용에 유의해야 한다.

11) 교사는 일방적으로 가르쳐주는 시간이 되지 않도록 하며, 유아가 자신의 생각과 경험을 이야기하도록 한다.

12) 다양한 질문을 하며, 발표의 기회가 모든 유아들에게 골고루 이루어지도록 한다.

유아들에게 사고를 자극하기 위해서는 '예' 또는 '아니오.' 만을 선택하는 폐쇄형 질문보다는 자신의 의견을 이야기할 수 있는 개방형 질문을 한다. 예를 들면 교사가 "동물원에 갔었니?", "좋았어요?"라고 하면 유아는 "예", "좋았어요."라고 대답하기 쉽다. 따라서 교사는 "누구랑 같이 갔니?", "어떤 동물을 보았니?", "왜 무서웠니?"와 같은 질문을 통해 자신의 생각을 점차적으로 확장해 표현할 수 있도록 한다.

질문을 통한 발표는 발표를 잘하는 유아에게만 기회가 집중되지 않도록 주의하고 소극적인 유아에게는 쉬운 질문을 통해 발표할 수 있는 기회를 가질 수 있도록 배려해야 한다.

2. 교수 · 학습의 실제

1) 주제와 관련된 유아의 경험으로부터 이야기 나누기를 시작한다.

교사: 바다에 놀러갔던 경험이나 바다에서 본 것에 대해 친구들에게 이야기해 주고 싶은 친구 있나요?
규현: 바다에 가서 수영해 본 적이 있어요.
호빈: 바닷가 모래에서 꽃게를 봤어요.
교사: 바닷가 모래에서 꽃게가 움직이는 것을 보았구나. 바닷가에서 또 다른 생물들 을 본 경험이 있니?
민수: 선생님, 저는 물고기를 봤어요.
도연: 불가사리도 보고, 조개도 봤어요.

2) 교사의 일방적인 설명이 아닌 교사와 유아, 유아와 유아의 의견 교환식 이야기 나누기를 한다.

이야기 나누기를 할 때 생활주제에 대한 탐구는 유아들이 공통으로 흥미와 관심이 있는 내용으로부터 토론식 또는 의견교환의 형태로 시작한다. 이때 다양한 자료(책, 사물, 시청각 자료)를 이용하여 이야기 나누기를 진행한다.

3) 유아의 흥미와 질문을 존중하고 격려하는 이야기 나누기를 진행한다.

이야기 나누기 시간은 유아가 자신의 생각을 자유롭게 표현하며, 교사와 유아, 유아와 유아 간에 의견을 교환하고 공유하면서 사고가 확장되는 시간이다. 그러므로 교사는 이야기 나누기 시간이 일방적인 설명에 의해 진행되지 않도록 주의하고 유아의 경험으로부터 시작하여 유아들에 의한 새로운 발견이 중심이 될 수 있도록 유아들의 흥미를 존중해 주어야 한다.

> 교사가 계획한 방향으로 이야기 나누기를 진행하는 것과 유아들의 흥미와 질문을 격려하며 이야기 나누기의 방향을 수정하며 진행할 때 유의점을 살펴보면 다음과 같다.
> • 유아들의 관심과 질문이 교육목표에 부합하는가?
> • 교사가 계획한 교육목표와 다르지만 교육적 가치를 지니고 있는가?

4) 이야기 나누기 진행 시 다양한 유아들의 반응을 수용하는 분위기를 제공한다.

다양한 상황에 있겠지만 답을 알고 있는 유아에게 먼저 기회를 주면 다양한 생각을 하지 못할 수도 있다. 그러므로 다양한 생각을 먼저 들어보는 것이 좋다.

5) 이야기 나누기를 통해 유아들의 어휘를 확장시켜 준다.

유아가 전달하고자 하는 내용을 적절한 단어를 찾지 못할 때에는 교사는 유아의 생각을 이해하고 적합한 어휘를 자연스럽게 소개해 줄 수 있다.

자연스럽게 적합한 어휘를 들려주는 사례

유아: 그 때 해봤잖아요. 손수건 예쁘게 만드는 거요.
교사: 그림 그리는 것을 말하는 거니?
유아: 그림 말고요. 그때 예쁜 물에 넣었던 거요.
교사: 염색 말하는 거니? 손수건을 색깔 물에 담가서 물들이는 것, 염색 같은데?
유아: 그거요 염색. 이 천에도 염색하면 좋겠어요.

출처: 서동미 외, 2013.

6) 상황에 적절한 질문을 사용하여 유아들의 대화를 촉진한다.

교사는 유아들에게 단순한 기억을 묻는 질문부터 인지적 사고를 요하는 질문을 할 수 있다. 때로는 당연시하는 사실에 대한 역질문을 통해 유아들이 인지적 갈등을 느끼도록 하여 대화를 촉진하는 방법이 있다.

7) 질문 후 답을 재촉하기보다는 충분한 시간을 준다.

교사의 질문에 대해 유아는 자신의 생각을 언어로 표현하기 위해서는 생각을 정리하고 이를 적절한 언어를 사용하여 표현해야 하기 때문에 시간이 필요하다.

따라서 교사는 유아가 대답하기까지 충분한 시간을 주어야 한다.

8) 교사 질문에 대해 유아가 답하지 못할 때는 질문의 수준 또는 방향을 수정한다.

교사의 질문에 유아가 대답을 못하거나 잘못 답했을 때 반복질문을 계속하기보다는 다른 표현으로 질문하거나 다른 측면에서의 질문을 통해 표현을 확장해 줄 수 있다.

9) 교사는 유아가 발표한 말을 정리하여 들려준다.

교사는 유아의 발표를 주의 깊게 듣고, 발표가 끝난 후에는 중요한 내용을 정리하여 들려준다. 교사는 이를 통해 발표자의 의도를 확인하고, 유아는 자신이 한 이야기를 듣고 평가할 수 있다.

10) 유아들이 이야기 나누기에 골고루 참여하도록 배려한다.

모든 유아에게 발표할 기회를 골고루 주어서 대답을 잘하는 일부 유아들을 중심으로 이야기 나누기가 진행되지 않도록 한다. 때로는 교사가 대답을 잘하는 유아에게 시선이 집중되는 경우가 많은데, 모든 유아에게 항상 시선을 골고루 주어야 한다.

11) 유아들에게 솔직한 모습을 보여준다.

유아가 질문한 것에 대해 교사가 정확한 답을 모를 때에는 "선생님이 잘 모르겠네. 책을 찾아보자" 또는 "선생님이 잘 모르겠으니 너희들도 알아보고 내일 함께 이야기를 하자" 등의 반응은 이야기 나누기 시간이 단순히 지식을 전달하는 시간이 아니라, 정보를 함께 공유하고 나누는 시간으로 생각할 수 있게 한다.

3. 활동계획안

<table>
<tr><th colspan="2">활동명</th><th>활동형태</th><th>유형</th><th>연령</th></tr>
<tr><td colspan="2">은행나무와 단풍나무의 한살이</td><td>대 · 소집단
활동</td><td>이야기 나누기</td><td>5세</td></tr>
<tr><td>활동목표
(누리과정
관련요소)</td><td colspan="4">• 은행나무와 단풍나무의 한 살이를 안다.
(자연탐구 〉과학적 탐구하기 〉생명체와 자연환경 알아보기 〉 관심 있는 동식물의 특성과 성장과정을 알아본다.)
• 은행나무와 단풍나무의 한 살이를 통해 다른 나무의 한 살이에 관심을 갖는다.
(자연탐구 〉 탐구하는 태도 기르기 〉 호기심을 유지하고 확장하기 〉 주변 사물과 자연세계에 대해 지속적으로 관심을 갖고 궁금해 한다.)</td></tr>
<tr><td>활동자료</td><td colspan="4">그림책(명품꼬마관찰-단풍나무와 은행나무), 사진(은행잎, 단풍잎 색의변화 사진)</td></tr>
<tr><td>활동방법</td><td colspan="4">1. 은행나무와 단풍나무를 본 적이 있는지 이야기 나눈다.
- (지난 시간에 배운 노래를 부른다.) ‘가을은 가을은’ 노래를 부른다.
- 은행나무와 단풍나무를 본 적이 있나요?
- 어디서 보았나요?
2. 요즘 보았던 은행나무와 단풍나무의 모습에 대해서 이야기 나눈다.
- 은행나무의 모습이 어땠나요?
- 줄기와 가지의 모습은 어땠나요?
- 나뭇잎의 모습은 어땠나요?
3. 사진을 보며 은행잎과 단풍잎의 색의 변화에 대해 이야기 나눈다.
- 은행잎은 봄과 여름에도 노란색이었을까요?
- 단풍잎은 봄과 여름에도 빨간색이었을까요?
4. 그림책을 보며 은행나무와 단풍나무의 한 살이에 대해 이야기 나눈다.
- 은행나무와 단풍나무가 어떻게 자라나는지 살펴볼까요?
5. 은행나무와 단풍나무를 제외한 다른 나무의 한 살이에 대해서도 예측해 본다.
- 다른 나무는 어떻게 자라날까요?</td></tr>
<tr><td>참고사항</td><td colspan="4">은행나무와 단풍나무의 한 살이를 통해 다른 나무의 한 살이에도 관심을 갖도록 한다.</td></tr>
</table>

출처: 5세누리과정에 기초한 어린이집 프로그램(보건복지부, 2012).

제7장

동화 · 동시 · 동극의 실제

1. 동화
2. 동시
3. 동극놀이

1. 동화

동화는 어린이를 대상으로 하며, 전해 내려오는 이야기나 새롭게 창작된 이야기를 다룬 문학을 의미한다. 영유아들은 성인이 들려주는 이야기를 들으며 상상력을 키우고, 자신의 상황에 대한 감정이입과 기쁨, 슬픔, 통쾌함, 두려움 등의 다양한 정서를 느끼게 된다. 영유아들은 동화 듣기를 좋아하여 자연스럽게 책을 들고 다니며 그림과 글을 보며 이야기를 만들기도 한다(서동미, 2013).

동화는 영유아가 문장을 듣고 이해하는 문해력과 상상력을 길러 언어발달을 도모하고, 그림을 통한 예술적인 심미감을 발달시킬 뿐만 아니라 사고력 발달을 꾀할 수 있어 전인발달에 많은 도움이 된다.

1) 동화의 종류 및 전달 매체의 특징

(1) 동화는 창작 유무와 내용에 따라 〈표 7-1〉과 같이 동화의 종류를 분류할 수 있다.

표 7-1 동화의 종류

전래동화	– 전래동화는 옛 부터 작가를 알 수 없이 구전되어 온 이야기이다. – 전래동화를 통해 사회적 가치와 도덕적 신념을 반영한 사회 구성원들이 전통적인 가치관을 공유하고 결속력과 일체감을 다진다. – 현실적으로 불가능한 일들이 마술처럼 이루어지고 이야기의 전개는 단순하고 반복적으로 전개된다는 점에서 유아의 흥미를 끄는 중요한 요인이 된다. – 우리나라: 「해와 달이 된 오누이」, 「흥부와 놀부」, 「콩쥐팥쥐」, 「혹부리 영감」 ↳ 권선징악의 교훈을 주는 이야기로 전개됨. – 외국: 「커다란 순무」, 「장화 신은 고양이」, 「세 마리 염소」

환상동화	- 환상동화는 초자연적인 소재나 대상, 사건이 중심이 되는 이야기이다. - 환상의 세계는 유아들의 물활론적 사고와 부합되어 상상력과 즐거움을 준다. - 「지각대장 존」, 「세 강도」
생활동화	- 생활동화란 실생활에서의 이야기를 소재로 한 동화이다. - 유아의 내적 세계를 다룬 동화: 「이슬이의 첫 심부름」, 「휘파람을 불어요」 - 가족 세계를 다룬 동화: 「피터의 의자」, 「순이와 어린 동생」, 「돼지 책」 - 사회적 세계를 다룬 동화: 「피터의 편지」, 「솔이의 추석 이야기」, 「내게는 소리를 듣지 못하는 여동생이 있습니다.」 - 자연적 세계를 다룬 동화: 「눈 오는 날」, 「심심해서 그랬어」

(2) 동화를 가장 효과적으로 들려줄 수 있는 전달매체의 종류를 살펴보면 〈표 7-2〉와 같다.

표 7-2

전달매체별 특징

종류	특징
구연동화	- 구연동화는 특별한 매체 없이 교사의 말과 표정, 손짓으로 동화를 들려주는 형태이다. - 구연자가 동화의 내용을 완벽하게 파악한 후 구연한다.
그림동화	- 그림동화는 하드보드지에 동화장면의 그림을 확대해서 그린 후 색칠을 한다. - 뒷면에는 동화의 내용을 기록한다. - 어린이집이나 유치원에서 일반적으로 사용되고 있다.
TV동화	- TV동화는 튼튼한 상자에 화면 크기만큼 앞부분을 오린다. 상자 윗부분에 구멍을 뚫고 랩심을 상자보다 높게 자른 것에 동화내용이 그려진 종이 두루마리 휴지처럼 말아 끼운다.
융판동화 (앞치마 동화)	- 융판동화는 부직포로 만든 자료나 코팅한 그림자료 뒤에 벨크로 테이프를 붙여 앞치마 등에 붙여 사용한다. - 만들기 쉽고 크기가 작아 보관이 용이하다.
자석동화	- 자석동화는 그림 자료를 붙이는 형태와 뒤에서 다른 자석을 이용하여 인물이나 사물을 움직이게 하는 형태이다. - 자석이 움직일 때 그림 자료가 떨어지지 않는지 확인 후 사용한다.

막대동화	- 막대동화는 동화의 등장인물을 종이나 부직포로 만든 자료 뒤에 나무 젓가락이나 빨대를 붙여 만든 형태이다. - 막대를 잡고 구연해야 하므로 등장인물이 한꺼번에 많이 나오는 동화에는 적합하지 않다.
테이블 동화	- 테이블 동화는 배경과 인형을 테이블 위에 올려놓고 구연하는 형태로 부직포로 만든 배경과 등장인물이 잘 세워질 수 있도록 무게 중심이 있는 병을 사용한다.
손가락인형 동화	- 손가락인형 동화는 등장인물을 손가락에 끼울 수 있는 크기로 만들어 동화 구연 시 손가락에 끼고 움직이며 동화를 구연하는 형태이다.
줄인형 동화	- 줄인형 동화는 십자모양의 나무에 낚싯줄을 달아 인형의 팔다리를 연결해서 움직일 수 있도록 만든 형태이다.
그림자 동화	- 그림자 동화는 빛의 성질을 이용하여 빛과 막 사이에 자료를 놓고 비치는 그림자를 이용해 구연하는 형태이다. - 그림자 인형은 하드보드지나 일러스트보드지와 같은 두꺼운 종이를 이용하는 것이 좋다.
OHP 동화	- OHP 동화는 투명OHP 필름에 네임펜이나 유성매직으로 그림을 그린 후 색을 입혀 만드는 형태이다. - 겹쳐서 화면을 완성하거나 한 장면에 여러 명이 등장할 때 한명씩 나오게 하는 효과가 있다.
PPT 동화	- PPT 동화는 그림책의 한 장면씩을 스캔하여 PPT작업을 한 후 스크린에 비춰 보여주는 형태이다. - 부분적으로 그림의 움직임을 줄 수 있어 동화의 생동감을 더한다. 최근에는 컴퓨터의 발달로 많이 사용하고 있다.

2) 계획 및 준비하기

(1) 발달단계, 주제에 맞는 동화를 선정한다.

교사는 유아의 발달단계에 맞는 동화나 현재 진행되고 있는 활동주제에 적절한 동화를 선정한다. 동화의 내용이 감동, 재미, 갈등해결 등을 담고 있으면서 유아들의 경험세계와 관련이 있는 내용이 바람직하다.

(2) 유아의 흥미를 유발하고 동화내용을 잘 이해할 수 있는 다양한 교수매체를 활용한다.

교수매체는 그림동화, 융판동화, 줄인형 동화, OHP동화, 애니메이션 동화 등 다양하다. 교사는 동화의 내용에 따라 유아가 흥미를 지속시키고 상황에 대한 명료한 이해를 돕기 위해서 매체를 적절하게 활용해야 한다. 또한 교사 자신이 매체가 되어 구연동화를 들려줄 수 있다.

(3) 동화를 들을 그룹의 형태를 결정한다.

동화는 영유아의 연령에 따라 그룹의 형태를 결정해야 한다. 영아의 경우 교사와 1~2명의 영아가 무릎이나 옆에 앉아서 같은 방향에서 동화를 보면서 들을 수 있다. 유아의 경우 연령이 높아질수록 소그룹, 대그룹의 형태로 동화를 들려줄 수 있다.

(4) 동화자료를 제작한다.

동화의 내용에 따라 적절한 형태로 동화자료를 제작한다. 또한 어떤 사후 활동을 계획할 것이냐에 따라서 동화제작 방법이 달라질 수 있다. 만약 동화를 듣고 동극을 사후활동으로 계획한다면 융판 동화를 제작하여 활용한다든지, 신체표현을 할 경우에는 OHP동화를 제작하여 동화의 한 장면을 신체표현의 배경으로 사용할 수 있다.

(5) 동화의 내용과 자료의 조작 방법을 익힌다.

동화자료는 각각의 매체마다 조작 방법이 다르기 때문에 동화를 들려주기 전에는 반드시 점검해야 한다. 그림동화의 경우 순서대로 되어 있는지 확인해 보고, 줄 인형의 경우는 줄이 끊어진 곳이 없는지 살펴보아야 한다.

교사가 동화를 들려주기 전에는 내용을 파악하고, 등장인물에 따른 말투, 행동을 충분히 익혀 동화의 내용을 실감나게 살릴 수 있도록 한다.

(6) 동화를 들은 후 관련된 사후 활동을 계획한다.

동화를 듣고 다양한 활동으로 접근이 가능한 매체이다. 「눈 오는 날」 동화를 듣고 "눈사람이 왜 없어졌을까?", "눈사람이 없어지지 않게 하려면 어떻게 하면 될까?"와 같은 질문을 통해 물질의 특성에 대해 알고 의견을 나눌 수 있다. 동화에서 나오는 요리를 직접 만들어 보면서 재료들의 이름을 알 수도 있다. 이와 같이 동화를 통해 수학, 과학, 언어, 미술 등의 활동을 계획할 수 있다.

3) 교수 · 학습의 실제

교사가 동화를 선정하고 다양한 전달 매체를 동화의 특성에 맞추어 들려준다면 영유아들은 동화에 대한 긍정적인 태도와 흥미를 갖고 다양한 관점에서 문제와 상황을 바라볼 수 있는 기회가 될 수 있다. 그러므로 교사는 전래동화, 환상동화, 생활동화 등 다양한 종류의 동화내용, 제시방법, 토론내용 등을 주의 깊게 선정하여 동화를 지도하는 것이 바람직하다.

(1) 동화에 대한 흥미를 이끌어낸다.

교사는 들려줄 동화의 제목을 알려 준 후 첫 장면에서 연상되는 이야기를 하거나 동화에 등장하는 소재를 통해 동화에 대한 흥미를 이끌어낸다. 예를 들면, '곰 사냥을 떠나자' 라는 동화를 듣는다면, 교사가 배낭을 멘 후 '애들아! 내가 곰 사냥을 떠났는데, 어디로 가야 곰을 잡을 수 있을까?'하며 동화 내용에 대한 호기심을 자극할 수 있다. 도입이 지나치게 길면 동화에 대한 흥미를 떨어뜨릴 수 있으므로 간단히 소개하는 정도가 좋다.

(2) 동화를 들려준다.

낱장식 그림동화의 경우 그림동화가 교사의 얼굴을 가리지 않고 영유아 모두 잘 볼 수 있도록 영유아의 눈높이에 맞추어 놓는다. 동화를 들려줄 때 영유아들에게 고루 시선을 주며 영유아들이 동화에 집중하고 있는지, 흥미로워하는 부분은 어디인지 등의 영유아의 반응을 살피며 동화를 들려주고 영유아의 질문은 전개과정에 방해되지 않도록 적절하게 반응하며 진행한다.

(3) 동화의 장면에서 재미있는 부분이나 특이한 부분을 찾아 이야기해 본다.

그림동화, TV동화와 슬라이드 동화는 활동 후에 영유아에게 그림만을 보여주며 영유아들이 전체적인 줄거리와 등장인물들의 표정, 사건 등을 회상하고 이야기해 보게 한다. 이때 교사는 질문을 통해 동화 내용을 단순히 확인한다거나 도덕적 판단을 강요해서는 안 된다.

(4) 동화를 마무리하고 확장활동을 제안한다.

동화를 들은 후 전반적인 느낌과 평가를 한 후 필요한 경우에는 확장활동을 소개한다. 이때 교사는 단순히 동화의 등장인물 나열이나 사건의 순서 나열과 같은 질문보다는 “만약 첫째 돼지였다면 어떤 집을 짓고 싶니?”, “늑대에게 잡혀 먹히지 않으려면 어떤 집을 지으면 안전할까?”, “마법의 물건 중에서 한 가지를 가질 수 있다면 무엇을 갖고 싶니?”와 같이 질문하여 창의적으로 생각을 표현하는 평가를 하도록 한다.

동화를 듣고 확장활동이 필요한 경우 동화에 나오는 동극을 위한 소품 만들기, 동화 주인공에게 편지쓰기, 동화에 나오는 어휘목록 만들기, 신체표현 등의 활동을 할 수 있다.

4) 활동계획안

<table>
<tr><th colspan="2">활동명</th><th>활동형태</th><th>유형</th><th>연령</th></tr>
<tr><td colspan="2">봄맞이 대청소</td><td>대 · 소집단 활동</td><td>동화</td><td>5세</td></tr>
<tr><td>활동목표
(누리과정 관련요소)</td><td colspan="4">• 봄의 날씨변화에 따른 생활변화에 대해 안다.
(자연탐구 〉 과학적 탐구하기 〉 자연환경 알아보기 〉 낮과 밤, 계절의 변화와 규칙성을 알아본다.)
• 동화를 듣고 내용을 이해한다.
(의사소통 〉 듣기 〉 동요, 동시, 동화 듣고 이해하기 〉 동요, 동시, 동화를 다양한 방법으로 듣고 즐긴다.)</td></tr>
<tr><td>활동자료</td><td colspan="4">동화 「봄맞이 대청소」 (코이데 탄 글/코이데 야스커 그림)</td></tr>
<tr><td>활동방법</td><td colspan="4">1. 봄맞이 대청소 경험이 있는지 알아본다.
– 대청소를 해 본 적이 있었나요?
– 대청소를 할 때에는 어떤 기분이 들었나요?
– 동화에 나오는 친구들도 대청소를 하는데 어떤 일이 일어나는지 들어보자.

2. 동화를 듣는다.

〈줄거리〉 –무엇이든 나눠주는 상냥한 세 마리 쥐들의 이야기–
빨간 지붕이 있는 작은 집에 사는 세 마리 쥐는 봄맞이 대청소를 시작합니다. 먼저 집 안의 물건들을 꺼내어 놓고 청소를 하는 쥐들에게 지나가던 이웃 주민들이 인사를 합니다. 엄마 다람쥐와 아이 다람쥐는 예쁜 커튼에 감탄을 하고 쥐들은 마음 좋게 커튼을 줍니다.
다음엔 토끼가 비둘기시계를, 여우가 흔들의자를, 너구리가 테이블과 의자를 받아갑니다. 이번에는 무엇이든 나눠주는 쥐들의 집에 오소리가 찾아와</td></tr>
</table>

	장미묘목을 심어주고, 장미는 쑥쑥 자라 쥐들도, 오소리도 이웃 주민들도 모두 즐거워합니다. 3. 동화의 장면을 넘겨가며 다시 본다. - 동화에서 어떤 장면들이 나왔는지 살펴보자. - 이 장면에서는 무슨 일이 있었는지 기억이 나나요? 4. 동화를 듣고 내용을 생각해 본다. - 동화를 듣고 나니 어떤 기분이 드나요? - 다람쥐 가족에게 예쁜 커튼을 준 장면이 감동적이었구나. 오소리가 심어 준 장미묘목이 쑥쑥 자라는 모습을 보고 감동적이었구나. - 언제 선물을 주고 싶나요? 5. 동화에 대해 평가한다. - 만약 쥐가 청소를 하지 않았다면 쥐들의 집은 어땠을까? - 다른 사람을 기분 좋게 하려면 어떤 방법이 좋을까요?
참고사항	그림동화를 융판 동화나 테이블 동화로 만들어 활동할 수 있다.
확장활동	동화의 대사를 좀 더 간단히 정리하여 동극활동으로 연계할 수 있다.

출처: 서동미 외, 2013.

2. 동시

동시란 성인이 아동을 위해 일상생활의 모습을 함축적 언어로 표현했거나 유아가 직접 지은 시로 유아의 감정과 정서, 생활모습을 담고 있다(서동미 외, 2013).

동시는 내용과 형태가 간단하여 영유아들이 쉽게 익히고 외워 암송할 수 있으므로 교사는 다양한 동시를 준비해서 영유아들이 접할 수 있도록 한다. 교사 스스로 동시에 관심을 갖고 함축적 언어표현을 자주 사용하고 즐김으로써 영유아들도 동시에 관심을 갖고 즐기는 태도를 길러줄 수 있다.

1) 계획 및 준비하기

(1) 영유아들에게 들려 줄 동시를 선정한다.

영유아들에게 적합한 동시를 고려하여 선정하고 일반적으로 동시 선정기준은 다음과 같다.

- 길이가 짧고 리듬과 운율이 살아 있어 쉽게 따라 할 수 있는 시
- 영유아들의 생활체험이 녹아 있는 시
- 함축적인 언어로 구사한 시
- 감각적이고 심상이 뚜렷한 시
- 영유아들의 독창적인 아이디어가 묻어나는 시
- 유머가 있는 시
- 활동주제와 관련이 있는 시

(2) 동시를 들려줄 방법을 결정한다.

동시를 들려주기 전에 어떤 방법으로 들려줄 것인가를 결정하도록 한다. 교사는 동시가 갖고 있는 이미지를 파악하여 고유의 느낌을 살리기 위해 어조, 고저를 미리 결정한다.

(3) 동시를 감상하기 위한 적당한 시간을 고려한다.

동시는 정적인 활동으로 동적인 활동 후에 계획하는 것이 바람직하다. 또한 동시가 짧기 때문에 동시를 감상하는 시간도 짧게 계획하기보다는 충분한 시간을 통해 영유아들의 심상을 형성하도록 돕는다.

(4) 연관된 사후활동을 계획한다.

동시를 읽어본 후 간단한 행을 의태어, 의성어, 유머러스한 단어를 활용하여 다른 말로 바꾸어 보거나 등장인물을 동작으로 바꾸어 표현하는 방법, 그림으로 표현하는 방법 등을 계획한다.

2) 교수 · 학습의 실제

(1) 감상할 동시와 관련하여 영유아의 호기심을 이끌어 낸다.

동시의 내용과 관련된 부분그림을 보여주거나 소리 등을 이용하여 동기유발을 할 수 있다. 예를 들어, '눈이 오면'이라는 동시를 소개할 때 눈 오는 장면이 그려진 그림을 보여 주며 "너희는 눈 오는 날에 무엇을 했니?", "눈을 만져 봤니" 등의 질문을 통해 호기심을 끌어내거나 수수께끼를 통해 호기심을 자극할 수 있다.

· 추운 날 하늘에서 하얀 솜사탕처럼 펄펄 내려오지.
· 나를 밟으면 뽀드득 뽀드득 소리가 난다.
· 따뜻한 곳에서는 점점 녹아서 없어지려고 해.
· 나는 무엇일까?

(2) 동시와 관련한 유아의 경험에 관해 이야기를 나눈다.

동시의 주제나 대상에 대해 연상할 수 있는 사전 경험에 대해 이야기한다. '눈이 오면'이 동시의 주제라면 다음과 같은 발문을 할 수 있다.

· 눈 내리는 것을 본 적이 있었니?
· 눈을 만져보면 어떻게 되니?
· 눈을 굴려서 무얼 만들 수 있니?

(3) 교사가 동시의 느낌을 살려 영유아에게 들려준다.

시에 느낌을 생각하며 들려주어 영유아들이 감성을 충분히 느끼고 공감할 수 있도록 한다. 이때 지나친 과장은 영유아가 심상을 형성하는 데 방해가 되기 때문에 삼가고 동시의 느낌을 자연스럽게 잘 전달해 준다.

(4) 동시의 느낌을 살려 영유아들과 함께 낭송한다.

동시의 특성에 따라 다양한 방법으로 나누어 낭송할 수 있도록 한다. 동시를 나누어 낭송할 때에는 유아와 교사 혹은 남아와 여아로 나눠 번갈아가며 읽거나 특정 어휘나 행을 함께 바꾸어 읽어보는 등 다양한 방법을 통해 흥미를 갖는다.

짧은 동시의 경우에는 유아들이 암송하는 경우도 있는데 느낌을 가지고 잘 암송하는 유아가 있을 경우 혼자 낭송해 보도록 한다.

(5) 동시 낭송 후 사후활동을 할 수 있다.

동시를 낭송한 이후의 활동으로 동시 부분 짓기, 사물의 이름, 의성어, 의태어 등을 바꾸어 새로운 연을 만들어 보기, 동시 듣고 그림그리기 등을 할 수 있다. 이러한 경험을 통해 유아가 창작하고자 하는 욕구가 생기고 완성된 동시를 보고 성취감을 느낀다.

3) 동시의 실제

<table>
<tr><th>활동명</th><th>활동형태</th><th>유형</th><th>연령</th></tr>
<tr><td>코끼리</td><td>대 · 소집단 활동</td><td>동시</td><td>5세</td></tr>
<tr><td>활동목표
(누리과정
관련요소)</td><td colspan="3">• 동시를 들으며 코끼리의 생김새에 관해 이야기한다.
(의사소통 〉 듣기 〉 동요 · 동시 · 동화 듣고 이해하기 〉 동요 · 동시 · 동화를 다양한 방법으로 듣고 이해한다.)
• 동시의 느낌을 살려 다양한 방법으로 읽어본다.
(의사소통 〉 듣기 〉 바른 태도로 듣기 〉 다른 사람의 이야기를 끝까지 주의 깊게 듣는다.)</td></tr>
<tr><td>활동자료</td><td colspan="3">동시판, 비밀상자(상자 한가운데 구멍을 뚫어 코끼리의 일부분이 보이게 한다.)</td></tr>
<tr><td>활동방법</td><td colspan="3">1. 코끼리에 대한 이미지를 연상해 본다.
– 이 동물은 아주 큰 동물인데 아주 큰 코를 가졌어요.
– 이 코는 맛있는 냄새도 맡게 해준대.
– 어떤 동물인지 알겠니?
2. 동물원에 다녀온 후 코끼리를 본 경험에 대해 이야기 한다.
– 코기리가 무엇을 하고 있을 때 보았니?
– 코기리가 걸어 다니는 모습은 어떠니?
3. 코끼리의 생김새를 자세히 묘사한다.
– 코끼리의 몸 중에서 가장 생각나는 부분은 어디일까?
– 우리들의 귀와 비교하면 어떻게 다를까?
4. 동시를 들으면서 유아들이 상상한 코끼리의 모습과 같은지 비교해 본다.
– 우리가 방금 이야기한 코끼리의 모습을 생각하며 동시를 들어보자

코끼리
코끼리
코끼리
커다란 몸뚱이
그런데 꼬리 좀 봐요.
아주 작아요.
꼬불 꼬불 꼬불

코끼리
코끼리
커다란 몸뚱이
저기 저 코 좀 봐요.
아주 길어요.
꾸불 꾸불 꾸불

코끼리
코끼리
커다란 몸뚱이
귀 좀 봐요. 귀도 커요.
커다란 부채처럼
흔들 흔들 흔들

5. 동시를 들은 후 연상되는 코끼리의 모습을 묘사한다.
– 귀가 왜 부채 같다고 했을까?</td></tr>
</table>

	- 꼬불꼬불한 부분은 어디고 꾸불꾸불한 부분은 어디였나? 6. 동시의 내용 중 동작으로 표현 가능한 부분을 찾아 표현해 본다. - 코끼리의 모습 중에서 몸으로 표현해 보고 싶은 부분이 있니? - 꼬리가 꼬불 꼬불 꼬불한 모습을 어떻게 표현할 수 있을까? 7. 다양한 방법으로 동시를 감상한다. - 선생님이 읽어볼 테니 따라 읽어보자 - 코끼리 커다란 몸뚱이 부분은 선생님이 읽고 나머지는 너희들이 읽어 보자. - 우리 모두가 코끼리의 커다란 몸뚱이 부분을 하고 한 친구가 일어나서 나머지를 읽어보자. 8. 동시에서 모양을 묘사한 말을 다른 말로 바꾸어 본다. - '꼬불 꼬불'을 다른 말로 바꾸면 어떤 말이 어울릴까? - '흔들 흔들'을 다른 말로 바꾸면 무엇으로 바꿀 수 있을까? 9. 원래 동시와 바꾼 동시를 번갈아 감상하며 느낌을 비교하고 평가한다. - 처음에 있었던 동시와 새로 지은 동시를 다시 한 번 들어보자 - 느낌이 어떻게 다를까?
활동의 유의점	• 동시를 충분히 감상하여 유아들의 감성이 살아나도록 한다. • 유아들이 새로운 낱말을 만들어 보며 낱말 간의 조합을 통한 말놀이를 즐기도록 한다.
활동평가	• 코끼리의 생김새와 동시의 언어적 표현의 유사성을 유아들이 발견하는지 살펴본다. • 동시의 언어적 리듬감을 느끼고 즐기는지 평가한다.
확장활동	• 동시를 때때로 읽어 유아들이 자연스럽게 암송해 볼 수 있도록 한다. • 동시 내용의 일부를 바꾸어 유아들이 바뀐 곳을 찾아보도록 한다.

출처: 서동미 외, 2013.

3. 동극놀이

동극놀이는 교사가 들려주는 동화 내용을 중심으로 유아들이 역할, 사물, 상황을 비현실적인 방법으로 활동에 적극적으로 참여(Fein, 1981)하면서 자신의 느낌, 생각, 감정을 표현할 수 있는 교육적 수단이다(이정환, 김희진, 2013). 극놀이는 만 3세경부터 가능하며 교사는 유아의 연령별 발달수준에 적합한 동화를 선정하여 새로운 상황을 설정하고 극적인물과 동일시, 재현, 모방을 통해 정서적인 경험과 언어적 경험, 사회적 협력관계 등을 기를 수 있다.

극놀이의 형태에 따라 동극, 인형극, 무언극 등으로 나눌 수 있다. 동극은 유아 교육기관에서 가장 일반적으로 이루어지는 형태로 이미 익숙한 동화나 이야기를 극의 형식으로 표현하는 과정이다. 동극을 중심으로 살펴보면 다음과 같다.

1) 계획 및 준비하기

(1) 동극에 적절한 동화를 선정할 때 유아의 연령에 따라 동화의 길이, 등장인물의 수 등을 고려하여 선택한다. 〈표 7-3〉은 연령에 적합한 동화 선정기준을 살펴보면 다음과 같다.

표 7-3

연령에 적합한 동화 선정기준

<table>
<tr><th>연령</th><th>적합한 동화</th><th>참고내용</th></tr>
<tr><td>만 3세</td><td>• 내용이 단순하고 반복되는 동화
• 반복되는 대사가 있는 동화
• 내용이 쉽고 친숙한 동화
ex) 「커다란 무」, 「첫 눈 오는 날 」</td><td rowspan="3">• 등장인물의 수는 6~8명 정도가 적당함. (적은인원–참여기회가 적고, 많은 인원수–무대와 극이 혼잡함)
• 대사가 반복적으로 나타나 유아들이 대사를 암기하기 쉬어야 함.
• 동화이 내용이 극적인 상황이 포함 되어 반전과 유머 등을 표현 가능한 동화
• 등장인물의 성격, 행동 특성이 유아들이 표현하기 쉬운 것이 좋음.</td></tr>
<tr><td>만 4세</td><td>• 학기 초에는 대사가 단순히 반복되나 점차 대사가 규칙적으로 변화되는 동화
• 배경은 2~3곳의 배경을 가진 동화선정 도 가능 ex) 「세 마리 염소」, 「철이의 겨울 나들이」</td></tr>
<tr><td>만 5세</td><td>• 동화 내용이 만 3, 4세에 비해 여러 측면에서 폭넓은 선정이 가능
• 배경이 많은 동화 선정 가능
ex) 「쥐의 결혼」, 「황금 거위」</td></tr>
</table>

(2) 동극을 위한 이야기를 선정한 후 동극을 위한 대본을 만든다.

동화의 설명 부분을 삭제하고 간접화법을 직접화법으로 바꾼다. 동극에서의 인물대화는 짧고 반복적으로 조절하여 유아가 쉽게 대사를 기억할 수 있도록 구성한다. 만 3세, 만 4세의 경우 동화 속 대사를 유사하게 하는 것이 바람직하며, 만 5세의 경우는 대사를 수정해도 좋다. 또한 유아들이 사용하기에 적합하지 않은 단어(공격적인 단어, 어려운 단어)들은 수정한다.

(3) 필요한 소품과 자료를 준비한다.

동극의 소품은 교사가 직접 제작하거나 구입해 제공해 줄 수도 있지만 유아들이 활동 중 제작하여 활용하는 것이 더 바람직하다. 유아들이 동극을 준비하는 과정에 서 동화를 미리 듣고, 필요한 소품을 찾거나 제작하는 과정을 통해 배역에 대한 호기심과 기대감을 갖게 된다.

- 무대배경 : 동극에서 자주 사용하는 숲, 나무 등은 미리 제작해 두어 동화의 내용에 따라 조금씩 변경하여 사용하기도 하며, 최근에는 스크린이나 OHP, 파워포인트를 이용하여 배경으로 시용하기도 한다.
- 배경음악 : 극놀이의 배경음악은 극의 재미를 더해주고 극의 효과를 살리는 데 효과적이다. 그러나 배경음악이 삽입되어 극중 인물의 대사가 잘 들리지 않거나 음악이 나오는 동안 유아들의 동작에 방해가 될 수 있으므로 주의한다.
- 의상 : 동화에 등장하는 인물과 어울리는 의상을 제작하여 입는 것이 좋으나 의상 전체를 제작하지 못할 경우 부분적인 특징이 나타날 수 있는 의상을 제작한다. 예를 들면, 돼지의 코, 개구리의 발, 공룡의 꼬리만을 준비할 수 있다. 이 때 의상은 유아 스스로 탈부착이 가능한 것으로 준비하는 것이 좋다.
- 머리띠 : 머리띠를 제작할 때에는 유아들의 머리 크기를 고려하여 길이를 조절할 수 있도록 제작한다. 등장인물의 크기가 클 경우 극놀이 중 유아의 시선을 가리거나 앞으로 쏟아질 수 있으므로 이마넓이 크기로 제작한다.

(4) 극놀이의 인원, 장소, 앉을 대형 등을 고려한다.

동극을 교실에서 진행할 경우 교구장, 책상, 의자를 재배치하여 무대를 만들어 진행할 수도 있고, 강당의 무대에서 진행할 수도 있는데 이때 관객이 앉는 대형은 상황에 따라 달리 배치할 수 있다. 보통은 일자형으로 배치하지만 관객이 참여하는 동극인 경우 반원형이나 원형으로 앉아서 극을 진행할 수도 있다.

동극에 집중하며 극적인 재미를 더하기 위해서는 등장인물들의 대기 장소와 연기를 위한 무대의 공간이 따로 구분되어야 한다. 특히 극놀이를 위한 유아의 동선을 고려하여 인물이 등장하는 곳, 연기할 곳, 퇴장 방향을 정확히 알 수 있도록 지도하여 무대에서 부딪치지 않도록 해야 한다.

2) 교수 · 학습의 실제

(1) 유아에게 동화를 들려준다.

동화를 듣기 전 유아에게 동화를 듣고 난 후 동극을 할 것임을 미리 알려주고 들을 수 있도록 한다. 동극을 위한 동화를 들려줄 때에는 매체를 통해 들려주어 등장인물의 행동, 특징, 움직임 등을 유아들이 뚜렷이 알 수 있도록 한다.

동화를 들은 후에는 줄거리, 등장인물들의 대사를 중심으로 이야기의 전개를 기억해 보게 한다. 극으로 표현하는 방법에 관해 이야기한다.

(2) 배역을 정하고 동극무대를 정한다.

배역을 정할 때에는 유아들의 의견을 받아들여 정하고 많은 유아들이 참여할 수 있도록 하는 것이 좋다. 보통 동극은 두 번 정도 하게 되는데 첫 번째 동극에서는 표현을 명확하게 하고, 크게 할 수 있는 유아를 선정하여야 다른 유아들에게도 자극이 되어 학습의 기회가 된다. 다른 유아들 앞에 서는 것을 부끄러워하는 유아, 소극적인 유아, 배역을 맡지 않은 유아들에게도 극에 참여할 수 있는 역할을 부여한다.

배역을 정할 때 유아들이 지닌 외적 특징이 동물들의 특성과 결합하여 부정적인 선입견이 형성되지 않도록 하며, 교사는 고정관념에서 벗어나 유아가 다양한 역할을 해 볼 수 있도록 배역 선정을 한다. 배역이 다 정해지면 앞으로 나와 "저는 ○○역을 맡은 김△△입니다"라고 소개한 뒤 등장인물들이 대기하는 위치로 가는 동안 교사는 관객인 유아들이 자리를 정돈하고 편안히 볼 수 있도록 분위기를 조성한다.

동극을 할 때 대기 장소, 무대, 들어가는 방향 등을 일정하게 정해두는 것이 좋다.

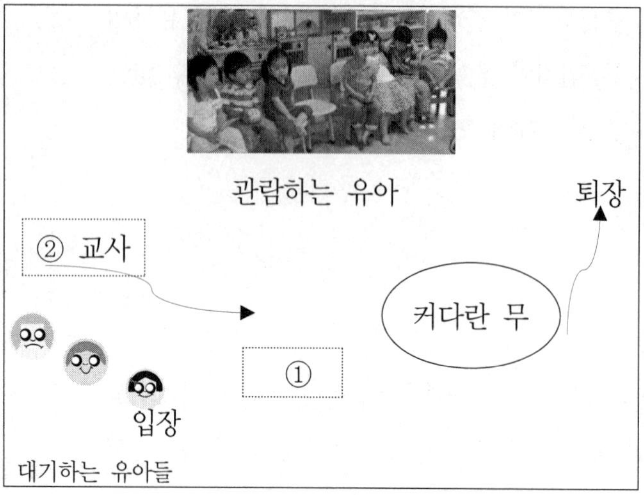

(3) 동극을 시작한다.

동극의 시작을 알린다. "지금부터 ✡✡반 동극 '커다란 무'를 시작하겠습니다." 라고 시작하는 말을 한 후 시작을 알리는 신호(트라이앵글 소리, 징소리, 액션'큐')를 들려준다.

교사는 관객과 배우역할을 하는 유아가 잘 보이는 곳에서 해설자의 역할을 한다. 이때 교사는 유아들이 대사를 원활히 할 수 있도록 돕거나 대사를 잃어버린 유아가 있는 경우 간접적으로 "쥐가 지나가자, 토끼가 '우리 함께 뽑아볼까?'라고 말했습니다."라고 해설하며 간접적으로 대사를 알려준다. 그러나 유아가 나름대로 창의적으로 표현을 하는 경우에는 수정하지 않고 격려하도록 한다.

마지막 부분은 "커다란 무를 뽑아 무국을 끓여 동물 모두 맛있게 먹었습니다.", "이것으로 '커다란 무' 동극을 모두 마치겠습니다." 등의 마치는 말을 한 후 동극에 참여한 유아들이 나와서 "저는 토끼를 맡은 ○○○입니다."와 같이 자신이 맡은 역할과 이름을 말하며 인사하고 들어가도록 한다.

(4) 동극에 대해 평가한다.

평가는 가장 인상 깊었던(긍정적인) 부분, 재미있게 표현한 부분을 먼저 이야기하도록 하고, 수정하면 더 좋아질 수 있는 것이나 보완해야 할 점 등을 이야기한다.

평가는 동극에 참여한 유아와 관람한 유아 모두의 입장에서 평가하도록 하며 잘못된 부분에만 집중하지 않도록 한다.

만약 재공연을 원할 경우 첫 번째 공연에 참여하지 않았던 유아들이 고루 참여해 보게 한다. 시간이 부족한 경우에는 자유선택활동 시간에 역할 영역에서 경험할 수 있도록 한다.

(5) 무대장치와 모든 소품을 정리한다.

큰 바구니를 준비해서 유아들이 착용했던 소품과 무대장치에 쓰인 소품을 정리할 수 있도록 한다.

3) 활동계획안

<table>
<tr><th colspan="2">활동명</th><th>활동형태</th><th>유형</th><th>연령</th></tr>
<tr><td colspan="2">삐약이는 흉내쟁이</td><td>대 · 소집단
활동</td><td>동극</td><td>4세</td></tr>
<tr><td>활동목표
(누리과정
관련요소)</td><td colspan="4">• 동화를 듣고 동물의 특징적인 소리에 관심을 갖는다.
(의사소통 〉 듣기 〉 동요 · 동시 · 동화 듣고 이해하기 〉 동요 · 동시 · 동화를 다양한 방법으로 듣고 이해한다.)
• 동물들의 특징을 살려 동극으로 표현한다.
(예술경험 〉 예술적 표현하기 〉 극놀이로 표현하기 〉 일상생활의 경험이나 간단한 이야기를 극놀이로 표현한다.)</td></tr>
<tr><td>활동자료</td><td colspan="4">배경판, 테이블 동화(원작: 삐약이는 흉내쟁이, 사토 와키코 글, 사계절), 머리띠</td></tr>
<tr><td>활동방법</td><td colspan="4">1. 동물의 움직임과 소리에 대해 이야기 하며 동화를 도입한다.
– 너희들도 다른 사람을 흉내내 본 적이 있었니?
– 어떤 사람들 (혹은 동물)을 흉내내 보았니?
– 흉내낼 때 어떤 점이 재미있니?
2. 동화를 들려준다.
– 동화 제목을 보니 ‘삐약이는 흉내쟁이’라고 되어 있네.
– 오늘 동화에서 빠약이가 무엇을 흉내내는지 한번 들어보자.
3. 동화를 회상한다.
– 동화에 누가 나왔는지 기억나니?(엄마, 병아리, 쥐, 돼지, 개구리, 강아지, 고양이, 거북이)
– 삐약이가 무엇을 했니?
– 동물친구들을 목소리 바꾸는 것을 즐거워했니?
– 달라진 삐약이의 목소리를 듣고 엄마는 어떻게 했을까?</td></tr>
</table>

	– 너희들도 목소리를 바꿔서 엄마, 아빠랑 이야기해 본 적이 있었니? 4. 등장인물의 순서와 대사를 확인한다. – 처음에 누가 나왔니? – 삐약이가 동물친구들을 만나서 어떤 말을 했니? – 삐약이의 목소리가 어떻게 바뀌었니? – 다른 동물의 목소리를 가질 때 어떻게 소리를 표현할까? 5. 배역을 정한다. – 삐약이는 어떻게 표현할 수 있을까? 어떤 친구가 삐약이 역할에 어울릴 것 같니? 내가 삐약이를 잘 표현할 수 있다고 생각하는 사람? – 거북이는 어떤 모습으로 등장할까? – 개구리는 어떤 모습이니? 개구리를 잘 표현할 수 있는 사람? – ○○이가 엄마를 잘 표현할 수 있겠다고 하는구나. 그럼 나와서 머리띠를 받자(배역이 정해지면 필요한 소품을 준다.) 6. 무대를 꾸민다. – 우리가 무대로 꾸밀 수 있는 부분은 어디일까?(삐약이집, 연못 등) – 어떤 물건들이 필요할까? – 우리 교실에서 찾을 수 있는 것은 무엇일까? – 삐약이의 집을 어디로 할까? – 어디로 지나다니면서 동물을 만나는 것으로 할까?(유아들이 동극을 할 때 움직일 동선을 알려준다.) – 기다리는 곳을 어떻게 할까? 동극을 할 친구들을 기다리는 곳으로 들어가세요. 7. 동극을 시작한다. – 이제부터 동극을 시작하려고 한단다. – 앉아 있는 사람들은 어떤 역할을 해주면 좋을까? – 징소리가 울리면 동극을 시작할꺼야. 모두 동극을 볼 준비가 되었니? 8. 동극을 마친 후 인사를 하고 소품을 정리한다. – 이것으로 바다반 동극 '삐약이는 흉내쟁이' 동극을 모두 마치겠습니다(등장인물 모두 함께 인사를 한 후 소품을 바구니에 받아서 정리한다). 9. 동극을 감상한 것에 관해 이야기 한다. – 동극에서 가장 재미있었던 부분은 어디였니? – 우리 모두 함께 표현해 보고 싶은 행동, 소리는 어떤 것이니? – 만약 목소리들을 다르게 표현한다면 어떻게 표현할 수 있을까? – 가장 굵은 목소리로 표현해야 할 동물은 무엇일 것 같으니? – 가장 귀여운 목소리는 어떤 동물이었을까? – 만약 너희들이 목소리를 바꾼다면 어떤 동물, 어떤 소리로 바꾸고 싶니?
활동의 유의점	• 동화내용에 대해 충분히 이해한 후 동극활동을 진행한다. • 등장인물을 유아들이 적절하게 표현하도록 교사가 돕는다.

활동평가	• 유아들이 동화내용과 역할의 특징을 충분히 이해하고 동극에 참여하는지 평가한다. • 유아들이 동극공연과 관람에서 바른 태도를 지켰는지 평가한다.
확장활동	• 동극하는 장면을 사진으로 촬영하여 유아들과 슬라이드 형태로 다시 감상해 본다.

출처: 서동미 외, 2013.

제8장

음악활동의 실제

1. 악기
2. 새노래
3. 음악 감상

1. 악기

1) 노래지도 시 활용될 수 있는 리듬악기

탬버린	모든 리듬악기 중에서 가장 용도가 넓은 악기로 뚜렷한 리듬, 밝고 빠른 음악, 강하고 악센트가 있는 음악연주에 적합하다.
트라이앵글	느리고 부드러운 음악과 특별한 효과(시계나 종소리)를 내기 위해 사용된다.
우드블럭	일정한 박자나 음악의 악센트 또는 명확한 리듬이나 단음을 묘사하는 데 적합하다.
큰 북	다양하게 사용되며 특히 강한 박자와 무거운 음악을 표현하는 데 쓰인다.
작은 북	북 밑면에 보통 10~15개의 쇠줄이 붙어 있어 북을 치면, 그 진동으로 독특한 소리를 내기 때문에 행진곡에서 많이 사용한다.
방울	막대모양의 막대방울, 손목에 사용하는 손목벨, 반원형의 루프벨 등 형태가 다양하며 빠르고 자극적인 음악연주에 적합하다.
마라카스	보통은 양 손에 한 개씩 두 개로 연주하지만 유아의 경우는 한 개를 사용하는 것이 쉬우며, 손잡이가 있어서 연령이 어린 유아들도 사용하기 쉽다.
리듬판	빨래판처럼 홈이 패인 나무로 되어 있으며, 박자의 강조나 특별한 소리효과를 내는 데 적합하다.
귀로	리듬 판처럼 홈이 파여져 있는데 원통으로 속은 비어 있다.
리듬막대	박자나 리듬을 익히는 데 쓰이며 짧은 음의 표현, 경쾌한 분위기의 음악 등에 사용한다.
모래종이	부드럽고 빠른 곡에 주로 쓰이며 기차소리를 내는 데 적합하다.
장구	오른쪽 면은 높은 소리, 왼쪽 면은 낮은 소리가 나며 면의 가장자리를 치면 또 다른 소리가 난다. 강박과 경쾌한 음악을 연주할 때 사용하며 장구춤을 출 때도 사용할 수 있다.
꽹과리	소리가 매우 높으며 시작과 끝 부분, 리듬의 장단 등에 사용하며 한 번 쳐서 여러 파생음을 낼 수 있는 것이 특징이다.
징	강박에 주로 사용하며 진동과 긴 음의 묘사에는 특히 효과적이다. 채를 헝겊으로 감아서 치기 때문에 부드럽게 울리는 소리가 나는 것이 특징이다.

2) 악기 활용 시 지도방법

① 신체의 각 부분이나 주변의 사물을 이용하여 소리를 탐색한다. 영유아들은 자신 의 신체를 사용해서 소리를 만드는 것을 즐거워한다. 손뼉치기, 발구르기, 입으로 소리를 내는 등 몸을 이용해서 다양한 소리를 탐색하게 한다. 또한 주변의 어떤 사물도 소리를 내는 악기역할을 할 수 있다. 볼펜을 규칙적으로 딸깍거려서 소리를 내거나, 서랍을 여닫으며, 숟가락을 맞부딪치거나 냄비뚜껑을 두드려서도 소리를 낼 수 있다. 다양한 소리를 만들어 본 후에는 규칙적인 소리에 맞추어 노래를 불러본다. 예를 들어, 4/4박자 노래에 맞추어 손뼉 두 번, 어깨 두 번을 반복해서 치거나, 3/4박자 노래에 맞추어 손뼉 한 번, 발 구르기 두 번 등을 반복하며 노래를 불러볼 수 있다.

② 멜로디 악기보다는 리듬악기에 익숙해지도록 한다. 유아들은 다양한 소리의 탐색을 위해서 모든 악기를 사용할 수 있지만, 소근육 발달에 제한이 있기 때문에 피아노나 멜로디언과 같은 멜로디 악기를 다루는 것이 쉽지 않다. 리듬악기를 통해서 리듬교육을 충분히 경험한 후에 멜로디를 활용하는 악기로 전환하는 것이 바람직하다.

③ 리듬악기를 사용할 때 긴 소리와 짧은 소리, 큰 소리와 작은 소리, 빠른 소리와 느린 소리의 차이를 탐색할 수 있도록 하고, 대집단으로 활동할 때에는 한꺼번에 두세 가지 종류 이상을 사용하지 않도록 한다.

④ 노래의 처음부터 끝까지 한 종류의 악기만 사용하지 말고 악기를 교체해 가면서 음색의 변화를 경험할 수 있도록 하고, 모든 유아가 다양한 악기를 사용해 볼 수 있는 기회를 준다.

⑤ 유아와 함께 악기를 만들어 보는 기회를 가진다. 유아가 수집한 소리나는 도구들 또는 유아가 만든 악기들을 연주해 보면서 서로 다른 소리가 어떻게 연결되어 어울리는 소리를 만드는지 듣고 평가해 보도록 한다. 이러한 경험을 반복적으로 한 후 합주를 시도해 볼 수 있다.

⑥ 노래를 부르는 것 외에 동화를 듣거나 동극을 할 때에도 악기를 통해서 특수한 음악적 효과를 경험할 수 있도록 하여 일상생활에서 다양한 소리를 효과적

으로 활용할 수 있는 방법을 익히도록 한다.

2. 새노래

영유아들은 노래를 좋아하여 주의집중 시간이나 활동 간의 전이를 위해서도 노래를 부르기도 하고, 새로운 노래를 들으면 엉터리 가사라도 붙여 반복해서 부른다(서동미, 2013). 노래는 우리의 삶이 담겨져 있어 정신적이고, 인지적 공감이 내면에 오래 남아 지각될 수 있다. 영유아들은 노래를 통해서 자신의 생각과 느낌을 표현하고 스스로의 정서를 조절할 수 있기 때문에 교사는 영유아들이 노래 부르기를 즐기고 음악적 감수성을 발달시킬 수 있도록 음악적 요소를 발달에 적합하게 전달하는 것도 노래지도 시 고려해야 할 사항이다.

1) 계획 및 준비하기

① 유아의 흥미와 발달수준을 고려하여 노래를 선정한다.

② 노래지도 방법을 선택한다.

③ 노래를 지도하기 위한 자료를 선택한 후 지도하기 쉬운 방법으로 정리해 놓는다.

④ 지도할 노래를 교사가 먼저 불러보고 익힌다.

⑤ 반주를 녹음하거나 음향기기를 점검한다.

2) 교수 · 학습의 실제

(1) 다양한 매체를 활용하여 노래를 소개한다.

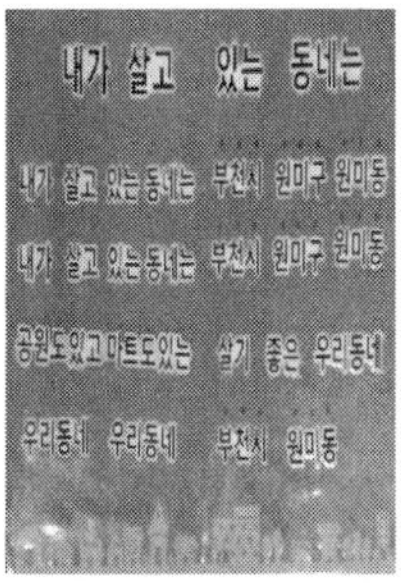

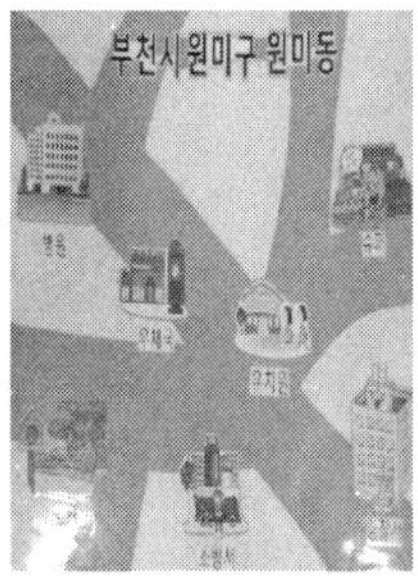

(2) 노래가사를 전달한다.

(3) 멜로디를 익힌다.

(4) 멜로디를 익히고 난 후 부분적으로 노래를 부른다.

(5) 전곡을 다 함께 부른다.

(6) 다양한 방법으로 노래를 반복해서 부른다.

(7) 활동을 평가한다.

(8) 확장활동의 방법에 대해 유아들과 함께 논의한다.

(9) 유아들이 노래에 충분히 익숙해지면 다양한 영역과 통합 활동으로 확장한다.

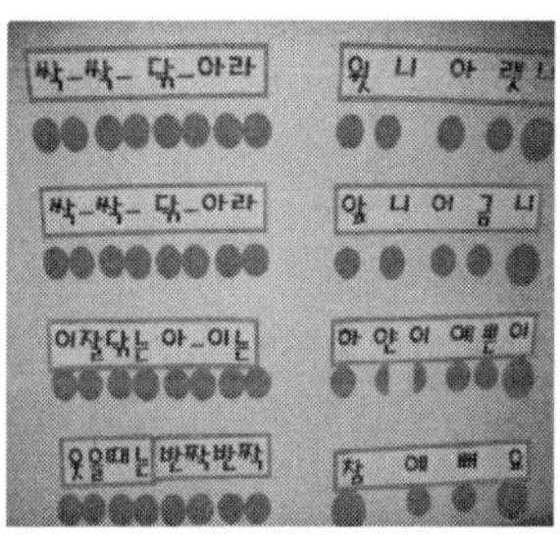

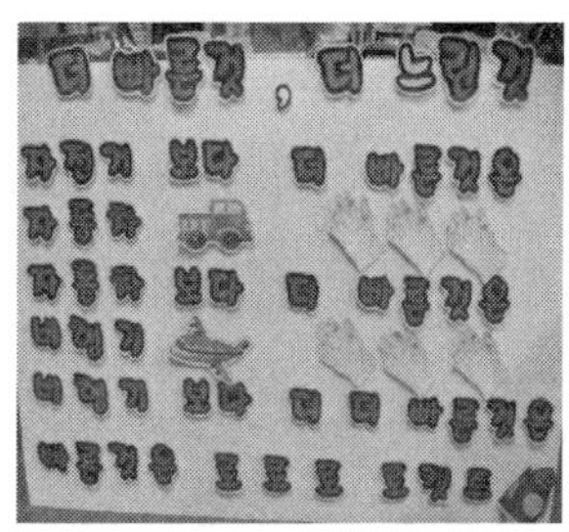

3) 활동계획안

활동명		활동형태	유형	연령
내가 살고 있는 동네는?		대 · 소집단 활동	노래지도	5세
활동목표 (누리과정 관련요소)	• 우리 동네의 이름과 모습에 관심을 가진다. (의사소통〉말하기〉느낌, 생각, 경험 말하기) • 우리 동네에 있는 것들을 노래로 표현한다.			

<table>
<tr><td></td><td>(예술경험 〉 예술적 표현하기 〉 음악으로 표현하기)</td></tr>
<tr><td>활동자료</td><td>우리 동네 악보, 그림 카드, 가사판, 손인형

</td></tr>
<tr><td>활동방법</td><td>1. 손 인형을 이용하여 유아의 흥미를 유발시킨다.
– 얘들아, 오늘 우리 반에 누리라는 친구가 놀러왔어. 우리 함께 누리를 불러볼까?
– 선생님이 하나, 둘, 셋 하고 외치면 우리 친구들이 ‘누리야 나와라’하고 불러보자. 하나 둘 셋
– 얘들아, 누리 이야기 잘 들었니?
– 그래, 누리가 어떤 것을 부탁했니?
– 그래 맞아. 그럼 우리가 누리에게 우리 동네에 어떤 것들이 있어. 하고 알려줄 수 있겠니?
2. 우리 동네 그림 자료를 보며 이야기 나눈다.
– 선생님이 준비한 그림을 보면서 우리 동네에 어떤 것들이 있는지 알아 보자.
– ○○가 잘 소개해주었어요. 우리 ○○에게 잘했다고 박수 쳐주자.
– 그럼 ○○가 소개한 것 말고 또 우리 동네에서 무엇을 볼 수 있을까?
– 우리 동네에서 참 많은 것을 볼 수 있구나.
3. 노래 가사 악보를 제시하며 어떤 노래인지 이야기 나눈다.
– (노래 가사판을 펼치며) 이 노래는 무슨 노래일까?
제목이 무엇일까? 다같이 제목을 읽어 보자!
– ‘내가 살고 있는 동네는’ 어떤 동네인지 노래를 배우며 알아보기로 하자. 선생님이 불러 볼테니 들어보자?</td></tr>
</table>

<table>
<tr><td></td><td>
내가 살고 있는 동네는 부천시 원미구 원미동
내가 살고 있는 동네는 부천시 원미구 원미동
공원도 있고 마트도 있는 살기 좋은 우리 동네
우리 동네 우리 동네 부천시 원미동

4. 가사판을 보며 가사를 읽어 본다.
– 선생님을 따라서 가사를 읽어보자.(한 줄씩 따라 읽는다.)
5. 한 가지 소리로 반복하여 불러 본다.
– 이 노래를 한 가지 소리로 불러 보자. 어떤 소리로 불러 보고 싶니?
– 이번에는 어떤 소리로 불러 볼까?(다른 소리로 부른다.)
6. 가사를 넣어 다함께 불러 본다.
– 이번에는 가사를 넣어 불러 보자.
(피아노 반주에 맞추어 다같이 노래를 부른다.)
– 가사판에서 우리동네 주소는 손뼉을 치며 노래를 불러 보자.
또 우리 동네 주소를 다른 동작으로 나타내려면 어떻게 할까?
7. 가사를 자유롭게 바꾸어 불러 본다.
– (가사판을 가리키며) 우리 동네에는 가사에 있는 마트, 공원 이외에 또 무엇이 있었지?
– 그림으로 가사를 함께 읽어 볼까?
(예: 우체국, 병원, 경찰서, 소방서, 유치원)은 살기 좋은 우리 동네~~
이렇게 바꿔서 부를 수 있겠니?
– 처음부터 끝까지 이 부분을 그림 가사로 바꿔서 불러 보자.
8. 노래를 부르고 난 후의 느낌을 이야기한다.
– 얘들아, 우리 동네의 모습을 노래로 불러 봤어. 다시 누리를 불러 볼까?
– 얘들아. 누리가 무엇을 알게 되었다고 했니?
– 오늘 ‘내가 살고 있는 동네는’ 노래를 불렀는데, 이 노래를 부르고 나니 어떤 느낌이 들어요?
</td></tr>
<tr><td>활동의 유의점</td><td>
• 노래를 부르기 전에 반복되는 의태어를 제시하여 유아의 흥미를 유발한다.
• 유아들이 묻고 답하는 형식으로 생동감 있게 노래 가사를 표현할 수 있도록 한다.
</td></tr>
<tr><td>활동평가</td><td>
• 우리 동네의 이름과 모습에 관심을 가지는가?
• 우리 동네에 있는 것들을 노래로 표현하는가?
• 노래 부르기에 즐겁게 참여하는가?
</td></tr>
<tr><td>확장활동</td><td>
• 본 활동계획안은 5세 누리지도서(우리동네)의 ‘활동 11. 내가 살고 있는 동네는?’ (59–61)을 참고하여 재구성함.
</td></tr>
</table>

3. 음악 감상

음악 감상은 유아들이 음악을 좋아하고 보다 깊이 느끼며, 이해하도록 돕는 음악적 경험의 기초이자 모든 음악활동을 통합하는 영역이라고 할 수 있다.

음악 감상은 유아가 느끼는 다양한 정서를 자연스럽게 표출하고 자신의 감정을 조절하여 표현하는 기회가 될뿐더러 또래 간의 긍정적인 상호작용 및 사회성 발달을 촉진해 준다. 뿐만 아니라 음악을 듣고, 그 느낌에 따라 다양한 방법으로 신체를 움직여보는 경험은 유아 자신의 신체에 대한 인식과 대 · 소근육 발달을 돕는다.

1) 계획 및 준비하기

감상활동의 내용이나 그 방법에 따라 유아가 음악을 받아들이는 태도는 달라질 수 있으며, 이러한 경험의 반복은 유아가 평생 음악을 즐기고 감상하는 태도에 영향을 미치게 되므로 주의 깊게 활동을 계획하고 준비하도록 한다. 음악을 단순히 들려주는 것에 그치기보다는 음악을 듣기 전 활동, 들은 후의 활동이 감상의 전 과정에 체계적으로 포함되도록 계획하는 것이 바람직하다.

(1) 감상곡을 선정한다.

유아의 적극적인 참여를 이끌기 위해서는 감상곡이 충분히 즐겁고 흥미로우며 유아의 발달수준에 적합한 것이어야 한다. 즉, 유아의 경험, 음악에 대한 흥미와 선호경향, 감상곡의 종류, 악기편성, 음악의 길이, 시대 및 문화적 특성, 악곡의 음악적 특성 등을 고려하여 적합한 곡을 선정하도록 한다. 감상곡 선정 시 고려해야 할 사항은 다음과 같다(이민정, 2004; 이홍수, 1992).

① 흥미 있는 이야기나 인물을 상상하게끔 하는 음악

음악을 듣다보면 자연스럽게 머릿속에 이야기가 그려지는 음악이나 유아가 곡의 내용을 상상할 수 있을 만큼 선율의 변화가 있는 곡은 음악에 대한 친숙함을 느끼게 하며, 감상 후 창의적 표현활동으로 자연스럽게 연결될 수 있어 효과적이다(예, 휘파람과 개, 아기 코끼리의 걸음마).

② 쉽고 단순한 가락과 리듬으로 이루어져 있는 음악

유아들은 쉽게 이해할 수 있으며, 단순한 가락이나 분위기, 리듬이 뚜렷한 음악 또는 자신이 잘 알고 있는 음악에 더욱 흥미를 느낀다.

(2) 감상방법을 결정한다.

음악감상활동을 어떠한 방법으로 전개할 것인가의 문제는 활동의 효과와 직결되는 매우 중요한 측면이다. 그러므로 다음에 제시된 바와 같이 유아, 음악의 특성, 학급여건 등 다양한 요인들에 대한 신중한 검토를 통해 가장 적합한 방법을 결정하도록 한다.

음악의 내재적 요소에 따른 감상은 다음과 같다.

- 표제음악 : 곡의 내용을 설명하거나 암시하는 표제가 있는 음악
  예, 베를리오즈의 환상 교향곡
- 절대 음악 : 표현하고자 하는 특정 주제없이 음악의 본질적 요소와 형식의 아름다움을 추구하는 음악으로 그 음악의 형식이 제목이 되는 경우
  예, 소나타, 협주곡 등

2) 교수 · 학습의 실제

(1) 감상곡을 소개한다.

유아들에게 감상할 음악의 제목과 작가를 소개한다. 감상곡의 내용을 자세히 설명하지 않고 유아들 스스로 유추해 보면서 감상하게 할 수도 있다. 필요한 경우

곡의 내용이나 특징을 설명해 줄 수도 있다.

(2) 음악감상을 할 때 지켜야 할 약속을 정한다.

음악을 잘 듣기 위해 지켜야 할 약속에 대해 이야기 나눈다. 몸의 자세는 자유롭고 편안하게 취하되, 음악을 들을 때는 주의를 집중하여 듣는다는 것에 대해 유아들과 약속을 정한다.

(3) 음악을 들을 준비를 한다.

유아 나름의 편안한 자세를 취하고 음악을 들을 준비를 한다. 음악을 감상할 때마다 늘 바른 자세를 유지하는 것을 요구하는 것은 유아로 하여금 '음악은 힘들고 지루한 것'이라는 느낌을 갖게 할 수 있다.

(4) 전체 음악을 들려준다.

음향기기나 영상기기를 이용하여 음악의 전체를 들려준다. 곡의 전체적인 느낌을 충분히 느낄 수 있도록 음악을 끊지 않고 듣는다.

(5) 유아들과 함께 음악에 대한 첫 느낌, 떠오르는 이미지, 생각 등을 간단하게 이야기 나눈다.

- 음악을 들어보니 어떤 느낌이 드니?
- 음악 속에 어떤 이야기가 들어 있는 것 같니?
- 어떤 소리가 들리는 것 같았니?

(6) 유아들이 음악의 특정 부분에 주의를 기울여 듣고 다양한 방식으로 반응하도록 격려한다.

유아들에게 무조건 똑바로 앉아서 잘 듣기만을 요구하면 쉽게 지루함을 느끼기 마련이다. 따라서 유아들에게 무엇에 집중하여 음악을 들어야 할 것인지를 제시해 주어 유아들이 흥미와 동기를 가지고 감상에 집중할 수 있도록 격려한다. 그러한 특징에 초점을 두고 음악을 반복하여 들을 수도 있다.

(7) 전체 음악을 다시 들어본 후 감상곡의 음악적 특성에 대해 이야기 나눈다.

유아들과 함께 다시 음악을 들으면서 새롭게 발견하거나 알게 된 사실, 느낌이나 생각 등에 대해 이야기 나누면서 서로의 생각을 이해하고 비교하며 평가해본다. 단어가지 만들기를 활용하여 유아들의 생각을 시각화해 주는 것도 적합하다.

(예, '휘파람과 개' 감상)

- 어떤 악기 소리를 들었니?
- 그 소리의 느낌은 어떠니?
- 음악을 들을 때 어떤 기분이 들었니? 왜 그런 기분이 들었을까?
- 음악이 빨라지는 부분에서는 어떤 생각이 들었니?

(8) 음악감상활동을 하고 난 느낌이나 생각에 대해서 평가한다.

- 음악의 분위기와 어울리는 색깔이 있다면 어떤 색깔이니? 왜 그렇게 생각하니?
- 활동을 하면서 좋았던 점이 있었니?
- 다음에 음악감상을 할 때는 어떤 방법으로 했으면 좋겠니?
- 이 음악을 또 듣고 싶니? 언제 이 음악을 들으면 어울릴 것 같니?

(9) 연관활동으로 확장한다.

유아가 감상한 음악을 다양한 방법으로 표현해 볼 수 있는 활동의 예는 다음과 같다.

① 음악에 맞추어 창의적인 신체표현을 한다. 비발디의 '사계' 중 '봄'을 감상한 후 봄에 볼 수 있는 풍경(새싹이 돋고 꽃이 피어나며 나비나 벌이 날아다니는 등)을 신체로 표현할 때 교사는 유아가 음악의 흐름과 특징에 귀를 기울이면서 움직임에 변화를 줄 수 있도록 다양한 발문으로 격려해 준다.

- 음악의 소리가 점점 빨라지고 있구나. 이럴 때 나비는 날갯짓을 어떻게 할까?
- 음악 소리가 아주 작게 들리지? 색깔은 어떻게 움직일까?

② 음악에 대한 느낌을 이야기, 동시, 그림 등으로 표현한다.

③ 음악의 분위기에 어울리는 동시나 동화를 선택하여 읽는다.

④ 이야기가 있는 음악을 감상한 후 극놀이한다.

3) 활동계획안

<table>
<tr><th colspan="2">활동명</th><th>활동형태</th><th>유형</th><th>연령</th></tr>
<tr><td colspan="2">자장가</td><td>대 · 소집단
활동</td><td>음악감상</td><td>5세</td></tr>
<tr><td>활동목표
(누리과정
관련요소)</td><td colspan="4">• 자장가를 들으면서 정서적 안정감을 느낀다.
(예술경험〉예술 감상하기〉전통예술 감상하기)
• 자장가가 지니고 있는 음악적 특성(빠르기, 셈여림)을 이해한다.
(예술경험〉예술적 표현하기〉음악으로 표현하기)
• 자장가를 감상한 느낌을 다양한 방법으로 표현한다.</td></tr>
<tr><td>활동자료</td><td colspan="4">음악이 녹음된 CD, 아기인형, 이불, 침대모형, 유모차 또는 요람, 그림책 『쉿』

자장가

자장 자장 자장 자장
우리 애기 잘도 잔다.

뒷집 개야 짖지 마라
앞집 닭아 울지 마라.
우리 애기 잠 잘 잔다.

꼬꼬닭아 울지 마라
병두개야 짖지 마라.
우리 애기 잘도 잔다.

자장 자장 자장 자장
우리 애기 잘도 잔다.</td></tr>
<tr><td>활동방법</td><td colspan="4">1. 유아들에게 동화 '쉿'을 들려주고 유아들의 경험을 이야기 나눈다.
• 너희들도 잠이 잘 안 올 때가 있었니?
• 어떻게 하니까 잠이 잘 왔니?
• 동화에서 엄마는 아기를 재우기 위해 어떻게 했니?
2. 잠을 안자는 아기를 잘 잘 수 있도록 돕는 방법에 대해 이야기 나눈다.
• 아기가 잠이 들게 우리가 도와줄 수 있는 좋은 방법이 있을까?
• 자장가를 들어(불러)본 적이 있니?
3. 자장가를 들려주고 음악에 대한 느낌을 이야기 나눈다.
• 노래를 들으니까 어떤 느낌이 드니?
• 어떤 때 이 노래를 들으면 좋을까?
• 이 노래를 들으면서 무엇을 하고 싶니?
4. 음악을 다시 한 번 더 듣고 두드러지는 음악의 구성요소에 대해 토의한다.
• 아기가 더 편안하게 잠들 수 있으려면 어느 정도 빠르기로 노래를 부르면 좋을까? 조금 더 빠르게(느리게) 부르면 어떨까? 왜 그렇게 생각하니?</td></tr>
</table>

	• 아이가 빨리 잠들 수 있게 도와주려면 어느 정도 크기의 목소리로 노래를 부르면 좋을까? 생쥐 엄마는 얼마만큼 큰 소리로 부를까? 공룡 엄마가 자장가를 부른다면 어느 정도 크기일까? 5. 음악의 특정 부분에 주의를 기울여 듣고 반응한다. • 반복되는 노랫말을 찾아보고 그 부분만 함께 불러보기(예, 자장자장) • 아기를 재우는 노랫말(자장자장)을 동작으로 표현해 보기 "어떻게 토닥여주면 아기가 편안하게 잠을 잘 잘 수 있을까?" • 인형아기를 안고 몸을 토닥이고 자장가를 불러주면서 재워보기 • 반복되는 노랫말이 나올 때마다 악기 또는 윷가락으로 박자 치기 6. 감상활동을 하면서 느끼고 생각한 점에 대해서 이야기 나눈다. • 자장가를 듣고 있을 때 어떤 느낌이 들었니? • 자장가를 불러주면서 인형아기를 재울 때에는 어떤 생각이 들었니? • 이 노래를 또 누구에게 들려주면 좋아할 것 같아? 왜 그렇게 생각하니?

출처: 서동미 외, 2013.

제9장

미술활동의 실제

1. 미술교육의 유형
2. 미술 감상

미술은 인간의 감정을 상징적 형태로 창조하는 수단으로 영유아들은 창의적 자기표현을 통해서 미적 감각을 키우고, 미술작품을 통해 자신의 생각을 나타낸다. 영유아들에게 미술교육은 작품 완성에 있는 것이 아니고 창의적 자기표현을 통해 정서를 풍요롭게 하고 미적 안목을 키우는 것이다. 그러므로 미술활동은 유아가 경험한 것, 자신의 감정과 생각, 자신에게 중요한 사건들로부터 지각하고 느낀 것을 표현하는 과정이다.

영유아들에게 다루어야 할 미술교육내용은 크게 탐색, 표현, 감상의 세 영역으로 나누어진다. 탐색은 오감각을 활용하여 주변사물의 특징을 지각적으로 이해하는 과정이다. 탐색을 통해 접근할 수 있는 요소들은 점, 선, 면, 색, 질감, 양감, 공간 등이다. 표현은 유아들이 경험한 내용을 미적 요소를 활용하여 창의적으로 표상하는 활동이다. 영유아에게 적합한 표현활동으로는 그리기, 찢기, 자르기, 붙이기, 찍기, 입체물 구성, 인형과 가면, 바느질과 직조 등이다(Herberholz & Hanson, 1990). 감상은 유아들이 쉽게 접하는 다양한 작품을 통해 아름다움과 가치를 느끼는 정신적 활동이다.

1. 미술교육의 유형

미술활동은 영유아가 경험하고 지각한 사실로부터 느낌을 표현하는 과정이다. 이 때 미술재료나 결과물의 형태에 따라 평면 미술활동과 입체미술활동으로 나눌 수 있다.

1) 평면미술 활동

평면미술을 위한 자료들은 물감, 크레용, 분필, 콜라주 등이 있으며, 활동으로는 그림 그리기, 판화활동, 손가락 그림, 도장 찍기 등이 있다.

(1) 그리기

영유아는 여러 가지 재료와 도구를 사용하여 자신의 생각과 느낌을 자유롭고 창의적으로 표현하는데 영유아기의 그리기는 선, 형태그리기, 채색하기가 있다.

- 자유화 : 영유아가 그리고 싶은 것은 형식에 얽매이지 않고 그리는 그림.
- 관찰화 : 인물, 자연물, 사물의 대상을 형태, 색으로 표현한 그림.
- 상상화 : 유아가 본 것, 생각한 것을 나름대로 표현한 그림.

(2) 판화활동

판화활동은 원하는 형태를 새겨 넣고 잉크나 물감을 발라서 찍어내는 특성이 있다. 판화활동은 판의 재질에 따라 목판화, 동판화, 석판화로 나눌 수 있으며, 판의 형태에 따라 오목판화, 볼록판화, 평판화, 공판화(스텐실)가 있다.

- 오목판화 : 그림을 판에 오목하게 새겨놓은 활동으로 뾰족한 도구로 그림을 그린 다음 그 위에 물감을 바른 후 종이를 덮어 문지른 후 떼어낸다.
- 볼록판화 : 그림을 판에 볼록하게 새겨놓은 활동으로 야채 위에 무늬를 볼록하게 새기거나 모루 등을 붙여서 무늬를 내고 도장처럼 찍기 활동을 할 수 있다.
- 평판화 : 평평한 판 위에 있는 무늬를 그대로 본뜨는 것으로 유리판 위에 물감으로 그림을 그리고 그 위에 종이를 덮어서 찍어내는 활동이다. 마블링, 데칼코마니 등이 포함된다.
- 공판화(스텐실) : 두꺼운 종이에 원하는 형태를 그린 후 가위로 오려낸다. 이것을 다른 종이에 테이프로 고정시키고 물감을 분무기에 담아서 뿜어 낸 후 도안을 떼어낸다. 일명 안개그림이라고 부른다.

2) 입체미술 활동

입체미술 활동은 3차원적 활동으로 공간에 대해 탐색할 수 있는 활동이다.

유아의 입체적 활동으로는 점토를 이용한 활동과 꾸미기, 만들기 활동을 들 수 있다.

(1) 점토활동

점토(밀가루, 유토, 흙)는 부드럽고 유연하여 영유아가 원하는 형태로 조작이 가능하기 때문에 쉽게 성취감을 느낄 수 있다. 영유아가 한번 만든 형태는 다른 형태로 변형이 가능하기 때문에 창의성 발달에 도움이 된다.

(2) 꾸미기

입체적으로 표현하는 방법 중에는 평면 자료들을 구기거나 종이를 붙여가며 구성하는 기법과 부피감 있는 여러 재료들을 붙여서 표현하는 오브제 기법도 있다.

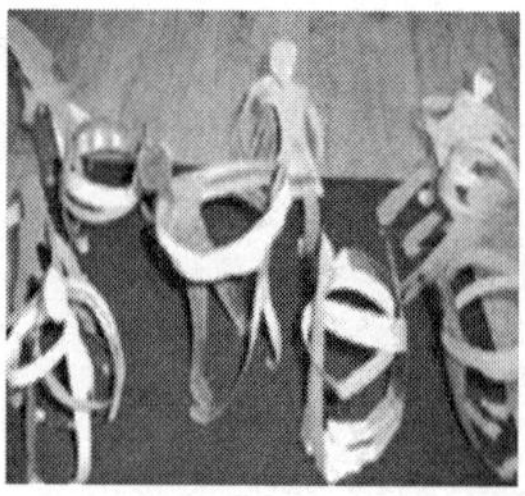

(3) 만들기

만들기는 크고 작은 상자, 주변의 폐품, 수수깡, 종이들을 입체적으로 표현하는 방법이다. 이외에도 철사나 모루를 활용하여 입체의 구성물을 만들 수 있다.

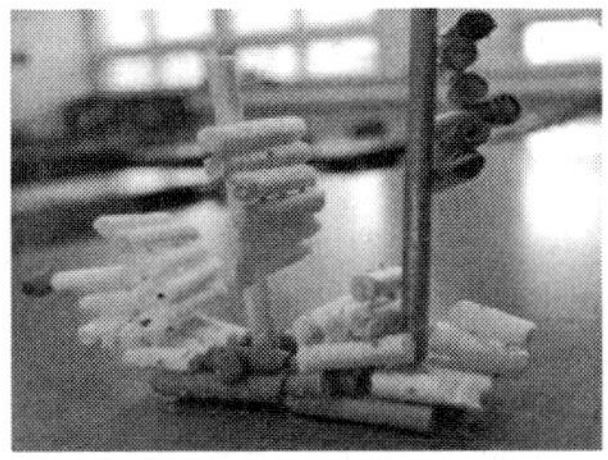

3) 계획 및 준비하기

(1) 진행되는 주제와 유아의 발달수준, 흥미를 고려하여 활동형태와 활동수준을 정한다.

교사는 진행되는 생활주제에 적합한 미술활동을 선정하거나 여러 자료의 탐색 과정이 일어난 다음 유아의 흥미나 교구, 관심에 맞춰 미술활동을 선정한다. 이때 어려운 활동과 쉬운 활동, 평면활동과 입체 활동을 균형 있게 계획한다.

생활주제가 '동물'일 경우 동물가면 만들기와 점토, 수수깡으로 동물 만들기, 좋아하는 동물 그리기 등의 활동을 선정할 수 있다.

유아들이 모루를 가지고 형태 만드는 것에 대한 흥미를 보일 경우 생활주제인 '동물'에 맞춰서 뱀, 달팽이 만들기를 할 수도 있고 생활주제와 상관없이 모루도장 판화(입체상자나 병의 바닥에 모루로 형태를 만들어 붙인 후 물감을 묻혀서 찍기)나 모루로 원하는 형태 만들기 활동을 계획할 수 있다.

(2) 미술활동의 형태와 수준에 따라 적합한 집단을 구성한다.

미술활동 자체가 유아의 자발적 표현이 강조되기 때문에 대집단 활동보다는 자유선택활동 시간의 개별 활동이나 소집단 활동의 계획이 적합하다. 그러나 경우에 따라서는 대집단 미술활동으로도 계획할 수 있다. 단, 대집단의 경우는 유아들의 자유로운 표현이 제한될 수 있으므로 두세 가지 이상의 미술활동을 준비하여 유아들에게 선택의 폭을 넓혀준다.

(3) 유아가 미술활동을 계획하고 마무리 짓기까지의 충분한 시간을 계획한다.

미술활동의 시간은 활동형태나 사용되는 자료에 따라 융통성 있게 운영되어야 하지만, 하나의 활동을 준비하고 실제로 표현하고, 평가하는 시간을 고려한 충분한 시간이 계획되어야 한다.

(4) 미술활동을 통해 유아들에게 전해주고자 하는 교육목적을 분명히 하고, 이에 적합한 교수학습방법을 계획한다.

미술활동을 통해 색의 혼합을 이해하게 하는 것이 교육목적일 경우, 데칼코마니(도화지를 반 접어서 한 면에만 물감을 짜고, 나머지 반을 접어서 문지르는 활동)활동을 제시하되 유아들이 기본 색(빨강, 파랑, 노랑)만 이용하여 데칼코마니를 할 수 있다. 또는 셀로판지를 서로 겹쳐서 미술활동을 하고 햇빛이나 라이트테이블에 비춰보는 활동을 할 수 있다. 이때 교사는 유아들에게 물감 또는 셀로판지의 색이 섞여서 어떤 색이 되었는지를 탐색해 보도록 안내할 수 있다. 그러나 동일한 데칼코마니 활동일지라도 대칭 이해가 교육목적일 경우, 물감의 색을 제한할 필요가 없으며, 데칼코마니 한 결과 양쪽의 무늬 또는 형태는 어떠한지 이야기해 볼 수 있다.

(5) 유아들이 창의적인 표현을 하기 위한 다양한 재료들을 준비한다.

미술활동을 위한 다양한 색과 크기, 질감의 종이와 채색도구, 자연물 등을 준비해야 하고, 이러한 자료는 유아들의 수만큼 충분히 준비되어야 한다. 또한 유아들은 동일한 활동을 여러 번 반복하면서 자신의 생각을 실험하곤 하기 때문에 탐색할 수 있는 충분한 기회가 제공되어야 한다. 따라서 유아들이 자신의 생각을 여러 번에 걸쳐서 시도해 볼 수 있도록 자료준비도 충분히 되어야 한다.

(6) 미술활동의 순서표를 준비한다.

교사의 도움이 없어도 유아가 혼자 미술활동을 할 수 있도록 '활동 순서표'를 만들어 유아들이 잘 볼 수 있는 곳에 게시한다.

(7) 유아들이 활동하기에 충분한 공간과 유아들의 작품을 보관할 공간을 계획한다.

유아들이 종이 및 입체의 자료들을 책상 위에 펼치고, 이에 부수적으로 필요한 채색도구, 접착제와 가위, 칼 등의 자료를 책상 위에 올려놓기 위해서는 넓은 공간을 필요로 한다. 만약 책상 위 공간이 비좁을 경우, 유아들은 미술활동 자체보다는 옆의 유아들과 부딪힘을 해결하거나 자료찾기에 더 많은 시간을 보내게 될 것이다.

또한 유아들이 만든 작품을 보관할 장소에 대해서도 계획을 세워두어야 한다.

풀그림이나 물감그림의 경우 교구장 위나 선반 위에 비닐 또는 종이를 깔아두어야 하며, 개별 유아의 그림을 보관할 수 있는 충분한 공간이 확보되어야 한다. 입체작품일 때도 한 유아의 작품을 세워서 보관할 수 있는 충분한 공간이 있어야 하며, 시간 안에 끝마치지 못한 유아들이 자신의 작품을 보관할 장소도 있어야 한다.

4) 교수 · 학습의 실제

(1) 평면미술 활동

가) 그리기

① 그리기의 주제는 유아들의 경험을 고려하여 선정한다.

그리기의 주제를 사전에 정해놓기보다는 유아들이 자발적으로 표현하도록 하는 것이 좋다. 교사의 교육계획에 따라 주제를 선정해 줄 경우에도 유아들의 경험에서 이끌어 내거나 주제의 폭을 넓게 하여 유아들에게 선택의 기회를 많이 주도록 한다.

② 그리기 주제에 유아들이 흥미를 가질 수 있도록 다양한 방법의 탐색을 허용한다.

- '강아지' 그리기일 때 강아지의 형태와 색을 유아들의 생각에만 의존하여 그리는 것은 무리가 있다. 실제 강아지를 만져보거나 정지해 있는 모습 또는 뛰는 모습을 관찰하고 유아들이 원하는 강아지의 모습을 그려보도록 할 수 있다.
- '춤추는 사람'이 그리기의 주제일 경우 춤추는 사람의 사진자료 또는 영상자료를 관찰할 수 있으며, 유아들이 실제 춤추는 사람이 되어볼 수도 있다. 이때 교사가 카메라로 유아들의 춤추는 장면을 찍어서 슬라이드 자료로 만들어 준 후 이를 감상하고 그리기로 연결할 수 있다.

③ 그리기 도구가 평상시 유아들이 사용하던 도구가 아닌 경우, 도구에 대한 탐색을 한다.

그리기의 재료로는 도화지, 한지, 은박종이, 비닐, 크레파스와 색연필, 매직,

분필과 목탄, 연필, 파스텔, 붓 등의 다양한 재료들이 사용될 수 있다. 일반적으로 사용하는 도화지, 크레파스와 색연필, 매직일 경우는 특별한 탐색이 필요 없으나 자주 사용하지 않았던 재료일 경우에는 재료의 특성과 표현의 효과, 사용 시 유의 사항을 알아본다.

- 한지에 그림을 그릴 때는 크레파스나 색연필이 아닌 사인펜이 효과적이고, 한지가 약하여 찢어질 수 있다는 것을 이해하도록 돕는다.
- 은박종이에 수성 사인펜으로 그림을 그리면 지워질 것이다. 유아들이 어떤 도구로 그리는 것이 적합한지 생각해 볼 수 있도록 도우며, 매직으로 그림을 그리거나 채색했을 때의 효과를 알아보도록 한다.

④ 유아의 생각을 평면의 종이에 표현할 수 있도록 구체적인 상호작용을 한다.

유아들이 표현해야 하는 주제는 입체상태가 대부분이다. 이를 평면의 종이에 옮기는 것은 어려운 일일 것이다. 교사는 입체상태의 대상물이 지닌 형태를 유아들이 인식할 수 있도록 구체적인 상호작용을 한다.

- 호랑이 그리기를 할 때, 호랑이의 얼굴과 몸은 어떤 모양인지 그리고 발은 몸의 어디에, 몇 개가 있는지, 꼬리는 몸의 어느 부분에 있으며, 길이는 어떠한지에 대해 유아들과 이야기 나눌 수 있다.
- 춤추는 사람 그리기를 한다면, 춤추는 사람의 팔은 어디를 향하고 있는지, 팔목과 팔꿈치는 어떻게 하고 있는지 관찰할 수 있도록 안내한다. 이와 같은 방법으로 다리는 어떻게 하고 있으며, 어느 쪽을 향하고 있는지 살펴볼 수 있도록 한다.

⑤ 유아들이 무엇을 어떻게 표현할 것인지 계획하는 시간을 갖는다.

유아들이 자신의 머릿속에 있는 이미지를 평면의 종이 위에 옮기기 위해서는 즉흥적인 표현보다는 표현하고자 하는 것에 대한 계획을 갖는 것이 좋다. 교사는 유아들이 무엇을 어떻게 표현하고 싶은지 생각해 볼 수 있는 시간을 준다.

⑥ 그리기의 도구는 유아들이 선택할 수 있도록 한다.

그리기 도구는 유아들이 선택하게 할 수 있으며, 종이의 모양과 크기를 다양하게 준비하여 이것 또한 유아들이 선택하게 한다.

- 대집단 그리기 활동일 때 자료를 나눠주는 방법은 책상에 미리 준비해놓고

유아들이 원하는 책상으로 가서 앉은 후 준비된 자료를 선택하는 방법이 있고, 그리기 도구를 책상 위에 준비해놓고, 종이는 교사가 나눠 주는 방법이 있다.

· 개별 활동(자유선택활동)일 경우는 그리기 주제는 대집단으로 소개하고 자유선택활동 시간에 미술영역에 가서 자료를 선택하여 그리기 활동을 한다.

⑦ 유아들이 그림을 그릴 때 대상물을 잘 표현하고 있는 부분을 구체적으로 칭찬한다.

그리기 기법을 직접적인 설명으로 알려주지 않아도 유아들은 교사의 칭찬으로 표현기법을 배울 수 있다. 이는 그 유아 외에 그 옆에 앉은 유아들에게도 무엇을 관찰하고 어떻게 묘사해야 하는가에 대한 아이디어를 제공할 수 있다. 유아가 움직임을 그림으로 잘 표현하고 있다면, 교사가 "호랑이가 달려가는 모습을 잘 표현했구나. 앞다리를 앞으로 쭉 뻗은 것처럼 그렸네"라고 칭찬할 수 있다. 색표현을 잘 나타냈다면 "여러 가지 색을 섞어서 호랑이 몸의 털을 잘 표현했구나"와 같은 말로 칭찬할 수 있다.

⑧ 유아들이 그림을 다 그렸을 경우, 유아들의 설명을 종이에 적어준다.

유아의 그림에 작품에 대한 이야기를 적는 것은 유아의 작품과 생각을 존중한다는 의미를 가지고 있지만, 모든 유아들이 자신의 그림에 글을 적는 것을 좋아하지는 않는다. 유아에게 먼저 이야기를 적어 줄지를 묻고 종이의 앞면과 뒷면 중 어디에 적을 지를 물어 본 후 글을 적는다. 일부의 유아는 자기 그림에 글을 적으면, 그림이 망쳐졌다고 생각하는 경우도 있으므로 포스트잇이나 모양종이를 준비했다가, 별도의 종이에 적어서 붙이는 방법도 있다.

⑨ 유아들이 자신의 그림에 대해 평가하는 시간을 갖는다.

유아들의 작품을 모아서 다 함께 평가와 감상의 시간을 갖는다. 이 시간을 통하여 유아들은 다른 친구들의 생각과 표현방법에 대해 공유할 수 있으며, 새로운 표현기법을 익힐 수도 있다.

⑩ 유아들의 작품을 전시할 공간과 방법을 함께 의논한다.

유아들의 작품전시는 유아들의 참여로 이루어질 수 있다. 교실의 어느 공간에 붙일지 의논하여, 정해진 자리에 교사가 전시할 수도 있고 유아들이 원하는 위치에 스스로 붙일 수도 있다.

나) 판화활동

① 판화의 형태를 관찰한다.

판화는 볼록하게 드러나는 것이 있는가 하면 오목하게 파여진 것이 있다. 유아들과 판화의 형태와 새겨진 무늬를 탐색하는 시간을 갖는다.

② 판화에 물감을 묻혀서 종이에 찍으면 어떤 형태가 만들어질지 예상하고 종이에 찍힌 형태를 관찰한다.

③ 판화를 이용하여 할 수 있는 미술활동을 생각해 본다.

판화찍기 그 자체만 할 수도 있고, 다른 미술활동을 위해 판화활동을 계획할 수도 있다. 유아의 연령이 어린 경우는 판화찍기만을 반복하는 것도 좋다. 유아의 연령이 높다면 판화를 이용하여 다른 미술활동을 할 수 있다. 예를 들어, 판화찍기를 이용해 포장지 만들기나 봉투 만들기, 카드 만들기 등을 할 수 있다.

④ 판화활동을 할 때의 주의사항을 알아본다.

판화는 물감을 사용하기 때문에 손이나 옷에 묻을 수 있고, 판에 물감이 골고루 묻어야 무늬가 잘 표현되는 등 유아가 알아둬야 할 주의점이 있다. 교사는 활동 전에 유아들이 이러한 유의사항을 이해할 수 있도록 돕는다.

판화활동을 위해서 여러 색의 물감을 준비하는데(넓은 그릇에 솜이나 스펀지를 깔고 물감을 적셔 놓는다), 찍기 틀을 정해진 물감그릇에 놓도록 약속을 정한다. 예를 들어, 빨강 물감에 있었던 찍기 틀은 사용 후 원래의 자리인 빨강 물감 그릇에 놓는다. 만약 빨강 물감 그릇에 있던 찍기 틀을 노랑 그릇에 놓을 경우, 색이 섞여서 원하는 색을 표현하기 어려울 것이다.

⑤ 유아들의 작품을 보관하는 방법에 대해 약속을 한다.

판화활동은 물감을 사용하기 때문에 유아들의 작품을 보관할 때 서로 겹치지 않도록 해야 한다. 교사가 사전에 교구장 위에 신문지나 비닐을 깔아 놓거나, 교실 한 곳에 줄을 쳐놓고 집게를 걸어 놓으면, 유아들의 작품이 서로 겹쳐지지 않도록 한 장씩 보관할 수 있다.

⑥ 판화활동을 한다.

찍기 틀에 물감을 묻히고 종이의 원하는 위치에 찍기한다. 판화활동은 물감을 사용하기 때문에 사전에 책상에 비닐을 깔아 놓으며, 휴지 또는 물수건을 준비해 놓는다. 그리기와 달리 판화활동은 작품활동을 다 마친 후, 뒷면에 이름적기가 불편하기 때문에 판화활동 전에 이름을 적도록 지도한다.

유아들의 작품에 제목을 적을 수 있는 종이를 준비했다가 준비된 종이에 유아가 말한 내용을 기록한다.

⑦ 유아들의 작품은 서로 겹치지 않도록 보관한다.

유아들과 약속한 장소에 신문지 또는 비닐을 깔아 두고 유아들의 작품이 겹치지 않도록 한 장씩 놓는다.

⑧ 책상 위를 정리하고 손을 씻는다.

⑨ 판화의 결과를 다 함께 감상한다.

유아의 작품을 감상할 때, 동일한 작품이 여러 개 판화로 복사될 수 있다는 것에 관심을 갖도록 하며, 동일한 그림이나 도형이어도 사용한 색에 따라 느낌이 다름을 평가해 보도록 한다.

⑩ 판화 틀과 유아들의 작품을 함께 전시한다.

(2) 입체미술 활동

가) 점토활동

① 점토를 충분히 탐색할 수 있는 시간을 준다.

유아들은 점토로 결과물을 만드는 것보다는 만지고, 누르고, 주무르는 탐색경험을 더 좋아한다. 따라서 점토를 충분히 만져볼 수 있는 시간을 제공한다.

② 점토를 변형시킬 수 있는 다양한 방법에 대해 이야기해 본다.

점토는 눌러서 납작한 형태를 만들 수 있으며, 굴려서 길고 동그란 형태를 만들 수 있다. 점토를 합쳐서 모두 두 손 사이에 놓고 굴려서 구의 형태를 만들 수 있는가 하면, 작게 분할할 수도 있다. 유아들이 점토를 이용해서 자신의 생각을 표현하기 위해서는 이와 같이 점토를 다루는 방법과 표현방법을 이해해야 한다.

③ 유아들이 표현해야 하는 주제를 함께 정하거나 알려준다.

유아들이 점토를 많이 경험해 보지 않았다면, 교사가 정해주는 주제에 맞게 형태를 만드는 것이 어려울 것이다. 유아들은 마음속으로 주제를 생각하고 결과물을 만들기보다는 점토를 가지고 자유롭게 탐색하다가 우연히 만들어진 형태에 이름을 붙이는 경우가 더 많다. 따라서 점토활동 초기에는 유아 마음대로 만들어 보도록 충분한 자유를 주는 것이 좋다. 유아가 점토를 다루는 것에 자신감을 갖는다면 주제를 정하여 표현할 수도 있다. 주제는 교사가 유아들과 함께 의논하여 정할 수도 있고, 때로는 교사가 진행되고 있는 생활주제에 맞춰서 제시할 수도 있다.

④ 표현주제를 잘 나타낼 수 있는 방법에 대해 서로 의견을 나눈다.

유아들과 주제를 정하였거나 교사가 주제를 제시하였거나 목표를 가지고 결과물을 만드는 것이 유아들에게 쉽지는 않다. 교사는 유아들이 이 주제를 잘 표현할 수 있도록 도움을 주어야 한다. 예를 들어, 얼굴을 만든다면 교사는 "얼굴은 무슨 모양이니?", "동그라미를 어떻게 만들 수 있을까?", "이 동그라미를 납작하게 할 수 있는 방법이 있을까?" 등의 질문을 하여 유아가 스스로 방법을 찾을 수 있도록 한다. 만약 유아가 형태를 만드는 방법을 쉽게 찾지 못할 때는 입체의 작품을 보거나 다른 유아의 점토활동을 관찰할 수도 있으며, 교사 자신이 유아 옆에서 점토로 얼굴 형태를 만드는 모습을 보여줄 수도 있다.

⑤ 점토활동 할 때의 유의사항을 알아본다.

점토는 충분히 주물러야 나중에 균열이 생기지 않고 형태도 부드럽게 표현되므로, 유아들과 점토를 떼어서 바로 만들기를 하기보다는 면이 부드럽게 될 때까지 주무르거나 손 안에서 굴릴 것을 약속한다. 또한 점토를 책상 위에서 사용할 경우 책상 위에 묻을 수도 있기 때문에 개인용 점토판을 받치고 미술활동을 하도록 한다. 연령이 어린 유아는 점토를 먹는 경우도 있으므로 사전에 안전에 대한 이야기를 나눈다.

⑥ 유아들의 작품을 보관하는 방법에 대한 약속을 정한다.

점토활동은 입체작품이므로 판화활동처럼 개별적으로 보관해야 한다. 교실 한 곳을 보관 장소로 정하고 다 한 후에는 정해진 곳에 놓도록 한다. 이때 그늘지고 바람이 잘 통하는 곳을 보관 장소로 정한다.

⑦ 점토로 원하는 작품을 만든다.

⑧ 작품에 대한 제목을 적는다.

점토작품에는 유아의 이름과 제목을 적기 어려우므로, 사전에 작품의 받침이 될 만한 딱딱한 종이를 준비하여 유아의 이름을 적고 내용을 적도록 한다.

⑨ 유아들의 작품을 감상한다.

점토작품을 감상할 때 형태와 점토의 느낌 등에 대해 이야기 나눌 수 있다.

⑩ 그늘지고 바람이 잘 통하는 곳에 유아의 작품을 보관한다.

나) 꾸미기와 만들기

유아가 자신의 생각을 입체적으로 표현하는 방법 중에는 종이와 같은 평면자료들을 구기거나 말아서 부피감이 느껴지도록 한 후에 다른 종이에 붙여가며 구성하거나, 부피감이 있는 여러 재료들을 붙이며 표현하는 오브제 기법도 있다. 만들기는 나무조각이나 크고 작은 상자, 주변의 폐품, 수수깡, 종이들을 입체적으로 세워서 표현하는 방법으로 자료들을 붙이고, 쌓아서 하나의 구조물을 조립하고 구성하는 것이다. 이외에도 철사나 모루 등을 구부리거나 엮어서도 입체의 구성물을 만들 수 있다.

① 재료를 충분히 탐색할 수 있는 시간을 준다.

유아가 재료를 처음 접해보고 입체적으로 꾸미거나 만들기를 하도록 하는 것은 쉬운 일이 아니다. 미술영역에 다양한 방법으로 구성할 수 있는 재료들을 비치해 두고, 유아가 여러 가지 재료나 도구를 사용하여 자유롭고 창의적으로 만들고 꾸며 보도록 한다.

② 입체미술활동의 주제에 대한 유아들의 경험을 회상해 보도록 한다.

교사는 만들기나 꾸미기에 앞서 유아들의 사전 경험을 알아보고 유아의 흥미에 따라 만들기의 주제나 재료를 수정할 수도 있다. 경험회상을 통해 유아는 앞으로 하게 될 활동에 대한 이미지를 마음 속으로 가질 수 있다. 예를 들어, 동물 만들기를 활동주제로 계획하였다 할지라도 동물에 대한 유아들의 경험을 회상하는 가운데 유아들이 특정 동물에 대한 선호도가 높으면, 유아들이 좋아하는 그 동물 만들기로 주제를 좁힐 수 있다. 또한 '동물을 만들어 본 적이 있는가?'에 대한 경험을 회상하면서 유아들이 자신있어 하는 재료를 다시 사용할 수도 있다.

③ 만들기 및 꾸미기의 주제를 알아본다.

유아들이 재료를 이용하여 마음대로 만들기나 꾸미기에 참여할 수도로 있으나, 교사가 계획한 입체미술활동이라면 교사가 의도한 주제를 유아들에게 들려준다.

④ 교사가 준비한 재료들을 살펴보고, 준비된 재료로 어떻게 주제를 표현할 수 있을지 이야기 나눈다.

교사는 준비한 재료들을 보여주고 재료의 이름과 사용방법(사용할 때 유의할 점)그리고 이 재료들로 오늘의 만들기(꾸미기)를 어떻게 할 수 있을지 유아들의 의견을 듣는다. 대부분은 유아들이 제안한 방법에 따라 재료를 이용하여 미술활동을 할 수 있으나, 특별히 교사가 의도한 표현기법이 있다면, 이 재료로 표현된 미술작품을 관찰하게 하거나 교사가 유아들 앞에서 시범에 의한 교수학습방법을 사용한다.

입체미술활동할 때 스카치테이프나 본드 사용을 많이 하는데, 스카치테이프를 자를 때 손을 다치지 않도록 안전교육을 해야 하며, 본드를 조금만 짜서 사용하도록 하고 손 또는 옷에 묻지 않도록 유의시켜야 한다.

⑤ 유아들에게 만들기와 꾸미기에 더 필요한 재료가 있는지 물어본다.

교사가 사전에 미술활동을 위한 재료를 준비해 놓았다 할지라도 유아들의 의견을 들어보면 교사가 미처 생각하지 못한 유용한 재료들이 있을 수 있다. 미술활동은 창의적 자기표현을 키워주고자 하는 것이므로, 유아의 생각에서 나온 재료들이 유아의 창의적 표현에 더 적합한 재료일 수도 있다.

⑥ 유아들의 작품을 보관하는 방법에 대한 약속을 정한다.

입체작품은 교구장 위나 창턱 같은 장소에 개별적으로 보관해야 한다. 유아들과 교실 한 곳을 보관 장소로 정하고, 다 한 후에는 정해진 곳에 놓도록 한다.

⑦ 만들기 또는 꾸미기 한다.

⑧ 작품에 대한 제목을 적는다.

점토작품과 마찬가지로 만들기 작품도 유아의 이름과 제목을 적기 어려우므로 사전에 작품의 받침이 될 만한 딱딱한 종이를 준비하여 유아의 이름을 적고 내용을 적도록 한다.

⑨ 사용한 재료들을 제자리에 정리하고 책상 위도 정리한다.

⑩ 유아들의 작품을 감상한다.

5) 활동계획안

활동명		활동형태	유형	연령
나뭇잎 이용하여 그리기		대 · 소집단 활동	미술(그리기)	4세
활동목표 (누리과정 관련요소)	• 나뭇잎을 보고 연상되는 생각을 말로 자유롭게 표현한다. (의사소통 〉 말하기 〉 느낌, 생각, 경험 말하기) • 나뭇잎의 형태를 탐색하고 연상되는 사물을 상상하여 그린다. (예술경험 〉 예술적 표현하기 〉 미술활동으로 표현하기)			
활동자료	도화지, 나뭇잎, 붓, 넓은 접시, 물감, 물감용기, 크레파스, 색연필, 매직			
활동방법	1. 나뭇잎 수수께끼를 알아맞힌다. – 나는 가을이 되어서 옷을 갈아입어요. 나는 손가락 모양도 있고, 부채 모양도 있고, 둥근 모양도 있고, 바늘 모양도 있어요. 바람이 불면, 나는 춤을 춰요 나는 무엇일까요? 2. 나뭇잎의 모양에 대해 이야기한다. – 나뭇잎들의 모양이 어떠니? – 비슷한 모양의 나뭇잎들을 찾아보자. 3. 나뭇잎이 찍힌 도화지를 보고, 연상되는 것을 말한다. – 이 나뭇잎에 물감을 묻히고 종이에 찍으면, 어떤 모양을 볼 수 있을까? – 은행잎이 찍힌 것을 보니 무엇이 생각나니? – 단풍잎이 찍힌 것을 보니 생각나는 것이 있니? 4. 나뭇잎이 찍힌 종이를 이용해서 어떤 활동을 할 수 있을지 이야기해 본다. – 나뭇잎이 찍힌 이 종이를 이용해서 어떤 미술활동을 할 수 있을까? – 만약 그림을 그린다면, 이 나뭇잎을 이용해서 무엇을 그릴 수 있을까? – 또 다른 그림을 그려 넣는다면 또 어떤 그림을 그릴 수 있을까? 5. 활동방법을 알아본다. – 그리고 싶은 주제를 먼저 생각한다. – 붓에 물감을 묻혀서 나뭇잎에 묻힌다. – 원하는 위치를 정하여 도화지에 찍는다. – 나뭇잎을 보고 연상되는 것을 그림으로 그린다. 6. 그리기 활동을 한다. 7. 유아들의 작품에 대한 이야기를 적는다. 8. 유아들의 작품을 서로 감상한다.			

활동명		활동형태	유형	연령
	– 네 작품에 대해 이야기해 줄래? – 어떤 나뭇잎을 이용하여 그리기 했니? – 어떤 색을 많이 사용했니?			

출처: 서동미 외, 2013.

2. 미술 감상

감상은 유아들이 쉽게 접하는 주변환경, 자연과 사물, 다양한 조형작품을 통해 아름다움을 느끼고 작품의 가치를 느끼는 정신적 활동이다.

감상활동은 그 사회의 역사와 문화에 대해 자연스럽게 접하는 기회를 제공한다. 인류가 살아온 역사를 이해하기는 매우 어렵지만 조형작품 감상을 통해 시공간을 초월한 문화유산을 접하면서 문화와 신념, 가치관, 생활상, 전통을 익힐 수 있다.

감상을 지도하기 위해서 교사는 조형작품을 충분히 감상할 시간을 제공하고 작품의 주제와 구성요소에 대해 토론할 수 있도록 격려해 주어야 한다. 감상의 내용은 조형의 요소, 조형의 원리, 작품의 주제와 더불어 보는 이의 주관적인 느낌이나 평가도 다루어질 수 있다. 감상활동을 위한 접근으로 펠드만(Feldman, 1970)은 기술하기, 분석하기, 해석하기, 판단하기의 네 단계를 제안하고 있다. 기술하기는 작품을 보고 유아들이 발견하거나 알 수 있는 것을 모두 나열한다. 분석하기는 색, 선, 면, 질감과 같은 조형적 요소를 찾아보고 어떤 특징이 있는지 찾아본다. 기술하기와 분석하기를 통해 얻은 정보를 이용하는 해석하기는 작품이 주는 메시지나 개인적으로 작품을 통해서 얻는 느낌, 인상 깊은 부분 등을 알아보는 과정이다. 마지막으로 판단하기 단계에서는 기술, 분석, 해석을 통해 이야기를 나누었던 부분들에 대한 유아 나름대로의 가치판단, 작품에 대한 평가 등을 논의한다.

[펠트만의 감상활동을 위한 접근 단계]
기술하기 → 분석하기 → 해석하기 → 판단하기

1) 계획 및 준비하기

(1) 미술작품을 선정한다.

작품 선정은 미술감상 활동의 효과를 좌우하는 매우 중요한 요인으로 교사의 신중한 선택이 요구된다. 유아들과 함께하기에 좋은 미술작품을 선정할 때 고려해야 할 기준은 다음과 같다.

- 유아교육기관의 생활주제와 관련성이 있는가?
- 유아의 발달 특성에 적합한가?
- 유아의 흥미를 끄는 요소가 풍부한가?(예, 이야기의 요소가 풍부한 작품인가?)
- 미술의 기본적인 요소(선, 형태, 색, 명암, 질감, 공간)와 원리(균형, 강조, 움직임, 조화, 리듬, 반복, 패턴)가 잘 나타나 있는가?

(2) 감상내용을 분석한다.

미술작품 감상은 그 작품이 표현하고자 하는 것이 무엇인가가 활동의 초점이 되며, 구체적인 내용은 다음과 같다(한국미술교과교육학회, 1997)

미적인 형식	· 작품에서 느껴지는 전체적 느낌 · 조형요소와 조형원리의 쓰임
표현주제	· 작품의 표현주제 · 작품이 표현하고자 하는 의미
표현방법	· 표현재료의 쓰임 · 표현기법의 쓰임
감상하고 애호하는 태도	· 조형품에 관심을 갖는 태도 · 감상내용을 발표하고 토론하는 태도

(3) 감상방법을 결정한다.

감상활동 과정에서 주로 다루어야 할 내용을 분석한 다음 감상을 위한 지도 방법을 결정한다. 교사는 학급의 여건 및 작품의 특성, 유아의 발달수준에 맞게 가장 적절한 감상방법을 선택하여 진행하도록 한다. 유아에게 적합한 감상 지도 방법은 다음과 같다.

가) 토의를 통한 감상

미술의 요소나 원리에 대한 이해를 높이기 위해서 유아의 관심을 끌 수 있는 주제, 형태, 특징, 느낌 등 작품이 지니고 있는 특성들에 다양한 반응을 보이게 하는 방법으로 토의를 위해 다음과 같은 전략을 활용할 수 있다.

- 분석 : 작품을 여러 관점에서 분석해 보기
  조형의 요소와 원리, 이야기적 요소, 작품의 가치에 대한 판단과 평가 등 작품을 다양한 관점으로 분석한다.
- 비교 : 같은 종류의 작품을 다양한 방법으로 제시하여, 그 특징을 비교해 보기
- 동일 주제나 표현기법이 같은 두 작품을 감상하면서 그 특징을 비교해본다.
- 분류 : 여러 작품을 동시에 감상하고 공통점을 찾아 말해보기

토의를 통한 미술감상 시 집단구성은 대집단, 소집단 또는 두 유아가 짝이 되어 활동하는 형태 중에서 상황에 따라 융통성을 가지고 선택하도록 한다.

나) 미술관 견학 또는 자원 인사 초빙을 통한 감상

유아들과 함께 기관 밖에서 이루어지는 전시회를 방문하여 감상하거나 주변의 미술가를 교실에 직접 초빙하여 함께 작업하거나 작업하는 모습을 관찰하는 방법을 통해 감상과 표현이 통합된 활동을 실시할 수 있다. 기관 밖에서 운영되는 전시회에 대집단 유아들과 함께 가는 견학일 경우, 자칫 대충 둘러보기 식의 일회성 활동에 그치지 않도록 효과적인 감상을 위한 보다 체계적인 계획과 준비가 요구된다.

- 가능한 한 성인 : 유아의 비율을 최대한 낮추는 것이 좋고, 한꺼번에 모든 전시의 내용을 둘러보기보다는 같은 장소를 몇 차례 반복 견학하여 의미 있는 감상이 이루어질 수 있도록 운영하는 것이 바람직하다. 또한 교실에 전문가를 초빙할 경우에는 유아들과의 원활한 상호작용 및 교육목표의 효과적인 달성을 위해 활동에서 다루어져야 할 내용과 진행방법에 대한 미술가와의 충분한 의견교환이 필요하다. 필요한 경우, 활동의 도입부터 마무리 단계에 이르기까지 구체적인 운영에 대한 매뉴얼을 초빙인사에게 제공해 주는 것도 고려한다.

다) 게임을 통한 감상

미술작품의 복사품이나 사진 등을 포스터나 카탈로그, 신문, 잡지 등에서 수집하여 제작한 게임자료를 활용한 감상방법으로 유아들이 다양한 그림들에 대한 친밀감을 갖도록 돕는다. '조각 그림 맞추기' 활동은 작품에 대한 유아의 관심과 흥미를 증가시키며 본 감상 이전에 예비지식을 얻는 기회가 되므로 효과적인 간접 감상활동이 될 수 있다.

라) 전시를 통한 감상

유아가 제작한 작품을 전시하고, 감상하는 방법이다. 일반적으로 미술관이나 박물관 및 전시회를 활용한 감상을 계획할 수도 있으나, 유아교육기관 자체에서 작품 전시회를 개최함으로써 작품 전시하기, 작품의 이름을 새로 짓기, 마음에 드는 작품 고르기 등 유아들과 함께 다양한 방법으로 재미의 요소를 더한 감상활동을 실시할 수도 있다. 이 중 '마음에 드는 작품 고르기' 활동은 전시된 작품 중 가장 마음에 드는 작품을 고르게 한 후, 왜 그 작품이 마음에 드는지를 말로 설명해 보거나 글로 써보는 활동이며, 가정으로부터 마음에 드는 작품을 가져와 소개하는 활동으로 진행할 수도 있다. 이러한 감상방법은 실제 작품전시를 통해 감상에 대한 전반적인 이해를 도울 수 있으며, 유아들로 하여금 작품에 대해 자부심과 긍정적인 태도, 미술표현에 대한 자신감을 갖도록 해주어 효과적이다.

(4) 관련 활동을 계획한다.

미술작품은 다양한 교과영역의 활동에서 활용될 수 있는 좋은 매체이다. 미술감상 전후에 다음과 같은 활동들이 이루어질 수 있다.

영역	활동명	활동내용
조형	작품 모사 작품 재구성	유아들이 작품을 보고 그대로 따라서 그리거나 특징적인 부분을 모티브로 삼아 제작해 보는 활동으로 미술작품에 대한 친밀감을 높이는데 효과적이다.
	미술관 꾸미기	유아들과 함께 화가의 작품(복사본)과 유아들 자신의 작품을 다양한 방법으로 전시해 보는 활동이다. 작품전시에 능동적이고 직접적인 참여를 통해 아름답고 효과적인 전시를 위한 다양한 방법을 의논해 보고 실천하는 과정에서 문제해결 능력과 심미감을 기를 수 있다.
수학 조작	마음에 드는 그림 뽑기	2~3편의 그림을 동시에 비교 감상한 후 마음에 드는 작품을 선택하고 표시하며(예, 스티커 붙이기), 의사결정에 대한 이유를 이야기 나누어 보는 활동이다.
	명화 카드놀이	편을 나누어 명화 카드를 나눠가지고 짝이 되는 그림을 모으는 놀이로 작품의 특징을 주의 깊게 살펴보고 구별해 보는 기회를 제공한다.
	작품 가격 정하기	감상한 그림의 가격을 정하기 위해 토의를 하거나 또는 개별적으로 매긴 가격을 발표하는 과정에서 수 상징을 사용하여 표기하고, 이유를 설명하며, 극놀이를 위한 소품으로 활용할 수 있다.
	조각 그림 완성하기	또래들과 협력하여 그림 조각들을 맞추어 전체 그림을 완성한다.
언어	그림보고 이야기 꾸미기	그림의 내용을 보고 그림 속에 있는 대상과 상황에 알맞게 떠오르는 이야기를 지어본다. 이전 또는 다음 이야기를 짓고 어울리는 배경 그림을 그려 짧은 동화책으로 완성할 수 도 있다.
	작품에 어울리는 제목 짓기	미술작품의 특성과 내용에 어울리는 이름을 지어보고 그 이유를 소개한 후, 여러 이름들 중에서 가장 어울리는 이름이 무엇인지 투표를 통해 뽑아보는 활동으로 확장할 수 있다.
	작품에 대한 설명 카드 (책자)만들기	미술 용어나 어휘를 사용하여 작품을 설명하는 카드나 책자를 만들어 미술관 놀이에 활용할 수 있다.

영역	활동명	활동내용
사회	관련 도서 읽기	미술가와 그들의 작품이 소개되어 있는 유아용 그림책이나 도록 등을 유아들과 함께 읽으며, 감상하는 과정에서 생겨난 질문에 대한 해답 또는 정보를 찾아본다.
	견학	감상한 작품의 주제 또는 작가의 작품을 전시하고 있는 미술관이나 박물관, 또는 전시회에 견학을 간다.
	미술관 놀이	미술감상 활동을 통해 감상한 성인들의 작품이나 유아들의 작품을 이용하여 미술관을 중심으로 한 다양한 역할을 경험해 보는 활동으로 정기적인 미술감상 활동 및 다른 교과와의 통합활동이 충분히 이루어진 단계에서 실시할 때 효과적이다.
음악 동작	명화에 어울리는 배경음악 찾기	두세 편의 음악을 비교하여 감상하면서 감상한 미술작품의 분위기나 정서와 어울리는 느낌의 음악을 찾아보는 활동이다.
	명화를 활용한 신체표현	작품 속 등장인물의 자세나 움직임을 자세히 관찰하고 이야기 나눈 다음, 그 모습을 모방해 본다(예, 발레리나의 동작 따라 하기). 또는 움직임이 드러나지는 않았으나 그 느낌을 살려 창의적으로 표현해 볼 수 있다(예, 거세게 불어오는 바람을 동작으로 나타내기).
	그림보고 소리효과 만들기	명화 속 장면에서 어떤 소리가 들릴지 상상해 보고, 어울리는 효과음을 만들어 본다(르느와르의 '우산' : 빗소리 만들기).

(5) 작품감상을 위한 자료를 준비한다.

유아들과 함께 감상하기에 좋은 크기와 형태로 감상용 자료를 제작하여 준비한다. 자료의 형태는 패널이나 병풍, 포스터, 사진, 함께 보기에 충분한 크기의 책 등으로 다양하게 준비할 수 있으므로 집단의 규모나 활동의 성격, 작품형태, 감상방법 등에 따라 가장 적합한 형태의 것을 선택하도록 한다.

(6) 감상활동을 위한 환경을 구성한다.

감상활동 역시 교육과정의 일부로 통합되어 실시될 때 가장 의미있고 가치있는 결과를 얻을 수 있다. 따라서 유아들이 미술작품에 대한 흥미와 관심을 일관성 있게 유지할 수 있도록 지지하고 돕는 메시지가 유아 주변의 모든 환경 속에 담겨져야 한다. 예를 들어, 렘브란트의 초상화를 감상할 계획이라면 교실 벽면에 같은 화가가 그린 또 다른 작품이나 다른 작가의 초상화, 우리나라 화가의 초상화, 미리 수집해 놓은 유아 자신의 캐리커처 작품 등을 전시해 주어 관심을 유도하고 비교해 볼 수 있는 기회를 제공해 줄 수 있다.

2) 교수 · 학습의 실제

미술감상은 유아들이 자신의 생활에서 아름다움의 대상을 발견하고, 그 미적 가치를 인식하며 애호하는 태도를 가질 수 있도록 돕는 교육방법이다. 그러므로 교사가 일방적으로 작품을 설명하는 식으로 활동을 전개하기보다는 유아의 경험 및 실생활, 흥미와 발달 수준에 근거하여 체계적이고 통합적인 방법으로 지도해 주어야 한다. 미술감상을 위한 구체적인 절차는 다음과 같다(김신영 · 배인자 · 유혜숙, 2007).

(1) 작품의 제목과 작가이름 및 작가의 생애 등을 알아본다.

작품의 제목을 먼저 알려주는 방법도 있겠으나 수수께끼를 내어 작품의 제목을 알아맞히거나, 그림의 일부만 보여주고 제목을 상상하여 말하기, 그림 전체를 보면서 교사가 제시한 글자 수에 맞게 제목 짓기 등 유아의 흥미를 불러일으킬 수 있는 다양한 전략들을 활용하는 것이 좋다. 또한 이러한 활동은 감상활동의 목표와 작품의 성격에 따라 순서에 관계없이 감상 전후 시간을 이용하여 융통성 있게 진행하도록 한다. 작가의 생애나 특별한 역사적 사건 등에 대한 이야기 들려주기를 통해 작품에 대한 흥미를 높여줄 수도 있다.

(2) 작품을 본 대로, 느낀 대로 기술한다.

충분한 시간 동안 미술작품을 자세히 살펴보면서 작품에 대한 첫 느낌과 유아가 본 것을 객관적으로 모두 나열하여 말하도록 한다.

- 그림을 보니까 어떤 기분이 드니?
- 그림을 자세히 보자.
- 어떤 것들이 보이니?
- 보이는 것들을 모두 이야기해 보자.

• 가장 먼저 눈에 띄는 것은 무엇이니?

(3) 작품의 미술적 특징을 찾아보고 이야기 나눈다.

유아들이 작품 속에 드러난 선, 형, 색, 질감, 공간 등 미술의 요소와 균형, 강조, 비례, 운동, 변화, 통일성 등 미술의 원리와 이들 사이의 관계에 집중하여 작품의 특성을 살펴보도록 적절한 발문을 제공하고 유아들이 발견해 낸 것들에 대해 이야기 나눈다.

• 똑바로 뻗은 선이 어디에 있니? 손가락으로 그 선을 따라가 보자.
• 만졌을 때 거친 느낌이 들 것 같은 부분이 있니? 어딘지 가리켜보자.
• 어떤 모양들이 보이니? 자주 보이는 모양은 어떤 것이니?
• 그림에서 양쪽에 두 개씩 있는 것을 찾아보자. 만일 한쪽이 없어진다면 어떤 느낌일까?
• 그림에서 가장 밝아 보이는 부분이 어딘지 찾아보자. 가장 어두워 보이는 부분은?

(4) 작품의 의미와 메시지에 대해 해석한 내용을 이야기 나눈다.

작품에 대한 감정, 느낌, 분위기 등에 대해서 이야기한다. 작품의 특성과 그 의미에 초점을 맞추어 유아 개인의 반응을 표현하는 과정이다.

• 이 사람은 왜 이런 표정일까?
• 여기 모인 사람들이 지금 뭘 하고 있는 것 같니?
• 이전에 어떤 일이 있었을 것 같니?
• 작가는 왜 아이들을 이렇게 끈으로 연결시켜 표현했을까?

(5) 작품의 가치에 대한 유아 나름의 판단이나 평가내용에 대해 이야기 나눈다.

이전 단계에서 분석된 모든 자료와 작가의 배경 등을 통합하여 작품의 가치에 대한 결론을 내린다. 이때 교사는 유아들이 단지 미술품에 대한 개인적인 선호만을 표현하는 것에서 끝나는 것이 아니라 작품의 미적인 장점을 확인하고 애호하며 존중하는 태도를 기를 수 있도록 지도한다. 유아로 하여금 단순히 '나는 이 작품이 좋다(싫다)'가 아닌 '나는 ○○ 때문에 이 작품이 좋다(싫다)'라고 표현할 수 있도록 돕는다.

• 이 그림을 좋아하니?

- 그림의 어떤 점이 마음에 드니?
- 이 그림에서 바꾸고 싶은 부분이 있니?
- 네가 이 그림의 작가라면 어떤 부분을, 어떻게 바꾸고 싶니? 왜 그렇게 생각했니?

(6) 미술작품을 감상하면서 느낀 점이나 생각한 것들에 대해 이야기 나눈다.

- 미술작품을 감상하는 활동을 하면서 어떤 느낌이 들었니?

관련활동

〈예, 김득신의 '파적도'〉

- 언어 : 고요함을 깬 소리들 모으기(삐약삐약, 네 이놈, 꼬꼬댁 꼬꼬, 쾅)
- 조형 : 상상하여 그리기(이전 또는 다음에 무슨 일이 있었을까?)
- 음악 : 동물의 울음소리에 어울리는 악기소리 찾아보고 소리 들어보기
- 과학 : 비밀상자 속의 소리는?
- 수학 : 소리나는 물건들의 소리를 들어보고 큰 소리부터 작은 소리까지 순서 짓기
- 사회 : 소리의 크기를 조절해요(큰 소리를 내도 좋은 장소와 작은 소리로 조절해야 하 는 장소 구별하기).

3) 활동계획안

활동명		활동형태	유형	연령
박수근의 '나무와 사람들'		대 · 소집단 활동	미술감상	5세
활동목표 (누리과정 관련요소)	• 주변의 나무와 관련된 개인적 경험을 이야기 나눈다. (예술경험 〉 아름다움 찾아보기 〉 미술적 요소 탐색하기) • 그림에 표현된 독특한 질감에 관심을 갖는다. (예술경험 〉 예술 감상하기 〉 다양한 예술 감상하기) • 그림을 보면서 이야기를 꾸밀 수 있다.			
활동자료	작품 감상용 패널(박수근의 '나무와 사람들', '나무와 두 여인'), 작품 제목이 쓰여 있는 글자카드			
활동방법	1. 작품을 자세히 관찰하면서 보이는 것들에 대해 이야기 한다. – 어떤 그림인지 잘 보자. – 그림 속에 무엇이 보이니? – 가장 먼저 눈에 띄는 것은 어느 부분이니?			

	- 그림을 보니까 어떤 느낌이 드니? - 이 작품의 제목은 무엇일까? 왜 그렇게 생각하니? - 그림을 보면서 '나무와 ○○○'에 어떤 말이 들어가면 좋을지 생각하여 말해 보자. 2. 작품 이름과 작가에 대해서 알아본다. - 이 작품의 제목은 '나무와 사람들'이란다. - 박수근이라는 화가가 이 그림을 그렸대. 그 사람은... 3. 작품의 미술적 특성을 분석해 보고 말로 표현한다. - 이 그림 속에서 가장 긴 선을 찾아보자. - 똑바로 뻗은 선은 어디에 있니? - 어떤 색들을 볼 수 있니? - 그 색을 보니까 어떤 느낌이 드니? - 그림을 만져보면 어떤 느낌이 들 것 같니? 무엇을 만질 때의 느낌과 비슷할까? 우리 교실에서도 만져보면 비슷한 느낌이 나는 물건을 찾아볼 수 있을까? - 나무에서 가장 가까운 곳에 있는 사람들을 가리켜보자. 4. 작품 속에 드러난 의미와 메시지를 해석해 보고 생각을 나눈다. - 이런 나무를 본 적이 있니? 어디에서 보았니? - 그림을 잘 살펴보자. 지금은 어느 계절인 것 같니? 무엇을 보고 알 수 있었니? - 사람들은 왜 나무 아래에 앉아 있는 것일까? - 나무 아래에서 무엇을 하고 있는 것 같니? - 너희들도 나무 밑에서 시간을 보내본 적 있었니? 언제? 누구와? 왜? 나무 밑에 앉아서 이야기하면 좋은 점이 있을까? - 나무도 사람들이 가까이에 있는 것을 좋아할 것 같니? 왜 그렇게 생각하니? - 작가는 왜 이렇게 키가 큰 나무를 그린 걸까? - 네가 작가라면 나무 근처에 또 무엇을 그려넣고 싶니? 그 이유는? - 만일 네가 작가라면 그림 속에 고치고 싶은 부분이 있니? 왜 그렇게 하고 싶니? 5. 작품의 가치에 대해 개별 유아가 판단한 내용과 선호에 대해 이야기 나눈다. - 이 작품이 마음에 드니? 어떤 점이 그러니? - 이 작품을 전시한다면 어디에 걸어두면 가장 어울릴 것 같니? 6. 미술작품을 감상하면서 느낀 점이나 생각한 것들에 대해 이야기 나누고 집단 또는 흥미영역에서 이루어지게 될 관련 활동을 알아본다.
활동의 유의점	• 작품이 지니고 있는 미술적 특성에 대해서 유아들이 관심을 가지고 탐색할 수 있도록 다양한 발문을 통해 안내한다. • 유아들이 작품에 대한 느낌이나 생각을 자유롭게 표현하고 감상과정 자체를 즐길 수 있도록 수용적이고 개방적인 분위기를 조성한다.
활동평가	• 유아들이 미술작품을 감상하는 활동에 흥미를 가지고 참여하는지를 평가한다. • 유아들이 작품이 지니고 있는 미술적 특징에 관심을 가지고 감상을 통해 얻는 생각과 느낌들을 자연스럽게 표현하는지를 평가한다.

확장활동	1. 여러 가지 재료를 이용하여 콜라주로 나무가 있는 풍경을 표현한다. 2. 작품 '나무와 사람들' 속 나무 주변의 환경 부분을 바꾸어 표현하여 작품을 재구성한다. 3. 주변 환경에서 나무가 있어 아름다운 풍경을 사진으로 찍어 '나무 사진 전시회'를 연다. 4. 작품을 보고 이야기를 꾸민다. 5. 이전 장면과 다음 장면에서 어떤 일이 일어날지를 상상하여 이야기를 꾸며 적어보고 그림을 그려넣어 이야기책을 만든다. 6. 동시 '나무가 무슨 생각을 하는지'를 감상한다. 7. 일상에서 관찰한 나무의 다양한 모습이나 계절에 따른 변화를 신체로 표현한다.

제10장

게임활동의 실제

게임은 놀이가 발전하여 일정한 규칙성을 가지고 구조화된 형태로 규칙에 따라 활동을 수행하고, 성공하기 위해서 경쟁하는 놀이활동이다. 게임은 반복적인 경험으로 대상의 특성이나 정해진 규칙을 파악하는 연습게임과 상징적인 행동을 모방함으로써 규칙을 학습하고 게임방법에 적응하려고 노력하는 상징게임 그리고 규칙이 있는 게임으로 구분할 수 있다.

1. 게임의 유형

게임이라 하면 대부분 편을 나누어 제시된 과제를 수행하고 승패를 가리는 것을 떠올리게 된다. 그러나 게임을 하기 위해서 집단을 구성하는 형태와 게임에 참여하는 유아의 행동적 반응이 어떠한가에 따라 유형을 나누어 볼 수 있다.

1) 원게임

원게임은 유아들이 둥글게 앉아서 비교적 지시가 적은 과제를 수행하는 게임이다. 주로 간단한 규칙에 따라 단순한 행동이 반복된다. 원게임은 이기고 지는 결과가 뚜렷이 구분되지 않고, 유아들이 성취감을 느끼고 자신감을 형성하도록 도울 수 있다. 유아들이 집단에 익숙해지기 전인 학기 초에 실시하거나 게임의 경험이 많지 않은 유아, 규칙에 익숙하지 않은 어린 연령의 유아들을 대상으로 실시하는 것이 좋다. 수건 돌리기, 음악에 맞추어 움직이다가 의자나 방석 차지하기, 고양이와 쥐 게임이 원게임에 속한다.

2) 자유대형게임

자유대형게임은 단순한 규칙에 따라 많은 유아들이 자유롭게 장소를 이동하면서 주변 환경을 탐색하고 자신의 신체를 최대한 활용해 볼 수 있는 게임이다. 많은 아이들이 한꺼번에 움직이므로 넓은 공간을 확보해야 하며, 게임시작 전에 게임방법과 규칙을 충분히 이해해야 즐겁게 참여할 수 있다. 보물찾기, 색깔찾기, 술래잡기, 짝짓기 게임 등의 찾기 게임이나 숨기기 게임, 쫓기 게임, 언어적 지시 게임 등이 자유대형게임에 속한다.

3) 편게임

편게임은 두 팀 이상의 집단을 나누어 하는 게임으로 개인적인 성취보다는 자신이 속한 팀의 목표달성을 위해서 또래와 협력해야 하므로 필요한 지시와 규칙이 많다. 편게임에 참여하는 유아는 게임에 대한 이해와 규칙을 지킴으로써 자유로울 수 있다는 인식, 그리고 상호작용을 위한 사회적 기술을 습득한다. 편게임에는 경쟁이라는 요소가 원게임과 자유대형게임에 비해 강하기 때문에 교사는 평가에 대한 공정한 태도를 가져야 하며, 유아들이 성공과 실패를 수용하고 책임지는 태도와 협력을 통해 더 큰 즐거움을 나눌 수 있다는 경험을 할 수 있도록 해야 한다. 편게임에 익숙해지고, 게임에 집중할 수 있는 시간이 길어지면 릴레이 형식의 편게임을 진행할 수도 있다.

2. 계획 및 준비하기

교사는 유아의 연령, 흥미, 교육주제 등과 관련하여 게임을 선정하고 제한된 유형보다는 통합된 유형으로, 경쟁심보다는 협동심이 강조될 수 있도록 게임을 구성한다. 유아들과 함께 안정되고 즐거운 게임을 준비하기 위해서 교사가 고려해야 하는 사항은 다음과 같다.

1) 게임의 목적을 구체적이고 명료하게 정의한다.

게임을 통해서 접근하고 싶은 교육목표를 분명히 하는 것은 매우 중요하다. 간혹 게임을 단순하게 편을 나누어 달리는 신체활동의 일환으로 여기는 경우가 있는데 주제와 통합된 게임은 유아의 학습동기를 유발함으로써 인지적인 지원을 할 수 있다. 게임을 계획할 때에는 먼저 학습지원을 위한 게임인지, 유아의 사회적인 태도를 지원하기 위한 게임인지, 적극적으로 신체를 움직이게 하기 위한 게임인지 교육목표를 명확하게 하는 것이 선행되어야 한다. 그래야 게임 진행 시 대형을 유지하거나 게임규칙을 지키는 것에 교사의 상호작용이 치중되어 활동에 대한 유아의 흥미를 감소시키는 오류를 범하지 않을 수 있다.

2) 게임의 유형과 활동 방법을 결정한다.

교육목표를 정했다면 유아들의 발달수준과 게임경험의 정도를 고려하여 어떤 게임의 유형을 선택할 것인지, 게임의 유형을 어떻게 조합할 것인지를 결정한다. 같은 게임일지라도 목표에 따라, 연령에 따라 방법이나 자료를 단순화하거나 복잡하게 하여 수준과 내용을 조절할 수 있다.

3) 게임에 사용할 자료는 견고해야 하며, 사용방법이 용이해야 한다.

게임의 자료를 선택할 때에는 '안전한가? 유아들이 사용하는 데 어려움이 없는가?'를 고려해야 한다. 게임은 역동적인 활동이므로 쉽게 쓰러지거나 파손되기 쉬운 게임자료는 선택하지 않도록 한다. 유아들이 게임의 과정에서 실패나 좌절감을 느끼지 않도록 활동자료를 사용하는 데 어려움이 없어야하며, 되도록 부드럽고 마찰이 적은 자료를 사용하는 것이 좋다. 게임자료는 바구니나 상자 등 수납할 수 있는 곳에 담아서 유아들에게 소개할 때나 이동을 할 때 흐트러짐이 없도록 한다.

4) 게임의 유형에 따라 공간을 확보하고 자료를 배치한다.

게임공간의 확보와 자료의 배치는 게임의 대형에 따라 달라진다. 원게임의 경우에는 활동에 참여하는 유아들이 반팔 정도의 간격을 두고 원대형을 갖출 수 있을 정도의 공간이 필요하고, 자유대형 게임은 유아들이 넓은 공간을 이동하며 움직일 수 있어야 하며, 유아들이 주어진 과제를 수행한 후 모일 수 있는 공간이 마련되어야 한다. 편게임의 경우에는 최소한 유아들이 두 줄로 나누어 양 편으로 앉을 수 있는 정도의 공간을 준비한다. 대그룹 활동을 할 수 있는 신체 활동실이 없는 경우 교실에서 교구장과 책상을 이동하여 공간을 확보하고, 유아들의 이동공간에 위험한 물건들을 치우고 의자를 책상에 잘 끼워두어 안전사고에 대비한다.

3. 교수 · 학습의 실제

1) 원게임

(1) 원게임의 대형을 만든다.

원게임의 대형을 만들 때에는 아래와 같은 방법을 활용할 수 있다.

- 달팽이집 : '달팽이집' 노래를 부르면서 원을 만들어 움직이다가 적절한 간격을 유지하여 그 자리에 앉도록 한다.
- 기차놀이 : 교사가 맨 앞에 서서 유아들과 한 줄로 기차놀이를 하다가 교사가 맨 뒤의 유아와 손을 잡고 원을 만들어 자리에 앉도록 한다.
- 도구 배치 : 의자나 방석 등을 이용해서 유아들이 앉거나 서야 할 자리를 원대형으로 배치한다.

(2) 게임의 이름과 방법을 안내한다.

(3) 교사 또는 한 명의 유아가 시범을 보인다.

(4) 정해진 시간 동안 게임을 반복한다.

원게임의 경우 활동이 진행되면서 속도감이 생기고, 더불어 유아들의 흥분 정도가 높아지므로 게임 중간에 한두 번의 휴지기간을 가질 수 있도록 교사가 계획한다.

(5) 게임의 종료를 알린다.

게임의 속도가 느려지면서 유아들의 집중도가 떨어지거나 정해진 시간이 다 되었을 때 유아들에게 게임의 종료를 알린다. 준비된 시간이 다 되었는데도 유아들의 게임요구가 강할 때에는 게임을 종료해야 하는 이유를 알리고, 다시 게임을 할 수 있는 시간을 유아들과 약속하는 것이 좋다.

(6) 게임 활동을 평가한다.

(7) 게임했던 자료와 자리를 정돈한다.

2) 자유대형게임

(1) 유아들이 활동할 수 있는 공간을 확보한다.

유아들이 교사의 지시나 규칙에 따라 자유롭게 이동할 수 있을 만큼의 동선을 고려하여 충분한 공간을 확보하고 공간 내에 움직임을 방해할 수 있는 물건들을 치운다. 공간이 충분하지 않을 경우 게임을 진행하는 과정에서 유아-유아, 교사-유아 간에 불필요한 갈등이 발생할 수 있다.

(2) 게임 자료가 준비된 경우 자료에 대해 탐색한다.

(3) 게임 자료가 없는 경우 게임의 이름과 방법을 안내한다.

(4) 교사 또는 한 명의 유아가 시범을 보인다.

(5) 유아들이 이동할 수 있는 공간의 범위와 게임이 끝난 후 모이는 공간을 교사가 직접 움직이면서 유아들에게 확인시킨다.

때론 게임의 규칙이나 공간에 대해서 교사들이 말로 설명하는 경우가 많은데, 유아들의 경우 설명만 듣고 공간을 이해하는 것은 어렵다는 것을 기억할 필요가 있다.

(6) 게임에 필요한 규칙을 협의한다.

자유대형게임은 유아들의 이합집산이 수시로 이루어지므로, 교사는 유아들이 쉽게 인지할 수 있는 신호체계를 가지고 있어야 한다(예, 탬버린, 호루라기, 징, 음악 등).

(7) 정해진 방법에 따라 게임을 진행한다.

(8) 교사는 유아들과 함께 게임에 참여하면서 예상되는 문제상황을 주의 깊게 탐색한다.

자유대형게임은 유아들의 이동공간이 비교적 넓으므로, 교사는 유아들의 움직임을 놓치지 않아야 하며, 유아들의 이동공간에 위험한 물건들을 수시로 치울 수 있어야 한다.

(9) 필요한 경우 잠시 게임을 멈추고 분위기를 정돈한다.

게임을 진행하는 과정에서 유아들이 지나치게 흥분하거나 규칙에 대한 이해가 부족하여 혼란스러운 경우에는 게임을 지속하는 것보다 잠시 게임을 멈추고 유아들이 숨을 고를 수 있게 하거나 게임의 규칙을 다시 상기시키면서 분위기를 전환한 후 다시 게임을 시작한다.

(10) 게임의 종료를 알린다.

(11) 게임을 평가한다.

3) 편게임

(1) 색 테이프로 출발선, 양 팀 유아들의 자리를 표시하고, 안전하고 견고한 물건을 이용해서 반환점을 표시한다.

(2) 활동자료를 준비하여 바구니나 수납할 수 있는 상자에 담는다.

(3) 유아들과 함께 활동자료를 탐색한다.

(4) 게임의 이름과 게임방법을 설명한다.

유아들의 연령이나 게임 참여정도에 따라 게임의 방법을 함께 의논하여 변형하거나 새롭게 구성할 수 있다.

(5) 교사 또는 한 명의 유아가 시범을 보인다.

(6) 게임에 필요한 규칙을 정한다.

팀별 경쟁이 이루어지므로 특히, 편게임에서 규칙이 더 강조된다. 규칙은 안전한 게임을 위해서 필요한 것이므로 너무 유아들의 행동을 제한하는 과도한 규칙을 정하지 않도록 한다(예, 게임하는 동안 조용히 하기, 자기 자리에서 일어서지 않기, 게임에서 졌다고 울지 않기 등).

(7) 팀의 이름과 응원방법을 정한다.

팀 이름을 정할 때에는 생활주제나 게임의 주제에 어울리는 명칭을 정하도록 한다. 유아들 각자의 의견을 듣고 다수결로 결정하거나 유아들끼리 팀 이름을 정하기 위해서 협의할 수 있는 시간을 줄 수도 있다. 같은 팀의 유아들끼리 토너먼트로 가위, 바위, 보를 해서 최종적으로 이긴 유아가 팀 이름을 정하게 할 수도 있다.

(8) 필요한 경우 게임의 순서를 정하거나 활동자료를 선택한다.

팀별 대표가 가위, 바위, 보를 하거나 주사위를 던지는 등의 과정을 거쳐 순서와 자료를 선택한다. 대표는 맨 앞에 앉은 유아, 맨 뒤에 앉은 유아 등 다양한 기준으로 교사가 결정한다.

(9) 정해진 방법에 따라 게임을 진행한다.

(10) 중간 평가를 한다.

게임이 진행되는 동안에 교사는 활동의 과정을 민감하게 관찰하여 안전사고에 대비할 수 있도록 한다. 게임방법을 잘 이해하지 못했거나 너무 긴장하여 게임의 과제를 잘 수행하지 못하는 유아들이 있을 경우 끝까지 활동을 마무리 할 수 있도록 안내하고 격려한다. 평가 시 끝까지 과제를 수행한 행동에 대해 친구들에게 인정받을 수 있는 기회를 제공한다. 게임의 분위기가 과열되는 경우 잠시 게임을 멈추고 분위기를 진정시킨다. 게임이 원활하게 진행되지 않는 경우 잠시 게임을 멈추고 그 원인에 대해 생각해 보도록 한 후 게임의 방법을 다시 안내하거나 수정할 수도 있다.

(11) 결과를 확인한다.

게임의 결과를 대부분 융판에 게임에 관련된 사물을 붙이면서 점수를 기록하는데, 똑같은 방법이 반복되면 지루할 수 있다. 교사는 보육실에서 쉽게 구할 수 있는 자료를 이용해서 점수를 기록하는 다양한 방법을 고안하여 유아들의 흥미를 자극할 수 있다(예, 바구니에 볼풀 공을 하나씩 넣기, 투명한 주머니에 동물모형이나 구슬을 넣기, 블록을 하나씩 쌓기 등).

(12) 활동을 평가한다.

활동평가 시 진 유아가 울음을 터트리는 경우가 있다. 이때 교사는 우는 것이 성숙하지 못한 행동임을 알리고 엄격한 기준으로 평가할 수도 있지만, 속상한 유아의 정서를 인정하고 앞으로 노력해서 다시 이기는 경험을 할 수 있음을 알리고 격려해 주는 것이 좋다.

이긴 팀 친구들은 진 팀 친구들의 마음을 배려할 수 있는 기회를 마련하여 유아들이 서로를 격려하고 즐겁게 게임을 마무리 할 수 있도록 한다(예, 이긴 팀 친구들이 기분이 좋아지는 노래 불러주기, 진 팀 친구들에게 힘이 되는 말을 협의하고 큰 소리로 외치기, 양 팀의 친구들이 서로 안마해 주기, 진 팀 친구들 소원 하나씩 들어주기 등). 활동평가 시 유아들이 상대방의 반칙을 제시하며 평가결과에 이의를 제기하는 경우, 교사는 이미 게임이 끝났음으로 무마하려고 하지 말고 양 팀의 의견을 잘 듣고 문제를 해결할 수 있는 방법을 유아들과 함께 협의한다.

(13) 자리를 정돈하고 다른 활동을 위해서 이동할 준비를 한다.

4. 활동계획안

활동명		활동형태	유형	연령
징검다리 건너기		대 · 소집단 활동	게임	5세
활동목표 (누리과정 관련요소)	• 4개의 블록을 이용해서 공간을 효과적으로 분할해 본다. (신체운동 · 건강〉신체활동에 참여하기〉자발적으로 신체활동에 참여하기) • 2명의 유아가 공동의 목표를 달성하기 위한 방법을 협의하고 협동한다. (사회관계〉다른 사람과 더불어 생활하기〉공동체에서 화목하게 지내기)			
활동자료	블록 네 개, 신호악기, 출발선, 반환점, 바구니 세 개, 볼풀 공 ※ 블록 선택 시 유의점 유아들이 쉽게 이동시킬 수 있을 만큼 가볍고, 안전하게 발을 디딜 수 있을 만큼의 면적이 되는 블록으로 선택한다. 일반적으로 벽돌이나 우레탄 블록을 사용하는 것이 좋다.			
활동방법	1. '다리'에 어울리는 말 찾기를 한다. • '구름다리'라는 말 들어봤니? • 구름다리는 높은 곳에 있어서 팔 힘을 이용해서 건너가는 다리를 말하지? • 왜 구름다리라고 이름을 지었을까? • 구름다리처럼 다리와 함께 사용할 수 있는 말이 또 있을까? 2. 징검다리를 소개하고 게임을 안내한다. • '징검다리'는 어떤 다리를 말하는 걸까? • 사람들이 시냇물을 건너갈 수 있도록 돌을 이용해서 만들어 놓은 다리를 징검다리라고 해.			

- 징검다리를 만들 때 돌을 어떻게 놓는지 알고 있니?
- 오늘은 친구들과 짝을 지어서 징검다리를 놓고, 건너가는 놀이를 해 볼 거야.

3. 유아들을 양 팀으로 나누어 앉도록 한다.

※ 팀을 나눌 때 가장 간단한 방법은 버스나 코스별 또는 이미 반에서 그룹화 된 집단을 그대로 활용하는 것이다. 그러나 그럴 경우 늘 함께 게임할 수 있는 유아들이 제한되므로 때로는 팀을 정하기 위한 자유대형게임을 선행하기도 한다. 예를 들어, 다음과 같은 방법이 사용될 수 있다.

- 가위, 바위, 보를 한 후 이긴 팀과 진 팀으로 나누기
- 꼬리잡기 게임을 통해서 두 팀으로 나누기
- 짝짓기 게임을 통해서 두 팀으로 나누기
- 유아들을 한 줄로 세우고 신호에 따라 오른쪽과 왼쪽으로 뛰어가게 하여 양 팀으로 나누기 등

4. 유아들과 함께 활동자료를 탐색하고 시범을 보이며 게임방법을 설명한다.

- 오늘 게임을 위해서 어떤 것들이 준비되어 있는지 보자. 블록으로 어떤 게임을 할 수 있을까?
- 오늘은 이 블록들이 징검다리가 될 거야. 두 명이 짝을 지어서 한 명은 친구가 길을 갈 수 있게 징검다리를 놓아주고, 한 친구는 떨어지지 않고 징검다리를 밟고 반환점을 돌아서 먼저 도착하는 팀이 이기는 거야.
- ○○이가 나와서 선생님과 징검다리 건너기 게임을 해 볼까? ○○이는 징검다리를 놓고 싶니 아니면 건너고 싶니? 선생님이 놓아주는 징검다리를 잘 건너볼까?
- 블록은 네 개밖에 없는데 ○○이가 반환점을 돌아올 수 있도록 징검다리를 놓으려면 선생님은 블록을 어떻게 사용해야 할 것 같니?(게임 방법에 따라 유아들이 이해할 수 있을 정도까지 시범을 보인다)
- 징검다리 건너기 게임에 대해서 더 궁금한 것이 있니?

[게임방법]

1. 유아들은 두 팀으로 나누어 정해진 자리에 앉는다.
2. 한 팀에서 두 명의 유아가 짝이 되어 출발선에 서고, 징검다리를 놓을 사람과 징검다리를 건널 사람을 정한다.
3. 출발신호가 울리면 한 유아는 블록 네 개를 이용해서 징검다리를 놓고, 다른 유아는 블록 위로만 이동한다.
4. 반환점을 돌아서 먼저 도착한 팀이 이긴다.
5. 모든 유아가 참여할 때까지 게임을 반복한다.
6. 게임에 필요한 규칙을 정하고 게임을 효과적으로 할 수 있는 방법에 대해 이야기 한다.

- 우리가 어떤 약속을 지키면 이 게임을 즐겁게 할 수 있을까?
- 옆에 앉은 친구들과 징검다리를 건너서 빨리 돌아올 수 있는 방법에 대해 이야기해 보자.

–약속의 예
• 징검다리를 건너는 유아는 블록 위로만 움직이기
• 징검다리를 놓는 유아는 친구가 건널 수 있을 정도로 블록의 거리를 유지하기
• 다른 팀 친구들이 징검다리 놓는 것을 방해하지 않기 등

7. 팀의 이름과 응원방법을 정한다.
• 팀 이름은 무엇으로 정할까? 징검다리 건너기 게임에 어울리는 이름이 무엇일까?
• 어떤 방법으로 응원할지 생각해 볼까?
– 응원 방법의 예
• 돌이 물에 떨어질 때 나는 소리, 냇물이 흐르는 소리를 내며 응원하기
• 응원구호 정하여 합창하기

8. 정해진 방법에 따라 게임을 진행한다.
• 두 명씩 나오세요. 징검다리 만들 사람과 건널 사람을 정해보자.
• 신호악기 소리가 나면 출발할거야. 준비됐니?
• 어떤 팀 친구들이 먼저 들어왔니?
(유아들과 함께 확인을 한 후 이긴 팀의 바구니에 볼풀 공을 하나 넣는다)

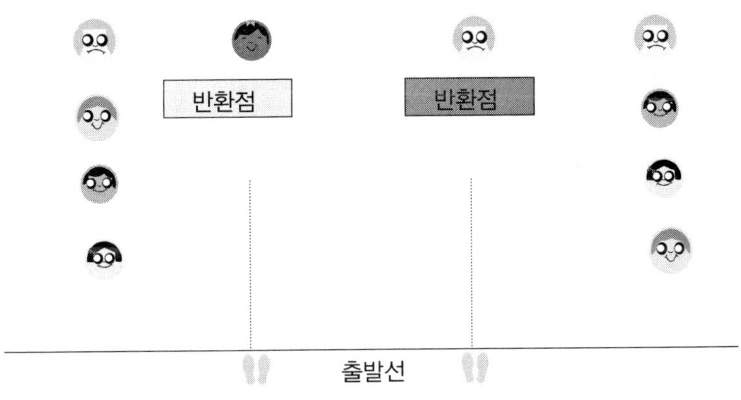

9. 중간 평가를 한다.
• 친구들이 게임을 하는 모습을 보니까 징검다리를 놓을 때 어떤 방법을 사용하면 좋은 것 같니? 징검다리를 건너는 친구들이 어떻게 하면 더 빨리 건널 수 있을까?(전략이 필요한 게임의 경우 만 5세 유아들에게는 팀별로 새롭게 작전을 세울 수 있는 시간을 주기도 한다)
• 열심히 응원하느라 목이 아프지 않니? 한번 크게 숨을 쉬어볼까?
• 마지막까지 게임을 잘 하기 위해서 내 몸이 준비가 잘 되었다고 생각하는 친구들은 몸으로 보여주세요.

	10. 게임을 마치고 결과를 확인한다. • 징검다리 건너기 게임에서 어떤 팀이 이겼는지 확인해 볼까?(두 팀의 바구니에 담겨있는 볼풀 공의 수를 센다) • 어떤 팀이 이겼니? 이겨서 기쁜 마음을 소리로 표현해 볼까? • 진 팀 친구들도 아쉬운 마음을 소리로 표현해 보자. 11. 활동을 평가한다. • 다음에 또 이런 게임을 한다면 어떤 방법으로 할 수 있을까? • 이 게임을 열심히 하면 나에게 어떤 도움이 될 것 같니? • 나와 함께 게임을 했던 짝에게 귓속말로 하고 싶은 이야기를 전해볼까? • 게임에서 이긴 친구들은 진 친구들의 기분을 어떤 방법으로 달랠 수 있을까? • 진 팀 친구들은 기분이 좋아지게 해준 이긴 팀 친구들에게 무엇을 해주고 싶니? • 이제 징검다리가 없으니까 시냇물을 헤엄쳐서 문 앞에 줄서보자.
활동의 유의점	• 신호악기를 사용할 때는 신호음이 분명한 악기를 사용한다. 주로 탬버린, 방울, 징, 북 등의 악기를 많이 사용한다. • 중간 평가를 통해서 어떤 방법이 게임의 과제를 효과적으로 해결할 수 있는지에 대한 전략을 탐색할 수 있는 기회를 제공한다. • 벽돌을 놓는 유아와 벽돌을 건너는 유아가 역할을 바꾸어 게임에 참여할 수 있는 기회를 제공한다.
활동평가	• 게임의 규칙을 이해하고 자발적으로 게임에 참여하는가? • 유아들이 팀원의 신체적 특징에 적합하게 벽돌의 위치를 결정하여 배치하였는가?
확장활동	• 벽돌의 수를 늘려서 벽돌을 놓는 유아의 과제 난이도를 높일 수 있다. • 벽돌의 크기를 줄여서 벽돌을 건너는 유아의 과제 난이도를 높일 수 있다.

출처: 서동미 외, 2013.

제11장

동작활동의 실제

1. 동작교육의 영역
2. 계획 및 준비하기
3. 교수 · 학습의 실제
4. 활동계획안

영유아들은 자발적으로 움직이고 움직임을 통해 생동감을 느낀다. 신체표현은 영유아들이 타고난 움직임에 대한 욕구를 바탕으로 운동능력을 기르고 리듬과 박자를 통해 창의적인 움직임을 구성하는 과정을 말한다.

신체표현은 자신을 표현하는 도구로서 움직임의 에너지가 충만한 유아들에게 매우 적합한 활동이다. 이를 통해 신체발달뿐 아니라 사회 · 정서 발달, 창의성 발달, 언어발달 등을 도모할 수 있다.

1. 동작교육의 영역

언어가 발달하는 과정에 있는 영유아들에게 동작은 본능적인 것이며 자신을 표현하고 세상을 탐구하는 매우 중요한 매체이자 도구이다.

라반(Laban, 1963)은 사람이 움직이는 것을 주의 깊게 관찰했을 때 동작을 구성하고 있는 요소를 발견할 수 있다고 했다. 그가 제시한 동작의 구성요소는 동작을 하기 위해서 반드시 필요한 신체(body), 몸을 움직이는 힘을 의미하는 노력(effort), 움직일 수 있는 공간(space), 몸을 움직이면서 이루는 관계(relationship)이다(김은심, 2005 재인용).

동작교육의 내용은 신체적으로 기본 운동능력을 갖추기 위한 '동작을 위한 학습'과 움직이는 동안 유아의 내적 감정을 표현하고 공간과 관계를 인식하는 과정을 지원하는 '동작을 통한 학습'으로 나눌 수 있다.

동작 영역은 비이동동작, 이동동작, 조작적 동작으로 나누어 볼 수 있다. 먼저, 비이동동작은 중추적 동작(뻗기, 구부리기, 당기기 등)과 자세동작(서기, 앉기, 구르기 등)이 있다. 이동동작은 걷기, 달리기, 뛰기 등이 있으며, 조작적 동작에는 추진적 동작(공굴리기, 차기, 공 되받아치기 등)과 흡수적 동작(공잡기)이 있다(김은심, 2005).

다음 내용을 자세히 살펴보면 〈표 11-1〉과 같다.

표 11-1 동작교육의 영역(김은심, 2005)

<table>
<tr><th colspan="2">비이동동작</th><th>이동동작</th><th colspan="2">조작적 동작</th></tr>
<tr><td>중축적 동작</td><td>뻗기
구부리기
당기기
회전하기
흔들기
비틀기 혹은 꼬기</td><td rowspan="2">걷기
달리기
뛰기: 높이뛰기
멀리뛰기
뛰어내리기
홉핑
말뛰기
미끄러지기
뛰어넘기
스킵</td><td>추진적 동작</td><td>공굴리기
차기
공 되받아차기
던지기
치기</td></tr>
<tr><td>자세 동작</td><td>서기
앉기
구르기
멈추기
재빨리 피하기
착지하기
한 발로 균형잡기
평균대 걷기</td><td>흡수적 동작</td><td>공잡기</td></tr>
</table>

2. 계획 및 준비하기

1) 신체표현을 위한 교육내용을 선정한다.

신체표현에서 다루어져야 할 내용은 영유아들이 자신의 신체에 대한 인식과 운동능력으로 기본 동작을 익히고 이를 통해 신체 움직임의 다양성과 정교함을 탐색하도록 하는 것이다. 따라서 신체의 움직임을 탐색할 수 있는 활동을 선정하고, 점차 기본 동작을 응용하여 주제나 동화내용의 일부를 표현하는 등 섬세하고 창의적인 표현이 가능한 활동으로 확장해야 한다. 예를 들어, 초기에는 기어가기를 표현하고 이후에는 지렁이처럼 기어가기, 거북이처럼 기어가기, 달팽이처럼 기어가기(빠르게 또는 느리게, 힘을 주어서 또는 힘을 빼고 기어가기) 등으로 다양하게 변형할 수 있다.

주제를 정해서 신체표현을 할 때에는 유아들에게 친숙한 주제를 제시한다. 주제에 대한 내용을 다양한 경험으로 익숙하게 한 후 신체표현 활동을 계획한다. 그리하여 유아들이 표현할 대상의 특징을 명확하게 파악하여 다양한 표현과 응용동작이 나타나도록 해야 한다.

2) 신체표현에 적합한 장소를 선정한다.

신체표현의 내용은 같은 인원이라 할지라도 움직임의 크기가 다르므로 활동에 적합한 장소를 선정해야 한다. 기본적으로 영유아들이 움직이면서 서로 부딪치지 않도록 넓은 공간이 필요하다. 넓은 공간일지라도 기둥이 있다면 신체표현활동을 하는 도중 영유아들이 다치지 않도록 안전에 주의를 기울여야 한다.

대부분의 기관에서는 강당이나 유희실 등을 사용하나 이동시간이 부족하거나 소규모의 신체표현 활동일 경우 교실에서 교구장과 책상을 벽 쪽으로 이동시킨 후 넓은 공간을 확보하여 신체표현 활동을 실시할 수 있다.

3) 하루일과 중 신체표현을 할 적합한 시간을 계획한다.

하루일과 중에 언제 신체표현 활동을 할 것인지 결정한다. 등원하자마자 신체표현 활동을 하면 이후 단위별 활동에 영향을 미칠 수 있다. 또한 무더운 날씨의 오후 시간대에 신체표현을 계획하면 유아들이 지쳐 창의적 표현이나 적극성을 기대하기 어렵다.

신체표현은 반드시 단위 활동으로 계획되어 20~30분의 시간을 필요로 하는 것은 아니다. 때로는 전이활동이나 다른 활동과 연관하여 진행할 수 있다. 이런 경우 신체표현의 시간은 5~10분 정도로 짧아진다.

4) 신체표현에 필요한 자료와 소품을 준비한다.

신체표현을 효과적으로 진행하고 영유아들의 흥미를 돋우기 위해서 자료와 소품이 필요하다. 표현을 위한 무대배경을 위한 자료로는 슬라이드, OHP, 파워포인트 등을 사용할 수 있다. 영유아들의 섬세한 표현과 창의적인 표현을 돕는 자료에는 실물, 인형, 풍선, 낙엽, 운동기구, 스카프, 줄, 리본 등이 있다. 창의적 표현으로서 동화나 동시, 음악과의 통합적 표현을 이끌 경우 동화의 배경이나 등장인물, 배경음악 등을 사용한다. 개별적으로 가져야 하는 소품일 경우 인원수에 맞게 준비해야 하고 활동 중에 망가지거나 고장 날 경우를 대비하여 여유분이 있어야 한다. 또한 소품은 유아 스스로 착용하고 벗을 수 있도록 간편한 것이어야 하고, 스카프, 줄, 리본과 같이 유아들이 밟아서 넘어질 염려가 있는 경우 활동 전에 유아들에게 주의를 주어야 한다.

5) 공간의 크기에 맞는 대형, 인원 수, 이동경로 등을 결정한다.

교사가 신체표현 수업을 진행할 때 주의 깊게 고려해야 할 것은 유아의 대형과 이동경로이다. 유아들은 넓은 공간에서 움직일 때 정서적으로 흥분하여 자신의 움직임을 조절하지 못하거나 주위 유아들의 움직임을 흉내내어 안전사고가 발생하기도 한다. 또한 유아들의 움직임과 소리를 통제하지 못하면 수업이 원활하게 진행되기 어렵다. 따라서 교사는 공간의 크기에 따라 도입에서 앉을 대형, 본 활동에서의 자리이동, 신체표현이 끝났을 때 앉을 대형, 유아의 움직임의 방향 등을 예상하여 혼란을 방지하도록 한다. 신체표현을 위한 대형은 원형, 반원형, 일직선, 마주서기 등의 대형이 있다. 신체표현 활동을 시작하면, 유아들의 움직임으로 인해 교사의 말이 잘 전달되지 않으므로 동작의 시작과 끝을 알리는 신호, 동작이 끝남과 동시에 앉을 대형에 대해 미리 알려주어야 한다.

6) 무대로 사용할 공간에 신체표현을 위한 자료와 소품을 배치한다.

원 내에 수업을 보조할 인력이 없다면 교사는 유아들이 등원하기 전에 무대준비를 마쳐야 한다. 만약 교실바닥에 테이프를 이용하여 선을 그리거나 개구리 표현을 위해서 연꽃잎을 붙어야 하는 것과 같이 시간이 소요되는 것은 하루 전날 미리 준비하거나 당일 아침에 준비해 두어야 한다. 나무를 배치하거나 OHP를 갖다 놓는 등 무대장치가 필요한 경우 유아들이 표현할 장소와 배경의 위치가 맞는지 확인해 두어야 한다.

3. 교수 · 학습의 실제

1) 자리를 정돈하여 앉는다.

처음에 앉을 때는 일직선이나 반원형으로 앉아 교사와 상호작용을 한다. 일직선으로 배치할 경우 반 인원에 따라 한 줄로 하거나 두 줄로 배치하여 유아들이 교사의 설명이나 신체표현 활동을 위한 자료를 잘 볼 수 있도록 한다. 교사가 앉을 곳의 옆이나 뒤쪽에는 소품을 두어 수업 중에 유아들에게 소개할 수 있도록 한다.

2) 도입자료를 활용한다.

이야기 나누기 등 사전활동에서 다룬 활동한 자료(그림이나 소리녹음, 관찰거리)를 도입자료로 활용한다. 주제에 따른 신체표현이 아닐 경우 오늘 사용할 소품이나 동작의 일부를 소개하기도 한다.

3) 주제에 맞는 동작을 탐색한다.

표현하고자 하는 주제에 대해 자세히 탐색하도록 한다. 예를 들어, 주제가 '나비'인 경우 "우리가 알고 있는 나비는 어떤 모습이니?", "꽃에서 꿀을 빨아 먹고 있는 모습은 어떠니?", "어떻게 알을 낳을까?" 등을 질문하여 나비의 동작을 떠올려 보도록 한다.

4) 유아들이 말한 동작을 표현해 본다.

유아들이 말한 동작을 구체적으로 질문하여 실제 활동에서 동작으로 표현할 수 있도록 한다. 처음에는 유아 모두가 앉은 자리에서 표현해 보도록 하고, 어려운 동작일 경우 한두 명의 유아들이 나와서 보여주어 다른 유아들이 표현하는데 응용할 수 있도록 한다.

- 나비가 꽃에 앉으려고 하는데 다른 나비가 있네. 이럴 때는 어떻게 표현할까?
- 꽃에서 꿀을 맛있게 빨아먹고 있는 모습은 어떻게 표현할까?
- 다른 친구가 이미 꿀을 다 빨아먹어서 꿀이 모두 없어졌대. 이럴 때 나비는 어떤 표정일까?
- 나비가 화난 모습을 날개로 표현한다면 어떻게 표현할 수 있을까?
- 그럼 누가 나와서 나비가 화난 모습을 표현해 보겠니?

5) 신체를 표현할 내용을 선정한다.

유아들이 말한 동작 가운데 어떤 부분을 표현할 것인지 정한다. 혹은 교사가 미리 정해온 경우 "오늘은 나비가 꿀을 먹다가 멀리 날아가는 모습을 표현할거야."

와 같이 내용을 유아들에게 알려준다. 유아들이 표현할 내용은 상상적 이야기로 들려주는 것도 좋은 전략이다.

- 우리가 이야기한 내용을 다시 한 번 생각해 보자. 나비가 꿀을 찾아서 이꽃 저꽃으로 날아다니고 있었어. 나비가 날아다니다가 친구를 만났구나. 친구를 만나서 함께 춤을 추었어. 두 친구는 이제 함께 꿀을 찾아다니다 너무 힘들어서 시원한 나뭇가지에서 쉬기로 했어. 나무에서 쉬고 있는데 갑자기 햇님이 없어지고 검은 구름이 다가왔어. 두 나비 친구는 무서워서 서로 껴안았어. 빗방울이 쏟아지기 시작했고, 두 나비 친구는 숨을 곳을 찾아다녔어.

6) 신체표현 내용에 따른 역할을 정한다.

신체표현의 내용이 '나무에서 떨어지는 낙엽이 되어보자'와 같이 전체 유아가 함께 움직일 수 있는 경우에는 유아의 역할을 따로 정하지 않아도 된다. 그렇지만 등장인물과 극적인 요소가 포함된 이야기가 있는 신체표현일 경우 유아의 역할을 정하고 그에 따른 신체표현을 하도록 한다. 바람과 해, 나무가 싹 트고, 꽃 피고, 열매를 맺으며 성장하는 과정을 신체표현으로 할 경우 나무와 바람, 해와 같은 역할을 정해 이야기의 전개에 따라 신체표현을 할 수 있다.

여러 사람 앞에서 움직이기를 수줍어하는 유아들은 이런 역할을 맡도록 함으로써 신체표현에 참여하도록 한다.

7) 자리를 이동하고 무대에서 소품을 활용하여 표현한다.

신체표현의 내용에 따라 움직일 공간의 크기가 달라진다. 유아들이 움직일 공간의 범위를 정하고 부딪치지 않도록 주의를 준다. 또한 움직임을 위한 신호와 멈춤을 위한 신호를 주어 유아들이 표현시간과 휴식시간을 구분할 수 있도록 한다.

- 선생님이 음악을 틀어 주면 움직이길 시작하고, 음악을 끄고 탬버린을 흔들면 움직이다가 그 자리에 멈추고 앉으세요.

8) 활동을 살피며 유아들의 움직임을 격려하거나 불편한 점은 수정한다.

유아들이 움직이는 모습을 보며 신체표현 활동을 즐기고 있는지, 새로운 표현을 만들어내는지를 살펴본다. 특히 움직임을 과하게 표현하여 다른 유아를 불편하게 하는 유아가 있는지, 이야기가 담긴 신체표현에서 자신이 맡은 역할에 맞지 않게 표현을 하는 유아가 있는지 살핀다. 처음에는 유아들이 표현을 충분히 하도록 한 후 맡은 역할을 바꾸어 주거나 동작이나 공간, 빠르기 등에 대해 이야기하여 더 풍부한 표현을 할 수 있도록 한다.

9) 정지 신호에 맞춰 동작을 멈춘 후 자리를 정돈하고 활동을 평가한다.

유아들이 충분히 표현하도록 한 후 동작을 멈추도록 한다. 이야기가 있는 신체표현의 경우 이야기의 끝과 함께 신체표현을 마치면 된다. 유아들이 그 자리에서 멈춘 후 대형을 살펴보아 원형으로 앉거나 반원형으로 안장 활동에 대해 이야기한다.

신체표현 활동을 하며 유아들이 표현한 움직임과 느낌을 중심으로 평가하고 유아들이 신체표현 활동을 하는 동안 새롭게 발견한 부분이 있는지도 질문한다.

10) 독특한 표현을 따라하거나 표현내용을 바꾸어 다시 해 본다.

교사가 유아들의 표현내용 중에서 특히 눈에 띄거나 유아들이 재미있다고 이야기한 동작을 함께 해본다. 이때 주의할 것은 독특한 표현을 할 유아만이 칭찬받기보다는 다양한 표현들 가운데 새로운 표현을 배워보는 것으로 인식할 수 있도록 해야 한다. 또한 유아들의 의견을 바탕으로 바꾸고 싶은 내용을 정해 다시 한 번 더 해 볼 수 있도록 한다.

11) 소품을 정리하고 전체 활동을 평가한다.

유아들의 표현활동을 지켜보며 흥미가 떨어지는지, 표현이 반복되는지 등을 살펴 활동을 마치도록 한다. 유아들이 자리를 정돈한 후 소품을 바구니나 상자에 담는다. 전체 활동에 대해 평가한다.

◘ 신체표현을 잘 이끌기 위해서

신체표현은 유아들이 즐겨하기도 하지만 여러 요인에 의해 실패하기도 한다. 신체표현 수업을 잘하기 위해서 다음 상황들을 생각해 보자.

- 유아들이 경험하지 못한 것일 경우 : “세탁기가 되어 보자”와 같이 유아들이 직접적으로 경험하지 못하거나 세밀한 관찰이 불가능한 경우, 그 느낌을 표현하기가 어려울 수 있다.
- 동작이 너무 정적인 것으로 일관될 경우 : 정적인 동작과 동적인 동작이 반복될 수 있도록 한다.

- 음악과 동작이 잘 맞지 않는 경우 : '개구리를 잡아먹으려고 뱀이 나타났어요'의 내용일 경우 느린 음악보다는 긴장감이 고조되는 음악을 준비한다.
- 교사의 언어적 자극이 구체적이지 않은 경우 : '거북이가 되어 보자'와 같이 일반적인 교사의 언어는 유아들의 표현을 자극하지 못하므로 '거북이가 느리게 기어가는 모습을 표현해 보자'와 같이 구체적인 움직임을 말하도록 한다.
- 교사는 전혀 움직이지 않는 경우 : 유아들이 자유롭게 표현하는 과정에 교사도 적극적으로 참여하면 유아들의 흥미가 높아지고 표현이 정교해진다.

4. 활동계획안

<table>
<tr><th>활동명</th><th colspan="2">활동형태</th><th>유형</th><th>연령</th></tr>
<tr><td>풍선이 되어요</td><td colspan="2">대 · 소집단
활동</td><td>동화</td><td>4세</td></tr>
<tr><td>활동목표
(누리과정
관련요소)</td><td colspan="4">• 풍선에 공기를 넣으며 풍선의 크기 변화에 관심을 갖는다.
(예술경험〉아름다움 찾아보기〉움직임과 춤 요소 탐색하기)
• 풍선으로 놀이하며 풍선의 움직임과 특성에 대해 이야기 한다.
(예술경험〉예술적 표현하기〉춤으로 표현하기)
• 관찰한 풍선의 움직임을 신체로 표현한다.</td></tr>
<tr><td>활동자료</td><td colspan="4">풍선, 커다란 관(신체표현 시 교사가 빨대라고 할 상징물), 음악, 풍선 사람 사진이나 동영상</td></tr>
<tr><td>활동방법</td><td colspan="4">1. 풍선과 관련한 경험에 대해 이야기 한다.
• 풍선을 가지고 놀아본 적 있니?
• 풍선으로 어떤 놀이를 했니?
• 이 사람의 모습은 어떤지 살펴보자(풍선 사람의 사진이나 동영상을 보여 준다.)
• 이 사람은 어떻게 움직이고 있니?
• 이 사람이 움직이는 모습을 따라해 볼 수 있니?
• 사진(동영상)의 사람이나 친구 ○○이가 움직이는 모습은 우리가 그냥 움직이는 것과 무엇이 다르니?
• 몸의 움직임이 왜 다르게 될까?(유아들이 생각하는 여러 가지 요인을 들어 준다.)
• 오늘은 이렇게 재미있는 모습을 갖고 있는 풍선으로 놀아보려고 해.

2. 풍선을 가지고 놀며 풍선의 특성을 탐색한다.
• 풍선을 만져보자.
• 풍선을 잡아당겨봐.
• 얼마나 늘어나니?
• 풍선의 앞모양은 어떻게 생겼을까?
• 뒷부분은 더 크게 생겼구나(풍선을 불어서 크기를 줄였다 늘렸다 해본다.)
• 공기를 불어서 넣으면 어떻게 되니?
• 다시 빼면 어떻게 될까?
• 왜 쭈글쭈글 주름이 생겼을까?</td></tr>
</table>

3. 풍선의 움직임을 탐색한다.
- 풍선이 어떻게 움직이는지 잘 살펴보자.
- 풍선을 치면 어떻게 될까?
- 이번에는 친구에게 던져보자. 힘껏 던져보자. 아주멀리 던져보자(다양한 움직임을 찾아내기 위해 혼자서 치기, 위로 치기, 친구와 주고 받기, 멀리던지기 등 다양한 동작을 시험해 보도록 한다.)
- 풍선이 어떻게 되었니?, 얼마나 멀리 갔니?(풍선을 풀어서 놓아주고 풍선이 어떻게 되는지 살펴본다. 또한 친구들과 함께 눌러서 터트리거나 깔고 앉아 본다.)
- 풍선을 눌러보자. 모양이 어떻게 달라졌니?
- 묶었던 풍선을 풀어보자. 풍선이 어떻게 되었니?, 날아간 모양을 손가락으로 그릴 수 있니?
- 얼마나 빨리 움직였니?
- 풍선이 터진 모양은 어떠니?, 풍선이 터질 때 어떤 소리가 났니?

4. 풍선을 정리한 후 풍선의 모습과 움직임을 동작으로 표현한다.
- 풍선에 공기를 넣었을 때 풍선이 어떻게 되었니?
- 점점 커지는 모습을 어떻게 표현할 수 있을까?
- 풍선이 날아가는 모습은 어떠니?
- 계속해서 날아갈 수 있었니?, 우리가 중간에 계속 위로 쳐 주어야 했니?
- 풍선에서 바람이 빠지면서 날아가는 모습을 어떻게 표현할 수 있을까?
- 터져버린 풍선은 몸으로 어떻게 표현할 수 있을까?

5. 자유대형으로 흩어져서 교사가 들려주는 이야기를 들으며 풍선이 되어 본다.
- 이제부터 풍선이 되어 볼거야. 풍선이 점점 커져서 여행을 다니다가 풀어지거나 터지는 모습을 표현할 거야. 움직이고 싶은 대로 움직여도 되지만 나중에 풍선이 피–융하고 날아갈 때는 친구들이 없는 곳으로 가자. 그래야 부딪치지 않으니까(유아들이 흩어져서 활동할 때 주의할 점들을 이야기한다.)
- 이제 몸으로 표현할 준비가 되었니? 너희 모두가 풍선이 되는 거야. 어떤 모양의 풍선이 될지 상상해 보자.
- 음악을 들으면서 시작하고 음악이 끝나면 모두 제자리에 앉자. 이 빨대로 바람을 모든 풍선에게 불어 줄게(음악을 튼다).
- 풍선을 만지작 만지작, 아이 간지러워. 누가 내 몸을 만지는 거야. 후후–바람이 들어오네. 시원한 바람. 음–음–내 몸이 이상해. 점점 점점 커지는 것 같아. 아이 어쩌지 자꾸자꾸 커져. 아 잠깐! 그런데 내 몸이 가벼워지고 있어. 슬금슬금 내 몸이 움직이려고 해. 누가 나를 톡톡 건드려. 통통 튀어올라. 점점 내 몸이 하늘로 오르는 것 같아. 와 신난다–하늘이 보여. 구름이랑 친구할 것 같아. 바람이 불어 살랑살랑 부드러운 바람이 나도 바람따라 살랑살랑 움직여. 바람이 점차 세지고 있어. 나도 자꾸 빨리 움직여. 가만히 있으려고 해도 이리저리 왔다갔다 해. 그런데 내 친구는 그만 나뭇가지에 걸려

	펑-터지고 말았어. 이제 나도 점점 힘이 빠지는 것 같아. 응? 갑자기 누가 나를 잡았어! 내 꽁꽁 묶인 입을 풀어 주었어. 쉬-이익 피융-나도 모르게 어디론가 로켓트처럼 날아갔어. 난 차가운 땅에 내려앉았어. 내 몸이 점점 점점 점점(목소리를 줄여 가며 이에 맞추어 음악도 끈다) 6. 자리를 정돈하고 활동에 대해 평가한다. • 지금 앉은 자리에서 선생님 옆으로 동그랗게 앉아 보자. • 풍선이 되어 본 기분이 어땠니? • 납작한 모양의 풍선을 몸으로 어떻게 표현했니? • 풍선이 점점 커지는 것을 나타낼 때 몸을 어떻게 했니? • 풍선이 되었을 때 가장 재미있었던 동작은 무엇이었니? • 몸으로 표현하기 어려운 부분도 있었니? • 내가 표현한 부분에서 친구들에게 보여주고 싶은 모습이 있니? • 내가 본 친구들의 모습 중에서 이야기하고 싶은 것이 있니?
활동의 유의점	• 유아들의 움직임의 폭과 표현할 장소의 공간의 크기가 적절한지 살펴본다. • 유아들의 독특한 표현이 나오도록 풍선의 모양을 다양한 형태로 변형해 본다. • 활동 중간에 풍선이 터질 수 있으므로 미리 여분의 풍선을 준비해 둔다. • 활동 전에 풍선을 너무 세게 만져서 미리 터뜨리지 않도록 주의를 준다.
활동평가	• 유아들이 풍선의 모양, 크기 변화에 관심을 갖고 표현하는지 평가한다. • 몸의 움직임을 조절하는 과정에 즐거움을 느끼고 참여하는지 평가한다.
확장활동	• 풍선의 모양대로 표현한 유아의 사진을 찍어 '최고의 닮은 꼴'을 찾아본다. • 남은 풍선을 모아 풍선 던져 모으기나 풍선 멀리 보내기 게임을 한다.

제12장

요리활동의 실제

1. 계획 및 준비하기
2. 교수 · 학습의 실제
3. 활동계획안

요리활동은 요리 종류의 선택에서 재료의 구입, 재료의 탐색, 음식 만들기와 맛보기, 정리하기까지의 전 과정을 의미하는 것으로 재료를 자르고 섞고, 끓이고, 물에 녹이고, 찌는 등의 방법으로 일상생활에서 유아가 먹는 음식을 실제 만들어 보는 것이다. 요리활동은 그 자체만으로도 유아에게 흥미와 호기심을 주지만 실제 재료를 다루면서 요리재료의 변화과정을 이해할 수 있다. 유아들은 요리가 되어가는 과정에서 변화되는 색과 모양, 냄새 등을 관찰하고 탐구하면서 문제해결력을 기를 수 있다. 또한 위 사례에서와 같이 유아들은 요리활동에 능동적으로 참여하면서 자신의 발견을 수학적 · 과학적 사고로 연결할 수 있으며, 발견한 사실을 언어와 그림으로 표현하는 과정에서 표상능력과 의사소통 능력을 발달시킬 수 있다. 그 외에도 요리활동을 통해 올바른 식사예절과, 건강을 위해 음식을 골고루 먹어야 한다는 것도 알 수 있다.

1. 계획 및 준비하기

1) 교육목적과 내용에 따라 요리 활동의 내용을 결정한다.

열에 의한 물질의 변화과정을 알아보는 과학적 교육목적이면, '팝콘 만들기', '달걀 삶기'와 같이 불을 사용하는 요리활동을 계획할 수 있으며, 물에 의한 용해를 이해시키는 것이 목적이면 '주스 만들기(코코아 타기)'나 반죽하기 요리활동을 계획할 수 있다.

2) 교육목적과 내용에 따라 요리도구의 사용 정도를 결정한다.

수학교육에서 측정에 대한 이해를 높이고자 한다면, 유아가 직접 도구를 사용하여 요리재료를 측정하는 경험을 계획할 수 있다. 팝콘이 튀겨지는 과정을 관찰하고자 한다면 뚜껑이 투명한 냄비를 준비한다.

요리의 종류

- 불을 이용하지 않는 요리
  과자나 식빵에 잼 바르기, 과자 카나페(과자 위에 치즈나 크림을 얹는 활동), 샌드위치, 요거트, 꼬치요리(햄, 오이, 맛살, 과일, 떡 등을 꽂아서 만드는 요리), 과일 샐러드, 과일 화채, 얼음과자 만들기, 젤리 만들기, 과일주스 만들기
- 불을 이용하는 요리
  계란 요리 : 계란 후라이, 계란 삶기, 계란말이
  떡볶이, 팝콘, 핫케익, 피자빵 만들기, 차 끓이기, 화전, 젤리 만들기, 스프 끓이기, 샌드위치, 토스트, 쿠키 만들기, 송편, 전 부치기

3) 요리 활동을 하기 전에 사전 활동을 계획하여 유아들이 요리활동에 흥미를 갖도록 돕는다.

- **사전 활동의 예**
  - 관련된 동화를 들으면서 요리활동에 대한 흥미를 갖는다.

  ※ 주스 만들기 전 : '새콤 달콤 주스 만들기'(아네트 더종 글 지음, 책나무 옮김, 금성출판사), '토마토 절대 안 먹어'(로렌차일드 지음, 조은수 옮김, 국민서관)

  - 주변을 산책하면서 요리의 재료가 되는 식물들을 관찰 및 탐색하고 요리활동과 연계한다.
  - 쑥 캐어 관찰 후→쑥국 끓이기
  - 진달래 관찰 후→화전 부치기
  - 세계 여러 나라의 음식을 알아보고, 음식의 재료에 대해 이야기 나눈 후 다른 나라의 음식 만들기로 연결한다.
  - 우리나라의 명절과 명절음식을 알아보고 요리활동으로 연계한다.
  - 음식과 건강의 관계를 알아보고, 우리 몸을 건강하게 하는 음식 만들기로 연결한다.

4) 요리의 유형과 방법에 따라 집단의 크기 및 소요되는 시간을 결정한다.

5) 유아의 수를 고려하여 요리재료와 도구를 충분히 준비한다.

이때 요리도구의 크기는 유아가 사용할 수 있는 크기인지 고려한다.

6) 요리 재료는 청결하게 씻어서 적당한 용기(샐러드 볼, 접시 등)에 담아서 준비한다.

요리 재료의 크기는 교육목표와 요리시간에 따라 잘라서 제시할 수도 있고, 유아들이 직접 자를 수도 있다. 교사의 의도에 따라 요리재료 씻기와 준비과정부터 유아들과 함께 할 수도 있다.

만약 요리의 겉과 속, 크기와 모양의 변화가 목표라면 원재료의 크기 그대로 제시한다. 그러나 요리시간이 오래 걸리고, 재료가 물 또는 불에 의해 변화하는 과정을 이해하는 것이 목적이라면 교사가 사전에 잘라서 준비한다.

밀가루 반죽하기를 할 때 측정경험에 초점을 둔다면 밀가루와 측정도구를 준비하여 밀가루의 양과 물의 양을 재고 반죽하는 경험을 계획하도록 한다. 그러나 열에 의한 변화 관찰이 더 추가 된다면, 교사가 미리 반죽하여 제시할 수 있다.

7) 요리도구는 유아가 사용하기에 적당해야 한다.

유아가 사용하는 칼은 날이 무딘 칼이나 플라스틱칼 등을 준비한다.

8) 요리재료 및 순서표는 그림이나 사진을 이용하여 글씨를 모르는 유아들도 쉽게 이해할 수 있도록 준비한다.

9) 요리활동 전에 부모로부터 음식에 대한 유아의 반응(먹어 본 경험과 선호도 알레르기 포함)에 대한 정보를 수집한다.

10) 요리활동을 끝낸 후 관련되는 사후 활동을 계획하여 요리의 재료나 요리과정을 다시 한 번 회상해 볼 수 있는 기회를 제공한다.

- **사후 활동계획의 예**
  - 요리활동 후 시간에 따른 요리재료의 변화과정을 회상하면서 신체표현을 한다.
    - 국수가 물에 풀어지는 과정과 사람이 젓가락으로 저었을 때의 변화를 회상하며 '내 몸은 요술쟁이 국수'라는 신체표현을 한다.
    - 팝콘 요리 후 옥수수 알이 열에 의해 변화되는 과정을 몸으로 표현한다.
  - 요리할 때 나는 소리를 악기로 표현하거나 노래 만들기를 한다.
  - 요리 순서표를 기억하여 그려 보거나 나만의 요리법 책 만들기를 한다.

이 요리법에 따라 가정에서도 요리활동을 해 보도록 한다.

- 나만의 레시피 만들기 : 같은 재료로 만드는 또 다른 요리법을 만든다.

– 미술영역의 재료를 이용하여 음식 만들기를 한다.

- 국수 요리활동 후 실 또는 모루, 종이를 이용하여 국수 만들기를 한다.

11) 요리활동 전 주변 환경정리 및 안전지도 사항을 점검한다.

- 요리활동을 매일 하지 않는다면 별도로 영역을 구성할 필요는 없으며, 기존의 영역을 요리활동 영역으로 전환하여 실시할 수 있다.
- 요리영역은 싱크대나 물 가까운 곳에 구성하여 활동의 동선을 줄이도록 한다.
- 전기 프라이팬이나 전기기구를 유아가 안전하게 사용할 수 있도록 돕는다.
- 가열된 도구는 뜨겁다는 것을 유아들에게 주의시켜야 한다. 또한 불이 꺼져도 그릇은 오래도록 뜨겁다는 것을 알게 한다.
- 전기를 사용할 경우 전깃줄에 걸려서 유아들이 넘어지지 않도록 점검을 한다.

2. 교수 · 학습의 실제

1) 요리활동을 소개하고 참여할 인원과 순서를 의논한다.

요리활동은 소집단 활동이 적합하기 때문에 자유선택활동 시간에 한 영역을 임시로 요리영역으로 정하여 진행하게 된다. 교사는 놀이계획 시간에 요리영역과 요리활동의 내용을 소개한다. 또한 한꺼번에 많은 유아들이 몰리지 않도록, "오늘은 (팝콘)만들기를 할 텐데, 요리활동은 과학영역에서 할 거야, 우리 모두 한 번에 할 수 없을 것 같은데 어떻게 했으면 좋겠니?", "팀을 나누어서 한다면 몇 명씩 하면 좋겠니? 도마와 칼이 6개씩 준비되어 있으니까 6명만 요리활동을 할 수 있겠다. 어떤 순서로 했으면 좋겠니?(예, 영역에 이름표 꽂은 사람이 참여하기, 종이에 순서대로 이름적기)" 등의 상호작용을 통해 참여인원과 순서를 의논한다.

2) 차례가 된 유아들은 손을 씻고 앞치마를 입는다.

3) 준비된 재료를 탐색한다.

요리재료는 다양한 형태의 색, 크기, 냄새를 가지고 있으며, 요리과정에서 물 또는 열에 의해 형태와 색, 크기, 냄새가 변화된다. 교사는 유아들이 요리활동 전에 재료의 특성을 관찰하고, 요리활동의 과정과 요리활동 후의 상태를 비교하여 물질의 변화과정에 대해 이해할 수 있다.

– "여기에 어떤 재료들이 있니? 그 재료들은 어떤 특징이 있는지 알아보자. 옥수수 알에 대해 관찰한 것을 이야기해 볼 수 있니?"
– "과일에서는 어떤 냄새가 날까?"
– "기름은 왜 필요한 걸까?"

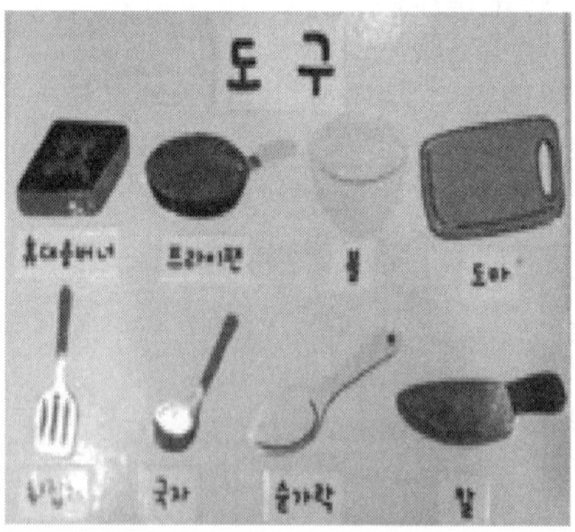

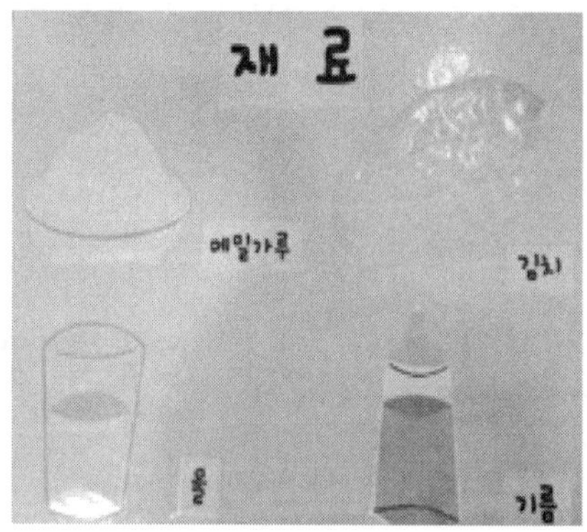

4) 준비된 재료를 가지고 할 수 있는 요리와 그 요리를 먹어 본 경험을 이야기해 본다.

유아들은 가정에서 준비된 재료로 만든 음식을 먹어 본 경험을 가지고 있을 것이다. 또는 유아가 요리과정을 관찰한 경험도 있을 것이다. 교사는 요리방법을 결정해왔다 해도, 유아들의 경험과 생각을 표현해 볼 수 있는 기회를 제공한다.

– "여기 있는 (과일)들을 이용해서 어떤 요리를 할 수 있을까?"
– "화채를 먹어 본 적이 있니?"
– "화채를 만들어 본 적이 있니?"
– "샐러드를 먹어 본 적이 있니? 무엇이 들어갔었니?"

– "맛은 어땠니?"

5) 순서표를 이용하여 요리방법을 알아본다. 이때 재료의 측정방법과 재료의 변화에 대해 예측한다.

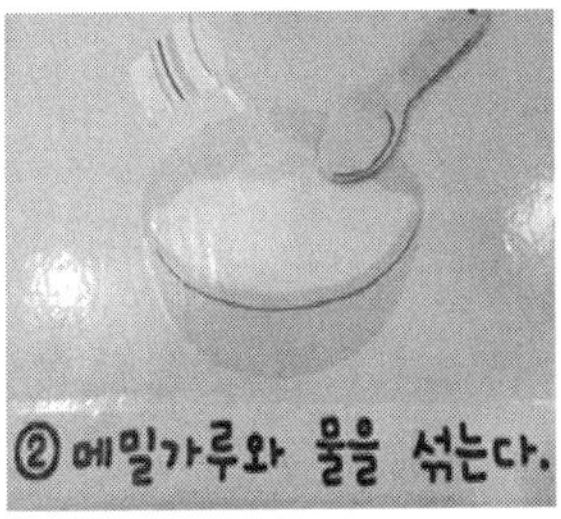

요리활동은 시간의 순서와 측정, 도형, 수 세기 등의 수학적 개념과 열에 의한 물질의 변화, 용해, 온도변화 등의 과학적 개념을 학습할 수 있는 기회를 제공한다.

– "요리 순서표를 보고, 메밀전 만들기를 어떻게 하는지 알아보자. 제일 먼저 무엇부터 해야 할까?"
– "김치는 얼마큼 필요할까? 얼만한 크기로 잘라야 할까?"
– "프라이팬에 반죽한 것을 넣으면 어떻게 될까?"와 같이 질문한다.

6) 요리활동할 때 지켜야 할 규칙을 알아본다.

요리활동은 불과 칼을 사용하기 때문에 유아들이 안전과 관련하여 유의해야 할 사항들이 있다. 교사는 유아들과 함께 규칙을 정하고 이를 지키도록 지도한다.

– "오늘 요리활동에서는 불을 사용하는데, 이때 지켜야 할 규칙은 무엇일까(가스렌지 근처에 다가오거나 프라이팬이나 냄비를 만지지 않는다. 옆에 앉은 친구를 불 가까이로 밀지 않는다)?"
– "칼을 사용할 때 조심해야 할 것은 무엇일까(칼을 위로 들거나 옆에 앉은 친구를 향해 들지 않는다. 자를 때 다치지 않도록 한다. 칼을 다 사용한 다음에는 제자리에 놓는다)?"
– "요리활동이 끝난 후에는 어떻게 해야 할까?"

7) 요리순서를 생각하며 요리한다.

요리하는 동안 유아가 사용한 재료는 무엇인지, 재료의 모양이나 색깔은 어떻게 변하는지, 무슨 냄새가 나는지 등에 대해 관심을 가지고 탐색해 보고, 다음에 일어날 변화를 예측해 본다.

– "메밀가루를 만지니 느낌이 어떠니?"

– "메밀가루에 물을 부으니 어떻게 변하고 있니?", "김치를 넣었더니 변하고 있니?"

8) 완성된 음식의 형태와 냄새, 재료의 변화 등에 대해 이야기한다.

요리활동은 재료의 크기, 상태의 변화를 경험할 수 있는 활동으로 요리 전에 관찰하기를 했던 것처럼 요리가 다 끝난 후에도 재료의 색, 크기, 냄새 등을 관찰하고, 관찰한 사실을 표현해 보도록 한다.

– "우리가 만든 음식의 향을 맡아보자. 어떤 냄새가 나니? 모양은 어떠니?"

– "원래의 밀가루와 무엇이 달라졌니?"

9) 요리활동 후 자리를 정리한다.

요리활동에서 음식을 만드는 것만큼 중요한 교육적 경험은 활동한 도구 및 자리를 정리하는 것이다. 유아들이 사용한 요리도구와 그릇을 정리하고 앞치마를 벗어서 정리하도록 지도한다.

10) 접시와 컵을 준비하여 음식을 담고 정해진 자리에서 먹는다. 만약 간식시간이 따로 정해져 있다면 용기에 담아 보관한다.

11) 요리활동을 평가한다. 요리활동에 참여한 경험과 맛을 회상하여 말한다.

– "너희들이 만든 음식을 먹어 본 느낌이 어떠니?"

– "오늘 활동에서 가장 재미있었던 점은 무엇이었니?"

– "메밀가루를 반죽해서 프라이팬에 구우니 어떻게 변했니?"

– "집에 가서도 메밀 만들기 했던 경험을 이야기할 수 있니?"

3. 활동계획안

<table>
<tr><th colspan="2">활동명</th><th>활동형태</th><th>유형</th><th>연령</th></tr>
<tr><td colspan="2">샌드위치 만들기</td><td>대 · 소집단
활동</td><td>요리</td><td>4세</td></tr>
<tr><td>활동목표
(누리과정
관련요소)</td><td colspan="4">• 요리 순서표를 보고, 재료들을 동등한 크기로 자를 수 있다.
(자연탐구>수학적 탐구하기>수와 연산의 기초개념 알아보기)
• 부분과 전체와 관련된 어휘를 사용하여 빵과 치즈, 햄의 크기와 수를 표현한다.
(사회관계>다른 사람과 더불어 생활하기>친구와 사이좋게 지내기)
• 친구들과 협동하여 요리활동에 참여한다.</td></tr>
<tr><td>활동자료</td><td colspan="4">요리재료 표, 요리 순서표, 식빵 1/2, 치즈 1/2, 햄 1/2, 딸기 잼, 숟가락, 안전 칼, 도마, 개인접시, 위생장갑, 앞치마, 머릿수건, 마른 행주, 식탁보</td></tr>
<tr><td>활동방법</td><td colspan="4">*사전활동-『구리와 구라의 빵 만들기』 동화 듣기

1. 동화의 내용을 회상하며 유아들이 먹어 본 빵에 대해 이야기한다.
- 무엇으로 빵을 만들었니?
- 너희들이 좋아하는 빵은 무엇이니?
- 그 빵은 무엇으로 만들었을까?
- 우리도 빵을 만든다면 무슨 빵을 만들어 볼까?

2. 준비된 재료(빵, 치즈, 잼, 햄)들을 탐색한다.
- 어떤 재료들을 볼 수 있니?
- 빵(치즈, 햄, 잼)의 모양은 어떠니?
- 빵(치즈, 햄, 잼)은 몇 개니?

3. 이 재료들을 가지고 할 수 있는 요리에 대해 이야기해 본다.
- 여기 있는 빵과 치즈, 햄이 들어간 음식을 먹어 본 적이 있니?
- 이 재료들을 이용해서 어떤 음식을 만들 수 있을까?

4. 샌드위치를 먹어 본 경험과 요리방법을 생각하여 말한다.
- 샌드위치를 먹어 본 적이 있니?
- 어떤 맛이었니?
- 네가 먹은 샌드위치에 무엇이 들어갔었니?</td></tr>
</table>

	- 이 재료로 샌드위치를 만든다면 어떻게 만들 수 있을까? - 빵의 크기는 어떻게 할까? 5. 순서표를 이용하여 요리방법을 알아본다. 이때 빵의 크기와 자르는 방법에 대해 이야기한다. - 요리 순서표를 보고 이야기해 보자. - 제일 먼저 무엇부터 해야 할까? - 빵은 얼마만한 크기로 잘라야 할까? - 세모로 자르려면 어느 방향에서 잘라야 할까? - 어떻게 잘라야 정확히 반이 될까? - 빵은 몇 개가 되었니? - 빵의 반을 줄 수 있니? - 빵 위에 무엇을 올릴까? 그 다음에는 무엇을 올려야 할까? 6. 요리활동할 때 지켜야 할 규칙을 알아본다. - 요리 활동할 때 지켜야 할 규칙은 무엇일까? - 칼을 사용할 때 조심해야 할 것은 무엇일까?(칼을 위로 들거나 옆에 앉은 친구를 향해 들지 않는다. 자를 때 다치지 않도록 한다. 칼을 다 사용한 다음에는 제자리에 놓는다) 7. 순서를 생각하며 요리한다. - 치즈를 세모로 자르려면 어떻게 해야 할까? - 빵을 자르니까 몇 개가 되었니? - 빵 반 위에 치즈 반을 올릴 수 있니? 8. 요리활동 후 자리를 정리한다. 9. 접시를 준비하여 샌드위치를 담고, 자리에 앉아 먹는다. 10. 요리활동을 평가한다. 요리활동에 참여한 경험과 맛을 회상하여 말한다. - 너희들이 만든 음식을 먹어 본 느낌이 어떠니? - 샌드위치를 만들기 위해 빵은 몇 개 필요하니? - 오늘 활동에서 가장 재미있었던 점은 무엇이었니?

참고 문헌

교육과학기술부, 보건복지부(2012). 5세 누리과정 교사용 지침서. 3. 우리동네.

교육과학기술부, 보건복지부(2012). 5세 누리과정 교사용 지침서. 6. 생활도구.

교육과학기술부, 보건복지부(2012). 5세 누리과정 교사용 지침서. 7. 교통기관.

교육과학기술부, 보건복지부(2012). 5세 누리과정 교사용 지침서. 11. 봄 · 여름 · 가을 · 겨울.

교육과학기술부, 여성가족부(2013). 만 3~5세 누리과정 교사용 지침서.

교육과학기술부, 여성가족부(2013). 만 3~5세 누리과정 해설서.

김수영, 김수임, 정정희(2008). 영유아 프로그램 개발과 평가. 경기: 양서원.

김진영, 김정원, 전선옥(2000). 개정 영유아를 위한 부모교육. 서울: 창지사.

박은혜(2003). 유아교사론. 서울: 창지사.

서동미(2013). 유아교과교육론. 경기: 공동체

이은화, 이정환, 이경우, 이기숙, 홍용희, 박은혜, 김희진(2001). 유아교육 개론 개정판. 이화여자대학교 출판부.

임부연, 오정희(2014). 영유아 교수 · 학습방법. 서울: 동문사.

위영희, 문혁준, 이희정, 한성희, 박정원(2012). 개정 영유아교수법. 서울: 창지사.

한유미(2013). 영아발달. 서울: 창지사.

Decker. A., & Decker, R.(1976). Planning and Administering Early Childhood Programs (6th ed.). Englewood Cliffs, NJ: Prentice-Hall Inc.

Johnson, J. E., Christie, J. F., & Yawkey, T. D.(2001). 놀이와 유아교육(신은수, 김은정, 안부금 공역). 서울: 학지사.

Katz, L. G.(2000). The project approach. In J. L. Roopnaine & J. E. Johnson. Appr Joaches to early childhood education. 3rd ed. Prentice-Hall.

Massialas, . G., & Cox, B.(1966). Inquiry in social studies. NY: McGrawhill Book.

저자 소개

✍ 이희경

부천대학교 유아교육과 교수(유아교육, 박사)

✍ 강인숙

부천대학교 유아교육과 조교수(유아교육, 박사)

✍ 신희이

부천대학교 유아교육과 조교수(유아교육, 박사)

유아 교과연구 및 교수법

초판인쇄 2017년 2월 25일
초판발행 2017년 2월 27일

이 희경
2017. 2.

저 자 이희경 · 강인숙 · 신희이
발행인 김현태
발행처 태영출판사

주 소 (08301) 서울 구로구 구로동 104-10 동남오피스텔 201호
전 화 02 · 839-3757, 839-3752
팩 스 02 · 837-3754
등 록 2005년 5월 30일 제12-421호
홈페이지 http://www.taeyeongbook.co.kr
E-mail tys2005@hanmail.net
ISBN 978-89-6302-213-0 93370
정 가 16,000원

NAVER 태영출판사

* 잘못 만들어진 책은 교환해 드립니다.